지금의 고난은 내게 어떤 의미인가

HOW DID I GET HERE

위기를 축복으로 바꾸는 마음 처방전

지금의 고난은 내게 어떤 의미인가

바바라 디 앤젤리스 | 안기순 옮김

고즈윈
God'sWin

우리는 누구나 살아가면서 어느 시점에서든 예상하지 못했던 상황에 부딪힌다. 계획에 없던 곳에 이르러 전혀 생각하지 못했던 장애물을 만나고, 짐작조차 못했던 감정을 느낀다. 설명할 길은 없지만 가다 보면 어느덧 원래 목적지가 아닌 엉뚱한 곳에 닿기도 한다. 처음 의도는 사라지고, 갈망하기는커녕 상상도 못했던 일들로 상황이 뒤바뀌고 만다.

- 언제까지나 지속되리라 믿었던 관계가 끝나고 고통 속에 혼자 남는다.
- 의지했던 직업을 잃고, 상실감에 시달리고, 목적과 방향을 잃고 헤맨다.

- 아무 문제 없던 자신이나 사랑하는 사람이 갑자기 중병을 선고받는다.
- 스스로 통제할 수 없는 상황이 벌어져 그동안 쌓아 온 경제적 기반이 무너진다.

또한 우리는 원하는 대로가 아닌 현실 그대로의 삶을 어느 순간 바라보게 되기도 한다. 당혹스럽게도 우리는 이때 변화가 필요함을 실감한다.

- 연인이나 부부 사이에 대한 열정이 사라져 가고, 언제 마지막으로 애정을 표현했는지 기억조차 가물가물하다.
- 하는 일이 너무 따분하게 느껴지고 지긋지긋하다.
- 집도 있고, 가족도 있고, 열심히 매달려 온 일도 있지만 뭔지 모르게 깊은 불만과 단절감을 느낀다.

우리에게 무슨 일이 일어나고 있을까? 우리는 자신이 속하리라 생각했던 상황과 지금 속한 상황의 차이, 갈망하며 기대했던 결과와 실제 일어난 결과의 차이, 계획했던 삶과 현재 살고 있는 삶의 차이에 숨이 막힌다.

이러한 순간이 그토록 견디기 힘들고 불안한 이유는 단순히 문제에 부딪혔거나 감정적으로 힘들어서가 아니다. 우리는 살아가면서 많은 난관에 용기 있게 맞붙어 결국 이겨 낸다. 하지만 위와 같은 상황에서는 진실이라 생각했던 것과 실제 벌어지고 있는 상황이 완전히 달라 고통은 물론 당혹감과 충격을 느낀다. 꿈에서 깨보니 자기 삶에서 이방인이 되어 버린 듯하다. 자신이 바라보는 풍경도, 느끼는 감정도, 처한 환경도 예상과는 전혀 다르다. 그러면 자신에게 이렇게 묻는다. "내가 어쩌다 여기에 이르렀을까?" 대답이 즉시 떠오르지 않는다. 이렇게 의문을 던지지만 답을 찾지 못할 때 우리는 정신적이고 감정적인 위기에 빠진다.

"지난달이었어요. 남편이 이혼하고 싶다고 말하더군요. 졸지에 15년간의 결혼 생활이 끝나 버렸어요. 남편을 잃고 가족이 찢어진다니 믿을 수가 없어요. 둘이 함께 마련한 집도, 친구도, 삶도 모두 사라지고 말겠죠. 내 꿈을 산산조각 내 버린 남편에게 정말 화가 나요. 이제 어떡해야 하죠? 어째서 이런 일이 내게 일어난 거죠? 내가 어쩌다 여기에 이르렀을까요?"

"한동안 일하러 가기가 두려웠어요. 결국은 내 직업이 끔찍하게 싫어서 비참하기까지 하다는 사실을 인정해야 했어요. 이런 일이 어떻게 일어날 수 있는지 모르겠어요. 의사가 되려고 몇 년 동안이나 의과대학에 다녔고 이제는 실력도 인정받아 안정적인 생활을 하게 됐는데 말이에요. 의사라는 직업은 어렸을 때부터 꿈이었고 제가 잘하는 일이기도 해요. 정말 두려워요. 대학에 다니는 자식을 둘이나 두고 이 나이에 다시 시작할 수는 없어요. 내가 어쩌다 여기에 이르렀을까요?"

"난생처음 내 집을 장만했어요. 그런데 깊은 우울증에 빠졌어요. 마흔두 살에 아직 미혼이라 그 좋은 집에 혼자 살고 있거든요. 이건 내가 바라던 삶이 아니에요. 계획대로라면 지금쯤 꿈에 그리던 남자를 만나 아이도 낳고 함께 살아야 해요. 내가 어쩌다 여기에 이르렀을까요?"

"남들이 보기에 내 결혼 생활은 흠잡을 데가 없어요. 성공한 멋진 남편과 바르게 자란 아이들이 있거든요. 하지만 내게는 끔찍한 비밀이 있어요. 2년 동안 남편과 성관계를 한 번도 갖지 않았어요. 언제부터인지 모르지만 부부 사이에 열정이 식었어요. 그저 정중한 독신 친구와 함께 살고 있는 느낌이에요. 이렇게 살기에는 내 나이가 아까워요. 내가 어쩌다 여기에 이르렀을까요?"

위의 사례들을 읽는 동안 같은 의문이 당신 내면에 있는 무언가를 자극할 것이다. 그것은 아마도 당신의 의식 속에서 아직은 말로 형성되지 않은 어떤 것, 자신의 삶과 일, 그동안 맺어 온 관계에 대한 불편한 심기와 정체를 알 수 없는 불안 그리고 혼란스러운 마음일 것이다. 당신은 무언가 단단히 잘못되었다고 느끼지만 정작 무엇이 잘못되었는지 모른다.

물론 자신을 괴롭히는 상황이 모호하지 않을 수도 있다. 위에 인용한 사람들처럼 삶에서 예상하지 못했던 전환점을 맞이했을 수도 있다. 어디로 가고 싶은지 분명히 알고 출발했지만 막상 도착해 보니 예상과 전혀 다를 수 있다. 상황이 이렇게 돌아가리라고는 전혀 생각하지 못했다. 남편이나 아내에 대해, 결혼과 직업에 대해, 삶에 대해 이런 식으로 느끼게 되리라고는 상상도 하지 못했다. 이때 자기 존재의 깊은 곳에서 이런 의문이 떠오른다.

"내가 어쩌다 여기에 이르렀을까?"

이 책은 바로 이러한 의문에 대한 답을 찾도록 도와줄 길잡이다. 이러한 의문에는 우리의 삶과 관계를 뿌리째 변화시킬 힘이 담겨 있고, 이 책에서는 바로 그 힘을 다룬다.

이 책은 중요한 변화와 삶의 전환점을 감지하고 이해하게 도와서, 두려움과 혼란과 죄책감을 덜어 내고 비전을 품고 품위 있고 당당하게 변화를 맞이하게 한다.

이 책은 자기도 모르게 만들어 낸 고통에 관해 이야기한다. 내면에서 일어나는 의문을 외면하면 직업이나 관계에서 어떤 대가를 치러야 하는지 설명한다. 또한 자신에게 의문을 던지고 대답에 귀 기울이는 용기에 대해 서술한다.

오랫동안 간직해 온 지도가 자신이 가고 싶지 않은 방향을 가리키면 어떻게 할까? 갈림길에 이르러 어느 길로 가야 할지 모르면 어떡할까? 다음에 선택하려는 길을 지도에 어떻게 표시할까? 삶의 청사진을 어떻게 재설계할까? 삶을 어떻게 다시 시작할까?

이 책은 당신이 어디에 있든 새로운 희망과 행복에 이르는 길을 찾도록 한다. 변화로 향하는 길은 막다른 길처럼 보일 때가 많지만 이 책이 새로 문을 열 수 있게 도울 것이다. 우선 자기가 있는 위치를 판단하고, 지도를 따라 어떻게 그곳에 다다랐는지 살펴보고, 외부 세계든 내부 세계든 예상하지 못했던 장소에 이르면 겪게 될 이런저런 문제에 대응하도록 할 것이다. 이 책은 항해 안내서로 깊은 생각과 감정의 정글을 헤쳐 나가 강력한 부활의 바다 저편에 닿을 수 있도록 우리를 이끈다. 현재 사용하는 지도를 이해하게 도와주고, "내가 어쩌다 여기에 이르렀을까?"라는 의문을 넘어서 새 질문을 던지게 해 준다. "내게 주어진 선택은 무엇일까?", "나는 지금 무엇을 하고 있는 걸까?", "어떻게 나아가야 할까?", "내가 가고 싶은 장소는 어디일까?" 이 책은 이러한 의문에 답을 찾도록 도와줄 것이다.

나는 내가 쓴 책들이 '나에게서' 나오지 않고 '나를 거쳐' 나왔다고 입버릇처럼 말한다. 책을 쓸 때마다 그런 경험을 하기 때문이다. 나는 내가 쓸 주제를 선택하지 않는다. 주제가 나를 선택한다. 마치 책이 나를 찾아와 원고를 쓰라고 외치면서 자기 의도를 내 의식에 밀어 넣는 것 같다. "내가 여기 있어! 집중해서 내 말을 한 마디도 놓치지 말고 낱낱이 받아쓰도록 해." 내게는 책을 쓰는 과정이 늘 이러한 부름에 대한 응답이었다.

이 책 또한 경청해 달라고 강력하고 끈질기게 요구하는 목소리에 응답한 결과물이다. 이 책이 전하는 메시지는 나를 위한 것이고, 당신을 위한 것이고, 당신이 알고 사랑하는 많은 사람을 위한 것이다. 끊임없이 변화하는 불안한 시대를 사는 우리 모두가 자신을 발견할 수 있도록 안내해 주는 것이다. 이 책은 나와 개인적으로 관계가 깊은 동시에 내가 쓸 수 있는 가장 중요한 책이라 할 수 있다. 사적으로나 공적으로 내게 커다란 변화를 안겨 준 파란만장한 인생 여정의 결과이기 때문이다.

내가 살아온 삶은 결코 순탄하지 않았다. 실망과 환멸이 가득했고, 상실과 배반의 세례를 받았고, 엄청난 슬픔과 절망을 안겨 주는 사건으로 얼룩졌다. 예상하지 못했던 상황을 뚫고 계속해서 항해하는 방법을 배울 수밖에 없었다.

사랑했던 사람이 아무 말도 없이 떠나서 영영 돌아오지 않을 때 어떤 기분이 드는지 나는 안다. 한때 사랑했지만 당신의 손길이 닿으면 움츠러드는 사람 옆에 누웠을 때 어떤 기분이 드는지 나는 안다. 누군가와 함께 같은 꿈을 꿨지만 결국 그 꿈이 산산이 부서져 흔적도 없이 사라져 버린 장면을 무기력하게 바라보는 기분이 어떤지 나는 안다.

스스로 믿는 목표를 이루려고 열심히 일했지만 과정을 함께했던 사람이 여태껏 쌓아 온 성과를 모두 무너뜨리려 할 때 기분이 어떤지 나는 안다. 긴 세월을 기다려 겨우 누리게 된 안락과 풍요를 잃어버리고 다시 찾을 수 있을지 의문이 들 때 기분이 어떤지 나는 안다. 잔인하도록 부당해 보이는 상황과 사건에 부딪혀 유독 자기만 심하게 고통 받는다고 생각할 때 기분이 어떤지 나는 안다. 다시 시작해야 한다는 사실을 깨닫고 자신에게 그럴 만한 에너지와 용기, 신념이 남았는지 확신할 수 없을 때 가슴이 철렁 내려앉는 기분이 어떤지 나는 안다.

나는 이보다 더한 고난도 겪었다. 따라서 감정적으로 살아남기 위해 능숙하게 변화해야 했다. 개인의 변화에 담긴 역학을 정의하고 이해해야 했고, 산산이 부서지거나 미치지 않고 심오한 변화를 겪어 내는 방법을 터득해야 했다. 나는 인터뷰를 할 때마다 내가 하는 일에 가장 의미 있는 영향을 미친 사람이나 사건이 무엇이었냐는 질문을 받는다. 그럴 때면 나는 질문자가 전혀 예상하지 못했던 답을 한다. "고통스러운 경험이죠. 나를 변화 전문가로 만들어 준 일등공신입니다." 나는 아픔과 비통, 고난이 우연히 찾아온다고 생각하지 않는다. 20년 동안 수많은 사람들을 도와준 끝에 절대적으로 확신하게 된 진리는 '내 삶이 변화무쌍하게 파란만장했던 것은 다 이유가 있어서이다.'라는 것이다.

일화 하나를 소개하려 한다.

여러 해 전에 로스앤젤레스에서 소규모 집단을 대상으로 세미나를 열기 시작했을 때였다. 친구가 '매우 특이한 사람'을 한번 만나 볼 의향이 있느냐고 물었다.

"괴짜라는 생각이 들 수도 있어." 친구가 설명했다. "하지만 진짜 놀라워. 사람을 잠깐만 봐도 그 사람의 삶의 목표를 알아맞힌다니까."

나는 친구의 말에 호기심이 생겼다. 형이상학과 영적 성장을 공부하고 있었기 때문에, 더더욱 이 흥미로운 남자를 만나 봐야겠다고 생각했다.

"후회하지 않을 거야." 친구가 자신만만하게 대답했다.

다음 날 오후 나는 친구 차를 타고 바닷가 근처 아파트로 갔다.

그곳에는 호기심에 가득 찬 구도자 수십 명이 단 2분의 만남을 고대하며 순서를 기다리고 있었다.

내 차례가 되어 신비스러운 예언자가 있는 자그마한 방으로 안내를 받았다. 예언자는 몸에 잘 맞는 짙은 색 양복을 입고 금빛 회중시계를 장식용으로 달고 있었다. 솔직히 말해서 사람의 운명을 들여다볼 수 있는 사람이라기보다는 깔끔하고 부유한 영국 신사로 보였다. 남자는 내 이름을 묻고 반갑다고 인사하면서 줄곧 내 눈을 뚫어져라 들여다보았다.

그러더니 갑자기 가슴 밑바닥부터 울리는 목소리로 외쳤다. "코뿔소군요!"

'코뿔소라고? 대체 코뿔소가 나랑 무슨 상관이 있단 말이지?' 나는 속으로 생각했다. '무슨 소릴 하는 거야? 나더러 동물학자가 되거나 아프리카라도 가라는 건가?' 나는 너무 당황해서 친구가 나를 놀리려고 꾸민 일은 아닌지 순간 의심했다. 아니면 남자의 억양이 이상해서 내가 잘못 알아들었는지도 몰랐다. "뭐라고 하셨어요?" 내가 되물었다.

"코뿔소라고요!" 남자는 다시 한 번 외치며 이번에는 환하게 미소를 지어 보였다. 나는 고개를 흔들며 자리에서 벌떡 일어났다. 그때 남자가 버럭 소리를 질렀다. "뿔요! 코뿔소의 뿔이에요! 그게 바로 당신입니다."

"무슨 말씀인지 설명해 주시겠어요?" 나는 자리에 도로 앉으며 물었다.

"당신은 코뿔소의 뿔이에요. 대담하게 불쑥 튀어나와 몸보다 앞서 나가는 뿔 말입니다. 뿔은 언제나 먼저 나서죠. 뿔은 강하고 용기 있고 완고합니다. 위험한 미지의 세계를 탐험하죠. 몸이 안전하게 빨리 나아갈 수 있도록 길에 놓인 온갖 장애물을 제거합니다. 뿔은 길에서 부딪치는 문제에 대응하고 몸에 알립니다. 몸이 방향을 바꾸도록 도와주고 해를 입지 않게 보호해요. 뿔은 스승이고 몸은 추종자예요. 뿔은 자신이 상처를 입더라도 몸이 다치지 않도록 구합니다. 뿔은 몸이 자유롭게 앞으로 나아가도록 길에서 진리를 찾습니다."

나는 감탄하며 남자의 말에 귀를 기울였다. 남자는 코뿔소의 뿔이 되는 것이 내 삶의 목적이라고 했다. 나는 그 말이 무슨 뜻인지 어느 정도 이해할 수 있었다. 당시 사람들을 돕는 일을 막 시작하면서 나는 나 자신의 경험이 사람들에게 전해 줄 지식의 핵심이 되리라 느끼고 있었기 때문이다. 그렇다고 해서 남자가 한 말의 정확한 의미를 알 수 있었던 것은 아니었다. 어쨌거나 나는 그를 만나서 기뻤다. 감사하다고 말하면서 문 쪽으로 걸어 나오는 내게 그는 손을 흔들며 거듭 강조했다. "잊지 마세요. 당신은 뿔이에요!"

나는 물론 그 말을 잊지 않았지만 완전히 이해하지도 못했다. '뿔'로서 내 일을 막 시작했다는 사실조차 제대로 알지 못했다.

그로부터 10년 동안 선생으로서 살아갈 운명이 상상하지 못했던 방식으로 펼쳐졌다. 나는 책을 쓰고 강연하고 텔레비전 쇼를 제작하면서 로스앤젤레스에 전 국민을 대상으로 변화 세미나를 여는 대규모 개인 성장 센터를 설립했다. 어느 날 저녁, 주말 세미나가 끝날 즈음 한 남자가 내게 다가왔다.

"당신에게 드릴 것이 있어요." 그가 입을 열었다. "이번 세미나에서 얻은 교훈에 감사하다는 마음을 표시하고 싶어요. 하지만 무엇보다도 당신이 살아가며 겪었던 모든 일에 감사하고 싶어요. 당신이 그토록 깊이 사랑할 정도로 용감하고, 아무리 낙담해도 다시 시도했기 때문에 우리는 교훈을 얻을 수 있었어요. 당신이 그토록 많은 위험을 무릅쓰고 기꺼이 정직하게 살아가려 애썼기 때문에 내가 오늘처럼 감명을 받았다고 생각해요. 선물 가게에서 이 물건을 보자마자 웬일인지 당신 생각이 났어요. 당신은 늘 앞장서서 나가는 용기를 지녔기에 우리에게도 그것을 가르쳐 줄 수 있는 걸 거예요."

남자는 그렇게 말하면서 백랍으로 만든 자그마한 은색 물건을 내밀었다. 바로 코뿔소였다!

나는 놀란 가슴으로 코뿔소를 받아 들었다.

"뿔은 앞장서서 나간다."

세미나실에 서서, 영국 신사처럼 생긴 예언자를 찾아간 날 이후로 지내 온 긴 세월을 돌아보자 그 진기한 남자에게 놀라운 통찰력이 있었다는 사실을 깨닫게 되었다. 남자는 내 미래를 보고 삶의 목적을 알아차렸다. 코뿔소 뿔에 대해 그가 했던 말은 내가 살아가는 모습을 정확히 묘사하고 있었다.

흐르는 시간 속에서 나는 대담하고 용기 있게 살았고 그 과정에서 많은 상처를 입었다. 때로는 고통스러운 극적인 경험을 통해 개인적인 교훈을 얻었고, 나처럼 낙담하지 않도록 사람들에게 내가 깨달은 지혜를 전해 주었다. 나는 살아가면서 고통스러운 경험을 했음에도 불구하고 다른 이들을 가르친 것이 아니라, 그러한 경험을 통해 가르쳤다. 사생활에서 완벽과는 거리가 먼 경험을 했다고 해서 내가 선생으로서 자질이 없다고 생각하지는 않았다. 오히려 그러한 경험을 했다는 사실에 깊이 감사하고 그 과정에서 얻은 지혜와 명쾌함을 활용해서 감정 지도를 작성해 사람들에게 전해 주고 그들이 살아가며 맞이하는 고달픈 시기에 복잡하고 견디기 힘든 미로를 통과할 수 있도록 인도했다.

나는 선물로 받은 코뿔소를 15년 넘게 간직하고 있다. 요즘도 코뿔소는 작고 단단한 뿔을 당당하게 위로 뻗은 채 컴퓨터 책상 위에 놓여 있다. 내가 글을 쓰고 명상하고 홀로 보낸 긴긴 세월 동안 코뿔소는 늘 내 곁을 지켰고, 지금도 나를 똑바로 쳐다보며 내가 누구인지 상기시켜 준다.

나는 코뿔소의 뿔에 대해 몇 가지 사실을 조사했다.

코뿔소의 뿔은 강력한 의학적, 주술적 속성을 지니고 있어 커다란 가치를 지닌 물건으로 수천 년 동안 알려져 왔다.

코뿔소의 뿔에는 독을 탐지하는 능력이 있어서 뿔의 주인을 보호하는 용도로 사용된다.

코뿔소의 뿔은 어쩌다 부러져도 새로 돋아난다.

내가 당신에게 이 이야기를 하는 이유는 무엇일까? 알든 모르든 당신에게도 '코뿔소의 뿔'이 있기 때문이다. 당신의 일부는 실패하고 나서도 다시 일어난다. 그래서 상처를 입고 나서도 다시 사랑한다. 두려워도 변화의 불길로 뛰어든다. 어디로 가고 있는지 확실히 알지 못해도 암흑 속에서 앞으로 나아가는 길을 더듬어

찾는다. 의문을 던지고, 기꺼이 대답을 듣고자 하고, 자기 내면을 들여다보고, 자신에 대해 알기 위해 이 책을 집어 드는 용기를 발휘한다.

나는 당신이 지닌 그러한 용기에 찬사를 보낸다. 이 책에서 나는 당신이 타고난 용기를 활용하여 삶의 여정에서 직면하는 모든 문제를 뚫고 항해해 나갈 수 있도록 내가 배운 모든 것을 제시할 것이다. 삶은 그저 우연히 변화하지 않는다. 삶을 바꾸는 변화는 실제로 배워서 마음대로 구사할 수 있는 하나의 기술이다. 자신이 상황의 희생자라 생각하고 앞에 놓인 고난이 곧 끝나기만을 기도하는 대신, 자신이 겪는 고난의 과정에 적극적으로 뛰어들어 엄청난 성장과 통찰력과 깨달음을 얻을 기회로 삼을 수 있다.

다음에 서술한 내용은 그동안 나를 지탱해 주고 해방시켜 준 원칙이자 이 책이 전달하려는 핵심 메시지다.

궁극적으로 우리를 인간 존재로 정의하고 끌어올리는 요소는, 살아가면서 예상하고 희망했던 상황에 어떻게 대응하느냐가 아니다. 오히려 예상하지 못했던 상황에 어떻게 대응하느냐, 기대하지 않았던 상황에 얼마나 용감하게 맞서느냐, 예측하지 못했던 상황을 어떻게 헤쳐 나가 변화하고 다시 태어나 반대편에 도달하느냐이다.

갈망하기는커녕 예상조차 못했던 상황에 처하게 되면 처음에는 몹시 당황스럽고 불안하다. 하지만 삶의 여정에서 낯선 장소에 이르렀다는 충격을 일단 극복하면 그곳이 이끄는 새로운 길을 모두 탐색해 보는 소중한 기회를 누리게 된다. 예상하지 못했던 목적지에는 예상하지 못했던 경험과 지혜, 깨달음을 얻을 가능성이 있고 궁극적으로는 예상하지 못했던 축복을 받으리라는 약속이 있다. 이 책은 결국 새롭고 희망에 찬 눈으로 미래를 바라보며 앞으로 나아가는 과정에 대한 안내서이다.

그 과정을 걷는 동안 당신 안의 진정한 용기와 위대함이 드러날 것이다. 당신은 지혜를 얻고 진정한 열정과 기쁨, 궁극적으로 진정한 자유를 누리게 될 것이다.

캘리포니아 주 샌타바버라에서
바바라 디 앤젤리스

1부

내가
어쩌다 여기에
이르렀을까?

1
마음 깊은 곳을 여행하라

무엇을 할지 더 이상 알지 못할 때
진정한 일을 하게 되리라.
어느 방향으로 갈지 더 이상 알지 못할 때
진정한 여행이 시작되리라.
— 웬델 베리(Wendell Berry)

이야기 하나로 시작해 보자.

자신이 영리하고 유능하다고 생각하는 한 남자가 죽어서 신과
의 면담을 기다리고 있었다. 천장도 없고 벽도, 바닥도 없고 빛
만 가득한 방에 홀로 앉아 낯선 환경에 익숙해지려 애쓰면서 신
을 만날 순간만을 초조히 기다리고 있으려니 시간조차 존재하
지 않는 듯했다.

"신이 무엇을 물어볼까?" 남자는 궁금했다. "삶의 의미가 뭐
냐고 물으면 어떡하지? 대답할 말이 없는데. 깊게 생각해 본 적

이 있어야지. 사실대로 말할 수는 있겠지. 성공하려고 너무 바쁘게 일하느라 그런 생각은 해 본 적이 없다고 말이야. 어쨌거나 내가 생전에 이룬 일들은 정말 대단하잖아. 신이 모를 리 없지!"

남자는 극도로 정신을 집중해서 자신이 평생 이루어 온 일들을 조목조목 생각해 내려 애썼다. 이제 신에게 대답할 준비가 되었다.

신이 남자 앞에 불쑥 모습을 드러내더니 반대편 의자에 앉았다. "만나서 반갑네." 신이 말을 꺼냈다. "자, 이제 말해 보게나. 자신이 어떻게 살았다고 생각하나?"

남자는 신의 질문을 듣고 크게 안도했다. 쉽게 대답할 수 있으리라 확신했기 때문이다. 그래서 자신 있게 대답했다. "그런 질문을 하시리라 생각했습니다. 그래서 제가 그동안 한 일들을 간단하게 정리해 봤습니다. 저는 사업을 해서 경제적으로 성공하고 싶었고, 그렇게 했습니다. 결혼 생활을 잘하고 싶었고, 아내가 세상을 떠날 때까지 결혼을 유지했습니다. 자그마치 52년 동안이나요! 자식 둘을 대학까지 보내고 싶었고, 그렇게 했습니다. 호화스러운 집을 갖고 싶었는데 그 일도 이루었습니다. 골프를 쳐서 핸디 90을 깨고 싶었고, 그렇게 했습니다. 보트를 사고 싶었고, 그렇게 했습니다. 참, 절대 빼면 안 되는 것이 있습니다. 사회복지 단체에 정기적으로 돈을 기부하고 싶었고, 그렇게 했습니다."

남자는 자신이 이룬 일들을 나열하면서 상당히 흡족해했고 신도 분명히 감명을 받았을 것이라 생각했다.

"결론적으로," 남자가 간추려 말했다. "주제넘게 들리지 않기를 바라면서 말씀드리자면, 저는 시작했던 일의 대부분을 달성했으므로 삶을 꽤나 잘 살았습니다. 물론 신께서는 이미 알고 계시겠지만요."

신은 남자를 향해 온화하게 미소를 지었다. "네가 잘못 알고 있구나."

"잘못 알고 있다고요?" 남자가 물었다. "무슨 말씀인지 모르겠습니다."

"네가 잘못 알았다." 신이 다시 말했다. "나는 네가 달성한 목표에는 그다지 관심이 없단다."

남자는 당황했다. "관심이 없다고요? 하지만 제가 생각하기에는….'"

"무슨 말인지 안다." 신이 남자의 말을 끊었다. "누구나 삶이 순탄할수록 성공적으로 살았다고 생각하기 마련이지. 하지만 이곳에서는 그렇게 판단하지 않는다. 나는 네가 예상했고 희망했던 목표를 이루었을 때에는 언제고 관심을 두지 않았다. 그런 일로는 네가 지상에 살면서 무엇을 배웠는지 알 수 없기 때문이지. 나는 오히려 네가 예상하지 못했던 난관에 부딪히고, 계획하지 않았거나 일어나지 않기를 바랐던 상황에 직면해 어려운 시기를 보내는 동안 열심히 너를 지켜보았단다. 그러한 상황에 어떻게 대처하는지 보아야 네 영혼의 성장과 지혜가 비로소 드러나기 때문이지."

남자는 정신이 멍해졌다. 여태껏 잘못 알고 있었단 말인가!

모든 일을 제대로 해내려 애쓰면서 평생을 보내 왔건만! "삶의 힘든 시기에 어떤 교훈을 배웠는지 제가 어떻게 알 수 있단 말입니까?" 남자는 자제심을 잃고 허둥대며 물었다. "제게 문제가 있다고 인정하기조차 싫어하며 살았습니다. 그러니 저는 지금 대체 무슨 말을 해야 합니까?"

한동안 남자는 할 말을 잃었다. 하지만 절대로 패배를 받아들이지 않던 생전의 습성이 되살아나면서 곧 기운을 차렸다. 그러고는 준엄하게 자신을 채찍질했다. '그냥 넋 놓고 있지 마! 지상에 살 때도 협상에서 물러선 적이 없었잖아. 다시 한 번 해봐!' 남자는 자신감을 추스르며 다시 말하기 시작했다.

"신이시여, 사실 조금 전까지는 그저 점잖게 말하려 했을 뿐입니다. 다시 말씀드리면 제 삶은 지옥 자체였습니다! 지긋지긋하게 고생했고 번번이 실망했고 시련과 고통으로 얼룩진 삶이었어요. 몇 달 동안이나 장모님과 살아야 했고, 결석 두 개를 그것도 한꺼번에 제거해야 했어요. 게다가 막내아들놈은 정말 골칫덩이였습니다. 아내요? 말도 마세요. 아내와 다시 얽히느니 차라리 이곳에 영원히 있겠습니다."

"진정하고 차근차근 얘기해 보아라." 신이 대답했다. "서두를 것 없다."

어떤 면에서 우리는 우화에 나오는 남자와 같다. 우리는 제대로 된 삶을 살려고 최선을 다한다. 행복과 성공의 모습을 상상하고, 이를 이루겠다는 희망을 품고 할 일 목록을 만들고, 목표를 세우고, 공부하고, 훈련하고, 학습하고, 관계와 꿈에 매달리고, 체계를 세우고, 기도하고, 문제를 받아들여 해결한다. 하지만 상황이 생각대로 펼쳐지지 않는 순간을 맞이한다. 아무리 끊임없이 노력하고 철저하게 대비하고 끔찍이 사랑했더라도 말이다. 아무리 노력해도 예상하지 못했던 상황을 막을 수는 없다.

감당하기 힘든 예상 밖의 상황이 사소한 좌절로 나타나든, 끔찍한 충격으로 다가서든, 점진적이고 고통스러운 깨달음으로 닥치든 결과는 마찬가지다. 우리는 자신이 원했던 삶을 살고 있지 않다는 달갑지 않은 사실을 깨닫고 충격을 받아 넋이 나간다. 우화에 등장하는 남자와 달리 우리 대부분은 예상하지 못했던 상황에 발빠르게 적응하지 못한다. 오히려 충격으로 얼이 빠지거나 방향을 잃어버리고 해결 방법을 몰라 몸살을 앓는다.

20여 년 동안 개인의 변화에 관해 연구하고 가르치고 글을 쓰면서 나는 이런 결론을 내렸다. 나 자신을 포함해서 대부분의 사람들이 겪는 혼란과 불행의 근원은 바로 안팎에서 맞닥뜨리는 전혀 예상하지 못한 상황이라는 것이다. 예상하지 못한 상황은 삶의 일부이기 때문에 아무리 애를 써도 결코 피할 수 없다. 삶이 궤도를 벗어나거나 매우 불만족스러운 사람은 자신뿐이고 다른 사람들은 모두 행복하게 지낸다고 은근히 속으로 생각할지 모르나 진실은 그렇지 않다. 우리 모두는 셀 수도 없을 만큼 많은 변화와 두려운 시작, 내키지 않는 끝맺음, 평가와 재평가, 감당하기 벅찬 실망의 순간과 평생 끊임없이 싸운다.

최근 나는 대학 시절 노트를 훑어보다가 20대 초반에 품었던 목표와 꿈을 적은 글을 찾았다. 소원 목록을 하나씩 읽어 내려가면서 나는 두 가지 사실을 깨닫고 깜짝 놀랐다. 한 가지는 30여 년 전에 세웠던 목표를 상당히 많이 달성했다는 것이다. 책을 써서 출판하는 저자가 되고, 캘리포니아로 이사하고, 관계와 개인 성장을 주제로 사람들을 가르치고, 의식 있는 사람들로 공동체를 형성하고, 전 세계의 이국적인 장소를 여행하고, 현명한 영적 스승들과 연구를 진행하고, 사랑에 빠져 아름다운 결혼식을 올리고, 집을 사고, 무대에 올라 공연도 했다.

또 한 가지는 더욱 정신이 번쩍 드는 것이었는데, 그동안 살아오면서 원래의 소원 목록에 없는 전혀 예상하지 못한 상황들을 정말 많이 겪었다는 점이다. 한 번 이상 이혼한다, 정직하지 못한 사업 동업자에게 속는다, 주식에 손을 대서 많은 돈을 잃는다, 협력 관계를 맺은 회사가 파산한다, 불공정한 소송에 시달린다, 시기하는 동료의 중상모략에 맞서 싸운다, 친한 친구를 암으로 잃는다…. 한 번도 목표로 세운 적이 없는 이 같은 일들을 나는 수없이 겪어야 했다.

이로써 그동안의 내 생각이 틀렸음이 분명해졌다. 나는 다른 많은 이들이나 우화에 나오는 영리한 사람처럼 목적 달성을 막는 장애물을 극복하는 일에 온 힘을 기울여야 한다고만 믿어 왔다. 그러나 내가 깊은 혼란과 불안을 겪어 온 이유는 어떤 목적을 달성하지 못해서가 아니라, 전혀 예상하지 못했던 일들을 겪었기 때문이다.

살아가면서 우리는 자신이 원하는 것을 얻지 못했을 때가 아니라 원하지도 않았고 예상조차 하지 못했던 상황에 부딪혔을 때 거대한 시험대에 오르게 된다.

❀

"프로도, 집 밖으로 나가면 정말 위험해." 그는 이렇게 말하곤 했다. "거리에서는 발을 계속해서 딛지 않으면 어디로 휩쓸려 갈지 알 수 없거든." _J. R. R. 톨킨(Tolkein)

살아가면서 우리에게 어떤 일이 벌어지는지 살펴보자. 우리는 자신의 일에 신경을 쓰면서 열심히 살아간다. 그때 갑자기 '그것'에 두들겨 맞는 바람에 제자리에 그대로 굳어 버린다. 그렇다면 '그것'은 무엇일까? 그것은 여태껏 외면해 온 현실을 직시하게 하는 사건일 수 있다. 애정 없이 결혼 생활을 유지하면서도 너무나 행복한 척 가장했지만 어느 날 갑자기 남편이 떠나 버린다. 멀리 떨어져 사는 딸이 정말 잘 지내고 있다고 주위 사람들에게 자랑했지만 우연히 서랍에서 딸이 숨겨 놓은 마약을 발견한다. 주당 60시간을 몸이 녹초가 되도록 일하면서 자신의 일을 사랑한다고 입버릇처럼 말해 왔는데 어느 날 심장마비로 쓰러진다.

때로 '그것'은 상실이다. 우리는 사랑을 잃고, 돈을 잃고, 신뢰를 잃고, 안전을 잃는다. 직업을 잃고, 건강을 잃고, 기회를 잃고, 희망을 잃는다. 때로 '그것'은 서서히 스며드는 짙은 안개처럼 우리 삶을 조용히 덮쳐 시야를 뿌옇게 만들고 상실감을 안긴다. 어떨

때는 살금살금 다가서지 않고 대담하게 덮쳐 오기도 한다. 우리는 '그것'이 오고 있음을 안다. 목 아래까지 바싹 다가와 숨 쉬는 것을 느낄 수 있다. 그런데도 '그것'이 지나쳐 가리라 자신에게 말한다. 지구를 향해 돌진하지만 결코 지구에 충돌하지 않는 소행성처럼 말이다. 하지만 이는 틀린 생각이다. '그것'은 우리를 그냥 지나치지 않는다.

우리는 '그것'이 일어나기를 원하지 않았고 느끼고 싶지도 않았다. '그것'에 부딪히기를 원하지 않았고 겪을 필요가 없기를 바랐다. '그것'이 한 발 한 발 다가오는 것을 지켜보면서도 정말 일어나리라 예상하지 못했다. 직접 겪기 전까지는 '그것'이 얼마나 무섭고 비참하고 혼란스러울지 알 수 없었고 얼마만큼 실망하게 될지, 이도저도 못하고 얼마나 막막할지 상상할 수 없었다.

게다가 예상하지 못한 상황은 언제나 최악의 순간에 찾아오는 듯하다. 하필 가장 정신없이 바쁜 주말을 골라 며칠 묵겠다며 집을 찾아오는 불청객처럼, 예상하지 못한 상황은 정말 최악의 순간만 골라 벌어진다. '그것'은 언제나 우리가 스트레스에 시달리고 심리적 압박감에 휘둘려 더 이상 견딜 수 없다고 두 손을 들 때 일어나지 않던가? 우리는 탄식한다. "지금은 도저히 감당할 수 없어." "정말 시기가 좋지 않아." 하지만 솔직히 생각해 보자. 달갑지 않은 사건과 도전을 맞이하기 '좋은' 시기가 있기는 할까? 물론 없다.

예상 못한 상황은 언제나 불편하다.

위대한 정치가 헨리 키신저는 간단히 이렇게 정리했다. "다음 주에는 어떤 위기도 일어나서는 안 된다. 일정이 이미 꽉 찼기 때문이다."

⌘

'지금 일어나고 있는 일을 어떻게 해결해야 할지 모르겠어. 이건 너무 심해. 해도 해도 너무 하잖아. … 만족스럽게 상황을 처리할 길이 없어. 아무리 애써도 소용없을 거야. 삶이 내 목을 죄고 있다고!' 이렇게 생각하는 바로 그때, 가장 소중한 기회가 모습을 드러낸다.

_페마 쵸드론(Pema Chodron, 미국 출신 티베트 불교 승려-옮긴이)

내가 다니던 초등학교에 로데스라는 선생님이 계셨다. 어쩌다 교사가 될 생각을 했는지 도저히 이해할 수 없는 분이었다. 여덟 살 어린아이였던 내가 보기에도 아이들을 끔찍하게 싫어했을 뿐 아니라 그렇다는 사실을 학생들에게 감추려고도 하지 않았다. 선생님이 드러내 놓고 보이는 적개심에 앙갚음을 하고 싶었던 꼬마들은 선생님이 보지 않는 틈을 타 침을 잔뜩 묻힌 껌 덩어리를 선생님의 머리에 던졌다. 핀을 이용해 탄탄하게 컬을 만든 선생님의 희끗희끗한 머리에 자신들이 만든 페퍼민트 향 무기가 딱 달라붙기를 바라면서 말이다.

로데스 선생님은 모든 일에 정확성을 요구하는 깐깐한 분이었고, 학급 전체 앞에서 학생의 실수를 낱낱이 파헤쳐 망신 주는 것을 좋아했다. 내가 '오늘의 희생자'가 되었던 날을 잊을 수 없다. 쓰기 연습이 한창일 때 나는 손을 들었다.

"왜 그러니?" 로데스 선생님이 나를 보며 얼굴을 찌푸렸다.

"화… 화장실에 다녀와도 될까요?" 나는 최대한 목소리를 낮춰 말했다.

"웅얼거리지 마라. 난 웅얼거리는 소리가 정말 싫어. 뭐라고 말했지?"

"잠깐 나갔다 와도 되느냐고 여쭸어요."

"어째서?" 로데스 선생님이 호통을 쳤다.

나는 머릿속으로 '아유, 창피해. 꼭 큰소리로 얘기해야 하나.'라고 생각하고는 한숨을 크게 내쉬며 말했다. "화장실에 가고 싶습니다."

반 아이들이 낄낄거리기 시작했다. "조용히 해!" 로데스 선생님은 소리를 지르더니 나를 돌아보며 말했다. "바바라 디 앤젤리스! 그러니까 화장실에 가고 싶다는 말이구나. 흠, 우린 모두 하고 싶은 것이 많긴 하지. 하지만 원하는 대로 다 할 수는 없는 법이야. 그렇지 않니? 그러니까 못 가!"

"선생님, 가게 해 주세요." 나는 애원했다. "화장실에 가고 싶어요."

로데스 선생님은 칠판으로 걸어가 분필을 집어 들고는 커다란 글씨로 '원하다(W-A-N-T)'라고 썼다. "얘들아, 이 단어가 보이지?" 선생님이 큰소리로 말했다. "이 단어는 '나는 그네를 타고 싶어요'라든가 '사탕을 먹고 싶어요.'처럼 개인적으로 원하는 것을 표현할 때 사용한단다." 그러더니 칠판에 단어 하나를 더 적었다. "그러니까 '해야 하다(N-E-E-D)'와는 뜻이 달라. '해야 하다'는 개인적으로 원하는

지 어떤지를 가리키지 않아. 어떤 일이 필요할 때나 급할 때 쓰는 단어지. '로데스 선생님, 제가 화장실에 가야 해요.'처럼 말이다."

선생님이 내 쪽으로 몸을 돌렸다. 나는 의자에 최대한 낮게 쪼그려 앉았다. 여덟 살짜리 작은 뇌로도 다음에 어떤 일이 벌어질지 짐작할 수 있었기 때문이다. 반 친구들은 자기가 아닌 다른 아이가 모욕을 당하는 장면을 지켜볼 재미에 취해 앞으로 어떤 일이 펼쳐질지 몹시 궁금해하며 웅성거렸다.

"그러니까, 바바라. 네가 아까 했던 말을 다시 해 보겠니?" 경멸을 담은 목소리가 선생님의 입에서 새어 나왔다.

나는 오랜 고문을 견디지 못하고 자백하는 포로처럼 떠듬떠듬 말했다. "제… 제가… 화… 화장실에 가야 합니다!"

"그래." 선생님은 기분 나쁜 미소를 지으며 말했다. "왜 처음부터 그렇게 말하지 않았니? 어쨌든 네가 우리들 앞에서 실례를 하면 우린들 좋겠니? 안 그러니, 얘들아?"

나는 도망쳤다. 수십 년이 지난 지금도 당시 기억이 너무나 생생하게 떠오른다. 내 작은 다리는 화장실로 향하는 텅 빈 복도를 부지런히 달렸다. 등 뒤로 아이들의 비웃는 소리가 여전히 울렸다.

내가 이처럼 지독하게 불쾌한 이야기를 꺼낸 이유는 이 책의 전제를 언급하기에 매우 중요하기 때문이다.

우리는 살아가면서 몹시 불편하여 견디기 힘들 때 자신의 비참한 심정을 완화시키려 의문을 던지기 시작한다. 의문을 던지거나 대답을 듣는 일이 얼마나 두려울지 상관없이 말이다. 우리는 더 이상 묻지 않을 수 없기에 의문을 던진다. 우리는 단지 그렇게 하고 싶어서가 아니라, 그렇게 해야 하기에 의문을 던진다.

그리고 우리 내면 깊은 곳에서 올라오는 그 의문의 정체는 바로 "내가 어쩌다 여기에 이르렀을까?"이다.

위기를 맞아 혼란스럽고 좌절감이 들고 당혹스러울 때, 페마 쵸 드론이 말했듯 "삶이 우리의 목을 쥘 때", 상황이 비참하지 않은 척 가장하기 어려울 때, 우리가 보일 수 있는 가장 솔직하고 사실 상 유일한 반응은 "내가 어쩌다 여기에 이르렀을까?" 하고 스스로 묻는 것이다. 자신이 처한 상황에서 몸부림칠 대로 몸부림치고 나 면, 손을 들어 의문을 제기할 밖에 다른 도리가 없다. 내가 로데스 선생님에게 배웠듯, 가야 할 때가 되면 가야 하는 것이다.

❀

자아가 던지는 의문에 대답하기 전에 고통을 없애면 고통과 더불 어 자아가 사라진다. _칼 융(Carl Jung)

지혜를 구하는 과정은 의문을 던지는 것으로 시작한다. '의문' 이란 단어의 어원은 라틴어 'quaerere'로 '구한다'는 뜻이다. 이 라 틴어는 찾거나 추구한다는 뜻을 나타내는 'quest'의 어원이기도 하다. 궁극적으로, 의문을 품는 일은 지식을 구하고 통찰력을 얻고 진리를 추구하는 과정의 첫 단계이다.

우리는 평생 동안 답을 구하며 살아간다. 이 같은 욕구는 매우 인간적인 것으로 아주 어렸을 때부터 시작된다. 자녀들이 끊임없이 던지는 질문을 받아 본 부모라면 누구라도 아는 사실이다. "하늘은 왜 파래요? 사람이 죽으면 어디로 가요? 엄마는 왜 안경을 썼어요? 할머니 목소리가 어떻게 전화 속에 들어갔어요? 아기는 어디서 와요?" 어렸을 때 우리는 대답을 들을 수 있으리라 굳게 믿으면서 어른들에게 질문을 던졌다.

이제 우리가 어른이 되었다. 자식이나 손자에게, 고객이나 직원에게, 학생이나 환자에게, 손님이나 직장 동료에게 대답을 해 주어야 할 어른이 된 것이다. 그렇기 때문에 힘든 시기를 버틸 때, 예상하지 못했고 반갑지 않은 불리한 상황을 바라볼 때, 대답할 수 없고 해결할 수도 없는 의문이 끊임없이 자기 자신을 괴롭히고 있다는 사실을 타인은 물론 스스로에게도 인정하기 어렵다.

평소에 우리는 어떤 문제를 해결하고 싶을 때 지적 능력을 동원해 의문을 직접 만들기도 한다. 예를 들어 "어떻게 하면 사업의 판매고를 증가시킬 수 있을까?", "어떻게 하면 체중을 10킬로그램 줄일 수 있을까?" 하는 것처럼 말이다. 그러고는 시간이나 흥미가 있을 때면 이러한 의문에 관해 곰곰이 생각하고, 생각하기 피곤하면 두뇌 속 '할 일' 목록에 저장해 두기도 한다. 그런데 이와는 달리 의식 속으로 끊임없이 파고들어 와 우리가 귀 기울일 때까지 절대 사라지지 않는 의문도 있다. "내가 어쩌다 여기에 이르렀을까? 나와 내 삶에 무슨 일이 일어나고 있는 걸까?" 하는 의문이 바로 그것이다. 회피할 수 없는 이러한 의문은 고집불통 유령처럼 따라다니며 우리가 주의를 기울일 때까지 사라지지 않는다.

훌륭한 러시아계 미국인 작가 잉그리드 벤지스(Ingrid Bengis)는 자신의 책 《성감대에서 벌어지는 전투(*Combat in the Erogenous Zone*)》에서 이러한 순간에 관해 역설했다.

진정한 의문은 당신이 좋아하든 좋아하지 않든 계속 의식에 끼어든다. 바위를 뚫는 드릴처럼 마음을 뒤흔든다. "타협했다고" 생각해도 결국 그대로 남는다. 진정한 의문은 사그라지지 않는다. 정말 멀리 사라져야 할 것 같은 시기에 삶을 헤집고 들어온다. 이러한 의문은 가장 많이 던져지지만 그에 대한 대답은 매우 부적절하며, 그 진정한 본질은 천천히, 마지못해, 대부분은 당신의 의지에 거슬러 드러난다.

삶의 길을 걷는 여행자로서 우리는, 자신에게 던지는 의문과 던지기를 회피하는 의문으로 정의된다. 아이였을 때와 마찬가지로, 어른이 되어서도 우리는 자신이 누구인지 제대로 파악하기 위해 "내가 어쩌다 여기에 이르렀을까?"라고 물어야 하는 순간을 맞이한다.

의문을 던지는 때는 자신의 약점을 드러내는 순간도 실패를 인정하는 순간도 아니다. 실제로는 더욱 의식 있고 전체적인 진정한 삶을 추구하겠다고 명쾌하게 깨닫는 순간이다.

자신에게 의문을 던지는 중요한 순간을 어떤 방식으로 다루느냐에 따라 삶의 여정이 어떤 결과를 맺을지 결정된다. 우리는 의문을 껴안으면서 마음의 문을 열어 통찰력과 계시를 받아들인다. 또한 어떤 것에서 특히 자신에게서 도망치지 않아야 얻을 수 있는 깊은 평화와 치유를 받아들인다. 하지만 "내가 어쩌다 여기에 이르렀을까?"라고 묻는 목소리를 외면하면 결국 성장을 가로막고 변화를 차단하고 저항과 부정의 늪에 빠진다. 왜 그럴까? 의문은 결코 사라지지 않고 우리가 관심을 기울일 때까지 의식을 갉아먹고 잠식하기 때문이다.

❀

전통적으로 선종(禪宗)에 전해 내려오는 이야기가 있다. 삶의 진리를 찾고 부처의 본질을 이루기 위해 '문 없는 문'을 통과하는 방법에 관한 이야기다. 스님은, 현실의 본질을 묻는 궁극적인 의문을 묵상하면 마치 시뻘겋게 달아오른 쇠공이 목구멍을 막아 삼킬 수도 뱉을 수도 없는 것처럼 느끼리라고 제자에게 경고한다. 하지만 정신을 온전히 집중해 의문을 포기하지 않으면 그렇게 도달한 진리가 우주를 환하게 비춘다고 했다.

이러한 방법은 말보다 실천하기가 훨씬 어렵다. 우리는 시뻘겋게 달아오른 의문을 불교에서 말하는 것과는 달리 반갑게 받아들이지 않는다. 고통스러운 치과 수술을 받기 직전에 느끼는 두려움으로 대한다. 설사 위기의 한복판에 있어도 위기가 왔다는 사실조차 끈질기게 외면한다. 우리는 이렇게 부정(否定)의 대가가 되어 간다. 목구멍이 뜨거워서 얼음물을 열 잔째 들이켜면서도 "시뻘겋게 달아오른 쇠공이 뭔데?"라고 딴청을 부린다.

부정하기는 쉽지 않다. "내가 어쩌다 여기에 이르렀을까?" 하며 내면에서 끊임없이 들리는 목소리를 잠재우려면 엄청난 에너지가 소모된다. 눈에 보이지 않는 의문 때문에 불편한 마음을 마비시키려고 중독에 눈을 돌리는 사람도 있다. 자신이 맞닥뜨려야 하는 문제를 외면하려고 일이든 운동이든 주위 사람을 돌보는 일이든 가리지 않고 매달리는 사람도 있다.

'마술적 사고'에 빠지는 사람도 있다. 이들은 모든 일이 잘 풀릴 것처럼 행동하면 신비로운 변화가 일어나서 모두가 순탄해지리라 자신을 납득시킨다. 사이가 서먹했던 남편이 갑자기 사랑을 표현하고, 알코올 중독에 걸린 아내가 기적적으로 술을 끊고, 어느 날 아침에 눈을 뜨자 잘못되었다고 생각했던 일들이 거짓말처럼 사라지리라 믿는다.

하지만 그런 일은 일어나지 않는다. 오히려 내면의 목소리가 던지는 의문을 외면하면 고통이 따른다. 화가 나거나 우울해지거나 지칠 대로 지친다. 자신에게서 떨어져 나가고 꿈에서 멀어지고 열정을 잃는다. 연인과 서먹해지고 성적 매력을 상실한다. 철저하게 고립되고 마는 것이다.

시뻘겋게 달아오른 의문에 기꺼이 귀 기울이고 대답을 찾기 위해 애쓰려면 엄청난 용기를 발휘해야 한다. 엄습하는 두려움에 얼어붙지 않아야 하고 받아들이기 힘든 의문과 고통스러운 현실을 맞아 자신의 환상을 깨야 하고, 자신이 바라는 삶에 대한 생각을 뒤흔들어서 있는 그대로의 삶에 맞서야 한다.

*진정으로 변화하려면 엄청난 용기를 발휘해 행동해야 한다. 답
이 없어 보이는 어려운 의문을 자신에게 던지는 용기, 이러한 의
문을 의식에 단단히 잡아매서 자신이 지닌 환상과 안일한 생각,
때로는 자아감까지 태워 없애는 용기가 필요하다.*

대답보다 의문이 많을 때

진정한 삶이 곧 펼쳐지리라 생각하며 오랜 세월을 보냈다. 하지만
어김없이 방해물이 나타났다. 먼저 처리해야 할 일이 생겼고, 마무
리하지 않은 문제가 곪아 터졌고, 시간을 더 들여야 할 문제가 일
어났고, 빚을 갚아야 했다. 결국 이러한 방해물이 내 삶이라는 생
각이 들었다. _알프레드 디 수자(Alfred D'Souza)

모든 일을 완벽하게 처리한다면 예상하지 못한 상황은 절대 일
어나지 않으리라 믿었다. 나는 1960년대에 청춘을 보내고 1970년
대에 일을 시작했다. 그리고 베이비붐 세대로서 사회가 상투적으
로 주장하는 자신감과 낙관주의 그리고 무한한 가능성에 대해 귀
가 따갑도록 들었다. "꿈을 찾아라, 계획을 세워라, 목적을 달성하
기 위해 열심히 일하라. 그러면 평생 행복하고 성공적인 삶을 누릴
것이다." 나는 사회에 널리 퍼져 있는 일반적인 신념을 열심히 실

천했다. 그래서 30대 중반이 되었을 때 이미 스스로 상상했던 이상을 달성했다. 그 후 10년 동안에도 내 삶의 모든 영역은 계속 성공적으로 발전했다. 스스로 결단력을 발휘해 노력하고 열심히 일했던 것이 수천 배로 열매를 맺는 것 같았다.

그러다가 상황이 바뀌었다. 예측할 수 없었던 전혀 반갑지 않은 사건이 줄줄이 터졌다. 내가 주의 깊게 계획을 세워 놓고 나무랄 데 없이 완벽하게 그려 온 멋진 그림이, 마치 난폭한 군인들에게 침략당한 듯 마구 짓밟혔다. 개인적으로나 직업상으로 맺어 온 오랜 관계들은 불과 몇 년 사이에 어색하게 때로는 점잖게 그러나 예외 없이 매우 고통스럽게 끝나 버렸다. 한동안 열심히 추진했던 많은 프로젝트는 결코 예상하지 못했던 매우 불만족스러운 결과를 낳았다. 큰 관심을 기울였던 몇몇 기회도 복잡하기만 한 시련이 되었다.

갑자기 모든 상황이 불분명해졌다. 살아가면서 무척이나 확실했던 일들이 모호하고 혼란스러워졌다. 언제나 내게 버팀목이 되어 주리라 생각하고 의지했던 사람과 상황이 사라져 버렸다. 내게 언제나 기쁨을 안겨 주었던 성취가 평범하고 따분하게 느껴졌다. 무엇보다 무서웠던 점은, 그동안 성공을 위해 무척이나 열심히 일해 왔던 내 삶의 양식을 스스로 재평가하기 시작했다는 사실이었다. '이것이 내가 정말 하고 싶었던 일이었을까?' '이것이 내가 살고 싶었던 곳이고 방법이었을까?' '이것이 진정한 내 모습이었을까?'라고 말이다.

나는 그동안 아주 분명하고 곧게 뻗은 길을 걸어왔다고 생각했다. 하지만 막상 갈림길에 서서 사방으로 나 있는 많은 길을 바라보니 현기증이 났다. 방향 감각을 잃었고 어리둥절했고 어떻게 앞으로 나아갈 수 있을지, 어디서 방향을 틀어야 할지 막막했다. 어쩌다 이런 일이 일어났을까? 모두가 정상적인 궤도에 놓인 것처럼 보였었다. 그런데 어쩌다가 대답보다 의문이 많은 때에 놓이게 되었을까? 내가 어쩌다 여기에 이르렀을까?

한 가지만은 확실했다. 매일 반복되는 일상에서 필사적으로 도망쳐야 했다. 뒤엉킨 생각과 감정의 실타래를 정리해야 했고, 내면의 평화와 명쾌함으로 돌아갈 길을 찾아야 했다. 나는 당시에 함께 수련을 시작한 영적 스승과 더불어 한 달에 걸친 명상 피정에 참석하기로 결심했다. 내가 찾는 대답은 밖에서 찾을 수 없고, 과거에도 그랬듯 내면 깊숙이 눈을 돌려야 찾을 수 있다는 사실을 알고 있었기 때문이다.

피정지에 도착하는 순간부터 평상시처럼 단호한 태도와 굳은 각오로 일정에 몸을 맡겼다. 명상 일정을 부지런히 따랐고, 온 신경을 집중해 스승의 강의를 들었고, 명상 수련에 열성적으로 임했다. 새로 시작한 명상의 뿌리를 뽑아 볼 작정이었다. 다시 한 번 상황을 내 손아귀에 쥐려 애썼던 것이다. 나는 옛날의 나로 돌아가고 있었다. '너는 언제나 상황을 바로잡는 데는 명수였어. 이번에도 할 수 있어!'라고 마음속으로 의욕을 불살랐다.

하루는 혼자서 점심을 먹고 있는데 아슈람(ashram, 힌두교도들이 수행하며 거주하는 곳-옮긴이) 직원이 온화한 미소를 지으며 말을 건네왔다. "저는 캐서린이라고 해요. 당신에게 전할 말이 있어요."

나는 흥분해서 심장이 마구 뛰었다. 여태껏 기다려 왔던 순간이 아닌가! 그곳에서 명상 수련을 하면서 따로 만나지는 못했지만 내가 허우적거리고 있다는 사실을 스승이 알고 요동치는 내 마음에 관심을 기울여 올바른 방향을 일러 주기를 마음속으로 바라고 있었기 때문이다. 나는 안도의 숨을 내쉬며 '정말 잘됐어. 무엇을 해야 할지 이제야 알게 되겠군.'이라 생각했다.

나는 즉시 "스승이 전하는 말을 듣고 싶어요."라고 대답했다.

"스승이 당신에게 전하라는 말은 이렇습니다. '얼마간 너는 아무것도, 아무도 되지 않는 게 좋을 것이다. 이미 잘하고 있는 일을 계속하면 아무것도 배우지 못한다.'"

나는 어안이 벙벙했다. 이것이 내게 전하라는 말이라고? 내가 아무도 아니어야 한다고? 납득할 수가 없었다. 이와는 정반대로 대단한 사람이 되려고 평생 애써 왔는데! 나는 세상을 변화시키기 위해 스스로 할 수 있는 일을 하겠다는 꿈을 꿨고 그러려고 노력해 왔다.

주위의 많은 여성들이 그렇듯 나 또한 프로젝트 열 건을 한꺼번에 추진할 수 있는 스스로가 자랑스러웠다. 나는 언제나 동양 종교에서 믿는 신성한 여신들에게 영감을 받았다. 그 여신들에게는 풍부한 영적 능력과 재능을 상징하는 팔이 여러 개 달려 있다. 힌두교 여신 두르가는 여러 무기를 휘둘러 악을 물리친다. 락슈미는 아름다움과 부와 자유를 수여하는 상징을 쥐고 있다. 사라스바티는 지식과 자각을 쥐고 있다. 불교의 여신 관음은 자비와 연민과 치유를 베푼다.

나도 여러 역할을 완벽하게 소화하는 슈퍼우먼이 되려고 애써 왔다. 당시 나는 바쁜 한 해를 막 끝낸 시점이었는데, 그 일 년 동안 전국 텔레비전 토크쇼의 대본을 쓰고 제작과 진행을 맡았고, 새 책을 쓰고 홍보 활동을 했고, 전국을 순회하며 세미나를 열었고, 다른 텔레비전 프로그램에도 정기적으로 출연했으며, 몇 가지 프로젝트를 새로 개발했다. 밖에서 보기에 나는 그야말로 팔이 여러 개 달린 감탄할 만한 인물이었다.

나는 살아서 해야 한다고 믿었던 일을 실행하지 못해 자신에게 실망하면서 삶을 마칠까 봐 두려워하며 살았다. 중요하고 의미 있는 일을 달성하겠다는 목표를 세우고 달려오기는 했지만, 사회에 충분히 기여하지 못하고 재능을 제대로 살리지 못할까 봐 무서웠다. 그런데 이제 정반대로 행동하라는 말을 스승에게 들었다. '얼마간 아무도 아닌 사람이 되라.' 지금껏 스스로 두려워서 도망쳤던 상황을 받아들이라는 뜻이었다.

살다 보면 누군가가 말해 주는 진실에 결국 귀 기울여야만 하는 순간이 찾아온다. 주위 사람들은 여러 해 동안 내게 "일을 줄여야 해요.", "당신은 쉴 시간이 필요해요. 지나치게 일하고 있어요."라고 말했다. 좋은 충고라는 것은 알았지만 내 안에서 울리는 목소리는 언제나 목표를 달성하고 남들보다 뛰어나야 한다고 부추겼다. '잠시라도 멈추면 안 돼. 주춤하는 순간 추진력을 잃고 기반이 흔들릴 거야. 그렇게 되면 너의 경력, 꿈, 비전이 어떻게 되겠어? 일을 줄이면 패배자처럼 느껴질걸.' 하지만 이번에는 달랐다. 예상하지 못했던 고난을 연달아 당하고, 상실을 겪고, 실망에 사기가 꺾이고, 마음에 상처를 입고, 자신에 대한 불만과 환멸을 느끼면서 마음이 많이 누그러져 있었다. 그래서 결국 그날 나는 스승의 말에 귀를 기울이게 되었다.

나는 집으로 돌아온 즉시, 스승에게 받은 메시지를 거울삼아 내 삶을 바라보기 시작했다. 그동안의 성취와 지금 차지하고 있는 역할이 없다면, 빡빡한 일정과 중요한 회의가 없다면, 할 일 목록과 인터뷰가 없다면 나는 대체 누구일까? 청중이 없고, 학생과 고객이 없다면 나는 대체 누구일까? 나 자신을 포함한 모두에게 항상 대답을 해 줄 필요가 없다면, 현명할 필요도 남에게 용기를 불어넣어 줄 필요도 없다면 나는 대체 누구일까? 내가 한동안 아무도 아닌 사람이 되어야 한다는 말은 무슨 뜻일까? 그런 사람은 다른 사람 눈에 어떻게 보일까?

나는 열여덟 살 이후로 줄곧 의식적으로 성장에 관심을 쏟았다. 일을 시작하기 오래 전인 이십 대에도 한 번에 몇 개월씩 명상 피정을 했고 영성 공부에 파묻혀 지냈다. 이렇게 얻은 내면의 깨달음을 토대로 선생이자 작가로서의 삶을 시작했고, 수십 년 동안 성공과 성취와 자아실현을 누렸다. 이제 나는 성공의 정상에 서 있다. 가장 높은 봉우리에 오르기만 하면 목표를 달성하리라 생각하면서 험난하기 짝이 없는 산을 부지런히 올랐다.

그래서 결국 정상에 이르렀다. 하지만 주위를 둘러보고 깜짝 놀랐다. 시야가 탁 트인 자리에 서고 보니 있는지조차 몰랐던 또 다른 지평이 나를 유혹하며 펼쳐져 있었다. 내가 탐험해야 할 곳이라는 생각이 바로 들었다. 이만큼 높이 오르지 않았다면 이렇게 새로 펼쳐진 땅을 보지 못했을 것이다. 새 땅은 멀리서 장엄한 봉우리를 뿜내고 빛을 발하며 내게 오라고 손짓했다. 나는 결국 그 부름에 따라야 했다.

하지만 그곳에 도달하는 과정은 오랫동안 힘들게 산에 오를 때와는 완전히 달랐다. 만물을 굽어볼 수 있었던 환한 자리를 떠나 산 반대편 움푹한 골짜기에 깃든 춥고 어두운 그늘로 들어가야 했다. 다시 한 번 기운을 차려 내면 깊이 들어가야 했다.

그러려면 시간이 필요했다. 의문을 던지고 명상하면서 성공과 지속적인 관심과 욕구의 껍질을 벗고 자신을 발견해야 했다. 그럴 시간을 벌기 위해 나는 뒤로 물러서기로 마음먹었다. 삶과 일을 철저하게 버리는 것이 아니라 한동안 몇 발자국 물러나 있기로 결심한 것이다. 그래서 매달 수천 명이 세미나와 훈련에 참여하며 활발하게 돌아가던 로스앤젤레스 소재 개인 성장 센터를 폐쇄했다. 텔레비전 쇼를 개발하고 있었지만 더 이상 추진하지 않기로 결론 내렸다. 관심을 가져 주기를 기대하고 있던 사람과 기회도 거절했다.

어느 하나도 포기하기가 쉽지 않았다. 소유한 것 전부와 더 많이 소유할 수 있는 기회를 움켜쥐라고 속삭이는 깊은 본능을 거슬러야 했기 때문이다. 나는 책을 정확하게 매년 한 권씩 써야 하고, 약간의 휴식기를 제외하고는 끊임없이 텔레비전에 출연해야 하고, 일정 금액의 수입을 거둘 때까지 세미나를 열어야 하고, 거물이 되어야 한다는 집착을 버려야 했다. 내가 옳은 판단을 내렸다는 사실을 알고 있었지만 그것이 옳은 이유를 완벽하게 이해하지는 못했다. 마음 한편으로는 새 방식으로 새 길을 가면 나란 존재가 산산이 부서지지는 않을까 두려웠다. '너는 다시 태어나는 과정을 거치고 있는 거야.' 내면에서 용기 있는 목소리가 나를 안심시키려 했지만 실제로는 죽어 가는 것만 같았다.

지혜를 찾아 깊은 내면으로

이렇듯 극적인 변화를 시도하기 시작했을 무렵의 어느 날 밤 너무나 강력하고 생생한 꿈을 꾸었다. 꿈속에서 나는 커다랗고 묵직한 삽으로 아름다운 정원의 한가운데에 깊은 구덩이를 파고 있었다. 말끔하게 손질된 정원에 사랑스럽고 상큼한 꽃들이 만발했지만 꽃에는 별로 눈길을 주지 않고, 사방에 흙을 튀기며 부지런히 구덩이만 파 내려갔다. 삽을 휘두를 때마다 꽃이 뜯겨 나가고 돌과 흙에 여린 꽃잎이 으스러졌다.

그때 한 여자가 나타나 내게 큰소리로 화를 냈다. "대체 뭐하는 거예요? 지금 정원을 망치고 있잖아요! 정말 흠잡을 데 없이 아름다운 정원이었는데 이렇게 엉망으로 만들다니, 대체 무슨 일이죠? 왜 이러는 거죠?"

나는 여자를 쳐다보며 침착하게 대답했다. "지혜를 찾으려고 깊이 파고 있는 중이에요." 그리고 계속 구덩이를 팠다.

다음 날 아침 나는 잠에서 깨어나 지난밤의 꿈을 기억해 내고는 내면에서 우러나온 중요한 메시지를 깨달았다. 정원은 내가 알고 있던, 겉으로 보기에 완벽하고 모든 면에서 정돈되고 매력적인 삶을 나타냈다. 한데 나는 그토록 아름다운 정원의 한복판에 거대한 구덩이를 파고 있었다. 식물과 꽃을 뿌리째 뽑아 버리고 세심하게 설계하고 가꿔 온 그곳에 흙을 던졌다. 이것이 바로 세상에 새롭게 눈뜨고 나서 내가 한 일이었다. 나는 내 삶의 모든 측면에 의문을 던지고, 한 번도 맞설 용기를 내지 못했던 오랜 신념과 목표와 생각을 뿌리 뽑고, 근본적인 변화를 추구했다.

내게 소리를 지른 여자는 누구였을까? 여자는 내가 거치는 극심한 변화 과정을 반대하는 주위 사람들을 상징했다. 그들이 생각하기에 나는 모든 질서를 엉망으로 만들 뿐이었다. 그들은 자신들이 인정할 수 있고 이해할 수 있는 정돈된 삶을 내가 살아 주기를 원했다. 나와 함께 일하는 사람들은 업무량을 차츰 줄여 가는 나를 조금은 두려운 심정으로 바라보았다. 내가 지나치게 많은 변화를 추구할 때 자신들이 실직할 수도 있다고 걱정했기 때문이다. 심지어는 활동 규모를 줄인다고 내게 화를 내는 사람도 있었다. 그동안 자신들이 누려 온 기회나 수입을 잃을까 봐 두려웠기 때문이다. 몇몇 친구를 포함한 이들은 모든 것에 의문을 품는 내 행동에 위협을 느끼기도 했다. 자신들에게도 전염되어 잘 손질된 정원을 미친 듯이 파헤치게 될까 봐 두려웠던 것이다.

물론 꿈속의 여자가 더 깊은 의미를 지닌다는 사실을 나는 알고 있었다. 여자는 바로 내 자아의 일부로서, 자기 삶을 완전히 뒤엎는 급격한 의문의 과정에 몸서리치게 놀라고 있었다. "너는 대체 무슨 짓을 하고 있는 거야?" 내 일부가 나에게 소리를 지르고 있었다. "네가 이룩하려고 그토록 열심히 노력한 목표를 너 스스로

망치고 있단 말이야. 모두 완벽했는데 지금 산산조각을 내고 있잖아. 대체 왜 이러는 거야?"

나는 왜 이렇게 하는 걸까? 어쩌다가 손에 삽을 들고, 그토록 오랫동안 가꾸고 보호해 온 목표와 꿈을 모두 파헤치게 되었을까? 이는 간단하게 대답할 수 없는 훌륭한 의문이었다. 나는 예측하지 못한 사건이 터진 탓에 지도에도 없는 길을 가야 했기에 모든 상황을 다시 살펴보고 있었다. 나는 확실하게 알지는 못하지만 자신과 삶을 송두리째 재평가하게 만드는 무언가의 부름을 받고 명쾌함과 계시를 쫓고 있었다. 나는 그래야 한다는 것을 알기 때문에 구덩이를 파고 있었다.

구덩이를 파면서 앞으로 어떤 결론에 도달할지 알았을까? 그렇지 않다. 그래서 정말 겁이 났다. 나는 계획을 상세하게 세우지 않은 상태에서 앞으로 나아가는 것 자체를 결코 좋아하지 않았고 특히 사십 대 후반에 접어들면서는 그런 행동이 무모하고 위험하다고까지 여기고 있었다. 하지만 어느 날 밤의 꿈을 통해 나는 앞으로 어떤 결과를 얻게 될지는 모르지만 내가 어떤 일을 하고 있는지는 확실히 알게 되었다. 나는 지혜를 찾아 내면을 깊이 파고들고 있었고 존재의 핵심을 꿰뚫기 위해 의문과 명상의 과정을 수행하고 있었다. 그리하여 스스로 변화하고 진정한 자아에 그 어느 때보다 가까이 다가설 수 있을 것이었다.

의문을 품으며 살아가라

마음속의 풀리지 않는 모든 의문을 인내하라

의문 그 자체를 사랑하라.

들을 수 없는 답을 구하려 하지 말라

대답대로 살 수 없을 테니까.

중요한 건 모든 것을 살아 보는 일이다.

이제 의문대로 살아 보라,

그러면 자신도 모르게

언젠가 해답대로 살아가리라.

_라이너 마리아 릴케(Riner Maria Rilke)

그렇다면 어떻게 내면을 깊이 파고들어 지혜를 찾을 수 있을
까? 어디서부터 시작할까? 우선 자신이 있는 자리를 순순히 인정
해야 한다. 자신이 불확실과 혼란과 의심에 싸여 있고, 다시 평가
하고 판단해야 하는 시기에 놓여 있으며, 변화해서 다시 태어나는
과정에 발을 디뎠다는 사실을 받아들여야 한다.

지혜를 찾아 내면을 깊이 파고들려면,

● 최소한 그 순간만이라도, 자신이 처한 현실에는 해답보다 의
  문이 많다는 사실을 솔직하게 인정한다.
● 이러한 의문이 생기도록 허용한다. 열어 주기를 기다리는 신
  비로운 상자처럼 자기 주위에 의문이 쌓여 있다는 사실을 받

아들인다.

- 더 이상 의문에서 도망치지 말고, 의문을 받아들이고 파고들
  어 자기 내면에 뿌리 내리게 한다.

의문과 맞닥뜨리는 일은 결코 쉽지 않고 고통스러울 뿐 아니라
낙담을 불러올 수 있다. 우리들 대부분은 의문을 던질 때보다 해답
을 들을 때, 의심을 품을 때보다 확신할 때 훨씬 마음이 편하다. 그
리하여 불확실성과 절망으로부터 달아나 확실한 사실로, 탄탄한
감정적, 지적 기반으로만 향하려는 경우가 너무 많다. 자신이 알지
못하는 영역에는 결코 오래 머무르려 하지 않는다.

사실 이러한 태도는 납득할 만하다. 비록 한쪽으로 치우치거나
편협하거나 부정확하더라도 우리 사회는 절대적으로 확실성을 요
구한다. 텔레비전이나 라디오를 보더라도 이러한 예는 넘쳐 난다.
시사 해설가는 자기 견해를 굽히지 않는다. 토크쇼 진행자는 흑백
논리를 펼친다. 리얼리티 프로그램 참가자는 가장 확고하고 뻔뻔
스러운 자신감을 보여서 상금을 타고, 데이트 상대를 차지하고, 구
혼을 받고, 직업을 얻는다. 의심을 품거나 우유부단하거나 내성적
인 성격은 호소력을 발휘하지 못하고 이와 대조되는 확실한 성격
이 대세를 이룬다. 그러니 회피와 거부라는 두꺼운 껍질로 불확실
성을 묻어 버리는 것이 당연하지 않을까?

한동안 연락하지 못했던 친구를 어느 모임에서 만났다고 가정
하자. "잘 지냈니?"라는 친구의 인사에 "사실 나 요즘 혼란스러워.
깊은 회의에 빠져 있거든."이라고 대답하는 사람은 거의 없다. 자

신감이 없거나 삶의 방향을 잃었다고 고백하면 자신을 약하고 불안정한 사람이라 내세우는 꼴이 되기 때문이다. 상실감을 느낀다고 스스로에게 인정할 때조차도 자신이 실패자가 되었다는 생각을 지우기는 어렵다.

이것이 내면을 깊이 파고들기 시작할 때 우리에게 일어나는 현상이다. 우리는 의문을 품고, "내가 어쩌다 여기에 이르렀을까?"라고 자문하기 시작한다. 그러고는 혼란과 무기력함을 느끼고 길을 잃어 버렸다고 생각한다.

하지만 우리는 길을 잃지 않았다.

"내가 어쩌다 여기에 이르렀을까?"라고 묻는 자체가 길을 잃지 않았다는 증거이다. 우리는 지금 '여기'에 있다. '여기'가 예상하지 않았던 곳이라고 해서 잘못된 자리에 있다는 의미도 아니고 궤도를 벗어났다는 뜻도 아니다. 아직 제대로 인식하지 못하고 있을 뿐, 우리가 이르게 된 '여기'는 삶의 순리에 따른 도착지다.

❦

한동안 보지 못했던 친구 몰리를 몇 주 전에 만났다. 반항기 많은 열다섯 살짜리 딸을 홀로 키우고 있는 몰리는 최근에 겪은 위기에 대해 이야기를 꺼냈다. 몰리의 딸은 계속 엄마를 속이면서 문제 있는 친구들과 몰려다니며 공부를 게을리한다고 했다. "정말 속상해." 몰리가 털어놓았다. "내가 절 위해 얼마나 희생했는데 어떻게 나한테 이럴 수 있어? 아무래도 내가 엄마 노릇을 제대로 못했나 봐. 그동안 일에 파묻혀 사느라 정신이 없었거든. 시간이 없다고 계속 미뤄 오기만 했는데, 아무래도 곧 이틀 휴가를 내서 문제를 해결해야겠어."

몰리가 말을 마쳤을 때 티를 내지 않으려 애썼지만 나도 모르게 씩 웃음이 나오고 말았다. "왜 그래?" 몰리가 물었다. "내가 너를 아는데, 뭔가 할 말이 있다는 표정이잖아. 자, 숨기지 말고 말해 봐. 무슨 말이든 들을 준비가 돼 있으니까."

"그래." 나는 순순히 인정했다. "사실 네 말을 듣다 보니까 자꾸 내 생각이 났어. 나도 대답을 찾고 깨닫고 모든 상황을 확실하게 처리하겠다고 늘 서둘렀거든. 더도 아니고 딱 이틀 만에 딸 문제를 해결하겠다는 말을 들으니까 어이가 없어서 말이야! '무슨 수를 쓰더라도 딸 문제를 해결해서 교훈을 끌어내고 말겠어.'라고 생각하는 거지? 나도 너처럼 그렇게 상황을 손에 쥐려 했어. 해결책을 찾으려고 지나치게 서둘렀던 거지. 문제에 질질 끌려다니는 상황이 너무 불편했거든."

몰리가 웃음을 터뜨렸다. "맞는 말이야. 내 한쪽에서는 이 상황을 빨리 벗어 버리라고 외치고 있어. 물론 감정 문제는 이틀보다 더 걸리겠지. 빨리 끝내 버릴 방법이 있으면 좋겠어."

우리는 몰리가 어떤 기분일지 이해한다. 우리는 즉각적인 해결에 목말라하는 사회에 살고 있다. '인스턴트(instant, 즉각적인)'라는 검색어를 컴퓨터에 입력하면 2만 5,700가지 자료가 물밀 듯 쏟아져 나온다. 인스턴트 수프부터 인스턴트 재생, 인스턴트 인터넷 연결, 인스턴트 메시지 서비스, 인스턴트 대출, 인스턴트 안면 성형까지 말이다. 우리는 무엇이든 지금 당장 이루어지기를 원한다. 너무 성급한 나머지 시간이 오래 걸려야 나오는 결과를 너그럽게 기다리지 못한다.

하루 저녁 20명의 미팅을 주선하는 고속 데이트 서비스처럼 우리가 겪는 시련과 도전에 시간제한이 있다면 정말 좋지 않을까? 하루 만에 문제를 검토하고 교훈까지 얻는다면 그야말로 '폭풍 성장'을 이룰 수 있지 않을까? 하지만 애석하게도 그런 일은 절대 일어나지 않는다.

지혜를 찾아 내면을 깊이 파고드는 일은 빠르게 수행할 수도, 서둘러 처리할 수도 없는 과정이다. 일정 시간을 정해 놓고 그 안에 자신의 삶을 살펴보리라 결심한다고 되는 일이 아니라, 마음 상태를 제대로 유지해야 하는 일이기 때문이다. 내면을 깊이 파고드는 과정을 마치려면 몇 달 아니 몇 년이 걸릴 수도 있다. 그동안 의문을 흘려버리지 말고, 성급하게 대답을 찾으려 하지 말아야 한다.

지혜를 찾아 내면을 깊이 파고드는 과정은 시간이 걸린다. 정해진 사실이나 대답을 단순히 찾아나서는 것이 아니라 진실을 찾는 일이기 때문이다. 평상시에 문제를 해결하고 대답을 찾고 상황을 파악하려고 사용하는 기술은 효과가 없다. 내면을 깊이 파고들려면 진정으로 명상해야 한다.

유사 이래 명상은 모든 위대한 철학자와 영적 구도자들이 반드시 거쳐야 하는 과정이었다. '명상(contemplation)'은 신성한 땅, 경배하는 건물이나 사원, 특별하고 숭고한 목적에 바쳐진 장소를 가리키는 라틴어 'templum'에 뿌리를 두고 있다. 사전에서는 명상을 '지속적으로 주의를 기울여 생각하는 것'으로 정의한다. 전통적인 종교 배경에서 명상은 신과의 대화를 가리키는 기도와는 다른 개념으로 신과의 내적 교류를 뜻한다.

우리가 의도하는 목적에 비추어 생각하면, 명상은 진리와 영감, 계시와 깨달음이 솟아나는 내면의 특별한 장소에 계속 주의를 기울이는 행동이다. 지혜를 찾아 내면을 깊숙이 파고들 때 우리는 여러 의문과 예상하지 못했던 문제와 전환점에 대해 명상하고, 대답을 기다린다. 릴케가 아름다운 시에 묘사했듯 "의문대로 살아간다."

별똥별을 보려고 밤하늘을 뚫어져라 올려다본 적이 있는가? 고개를 들고 아무리 오랫동안 지켜보아도 별똥별은 떨어지지 않는다. 그러다가 막 포기하려는 찰나 별똥별이 모습을 드러낸다. 한 줄기 섬광이 아치 모양을 그리며 하늘을 가로지른다. 오래 기다린 보람이 있는 장관이나.

명상은 느리다. 시간이 걸린다. 마음이 불편할 수 있고 분통이 터질 수도 있고 고통스러울 수도 있다. 하지만 인내를 발휘하면 그만큼 기다린 보람이 있을 것이다.

✸

몇 달 전 나는 집 정원의 일부를 다시 가꾸기로 하고 꽃을 심어보았다. 그런데 얼마 못 가 웬일인지 다 죽고 말았다. 잡초를 뽑고 흙을 다시 갈아엎으면 잘 자라려나 싶어 사람을 부르기로 했다.

정원사가 아침 일찍 작업을 시작했다. 그런데 일을 시작한 지 몇 분도 되지 않아 현관문을 두드리며 나를 불러냈다. "여기, 보이세요?" 정원사는 새로 판 구덩이를 가리키며 말했다. "한때 여기서 있던 나무의 오랜 뿌리예요. 큰 나무였네요. 뿌리가 아주 깊이 파고들어 사방으로 3미터나 뻗어 있으니 식물이 제대로 자라질 못했죠."

옛 속담 중에 이런 말이 있다. "깊이 파면 결국 무언가에 부딪친다." 깊이 파고 들어가면 대개는 있는지조차 몰랐던 것, 예상하지 못했던 것에 부딪치기 마련이다. 내 정원의 흙 밑에 묻혀 있던 오랜 뿌리처럼, 우리 내면에도 발견해 주기를 기다리는 것이 많다. 아마도 있는지조차 몰랐던 오랜 감정적 문제의 뿌리가 박혀 있어서 드디어 파헤쳐 제거할 수 있게 될지도 모른다. 아니면 자기 존재의 심연에서 희귀하고 중요한 보물을 발견해 완전히 새로운 모습으로 다시 태어날 수도 있다.

지혜를 찾아 내면을 깊이 파고드는 일은 자기 안에 있는 모든 것을 기꺼이 발굴해 내는 과정이다. 우리가 강제로 파고들지 않았다면 있는 줄도 몰랐을, 우리를 변화시킬 영감과 계시, 깨달음의 보물을 발견할 때까지 내면을 집요하게 파고들어야 한다.

⌘

대학에 입학한 해에 나는 매일 명상을 실천하기 시작했다. 그리고 명상 스승이 되기 위해 유명한 영적 대가가 이끄는 6개월 과정의 명상 집중 수업에 참석했다. 명상 수업은 강의, 공부, 요가로 구성되고, 과정의 핵심은 하루 12시간까지 명상하는 것이었다. 나는 평소에도 한 번에 20분간 깊이 명상하는 훈련을 게을리하지 않았고 그 훈련을 그다지 힘들게 느끼지도 않았다.

하지만 12시간 명상은 달랐다. 그렇게 오랫동안 앉아 명상하는 일은 마치 세상에서 가장 큰 삽을 휘둘러 내면을 끝도 없이 깊게 파는 것과 같았다. 처음 30분은 괜찮았다. 그러다 곧 집채만 한 생각과 감정에 부딪쳐 더 깊이 들어갈 수가 없었다. '틀림없이 뭔가 잘못된 거야.' 나는 허둥대며 속으로 이렇게 되뇌었다. '잠깐 일어나 좀 더 긴장을 푼 다음에 다시 시작해야겠어.' 사실은 더욱 깊이 들어가기가 겁났던 것이다. '나에 대해 싫은 모습을 발견하면 어떡하지?' '내면에 들어갔는데 평화와 행복의 근원이 없으면 어떡하지?'

내 스승은 온정이 넘치고 유쾌한 성품을 지닌 훌륭한 이야기꾼이었다. 마치 자신도 처음 듣는 것처럼 우리에게 흥미로운 이야기를 들려주곤 했다. 하루 종일 명상하고 공부를 마친 저녁마다 스승은 우리와 함께 앉아 몇 시간이고 지혜의 말을 들려주고, 의문에 대답해 주고, 멋진 이야기를 해 주었다.

하루는 한 젊은이가 벌떡 일어서더니 내가 그랬듯 명상하는 동안 불안이 엄습하고 정신이 산만해진다고 투덜댔다. 다시 그런 현상이 일어나면 자리를 박차고 일어나 근처 마을에 있는 가게에 들러 잡지를 들춰 보고 마음이 가라앉으면 다시 돌아와 명상을 계속하겠다고 말했다. 젊은이의 말을 들은 스승은 계속 껄껄 웃기만 했다. 살면서 그렇게 재미있는 말은 처음 들어 본다는 표정을 지으며 말이다. 그러더니 웃음을 멈추고 이야기를 들려주었다. 고대 우화를 스승의 방식으로 각색한 이야기였다.

옛날에 한 농부가 가뭄으로 죽어 가는 농작물을 살리기 위해 물이 간절히 필요했다. 가뭄이 몇 년 동안 계속되었기 때문에 결국 농부는 비를 바라는 희망을 버린 채 우물을 파기로 결심했다. 그러나 열심히 땅을 파 내려갔지만 물은 한 방울도 나오지 않았다. '틀림없이 엉뚱한 곳을 파고 있는 거야.' 농부는 하루가 저물어 갈 무렵 이렇게 결론을 내렸다. '여기서 나온 것이라고는 돌덩어리와 나무뿌리뿐이잖아.' 지치고 낙심한 농부는 집으로 돌아갔다.

다음 날 아침 농부는 다시 삽을 들고 다른 곳을 파기 시작했다. 머리 위로 태양이 뜨겁게 내리쬐는 가운데 쉬지 않고 팠지만 또 헛수고였다. '여기도 아니었어.' 농부는 해가 지자 마른 구덩이에서 기어 나오며 투덜거렸다.

농부는 매일 다른 곳에 구덩이를 팠고 그때마다 물은 나오지 않았다. 농부는 삽을 내려놓고 어깨가 축 처져 집으로 돌아와서는 물이 나오리라 믿었던 자신이 혹 미치지는 않았는지 의심했다. '평생 구덩이를 파지만 아무것도 건지지 못할 팔자일까?' 농부는 마음이 아팠다. '틀림없이 저주를 받은 거야.'

어느 날 여행을 나선 현자가 농부의 땅을 지나갔다. 농부는 손에 삽을 들고 구덩이를 파고 있었고, 근처에 고만고만한 구덩이가 20개나 있었다.

"무얼 하고 있소?" 무릎 깊이만큼 구덩이를 파고 있는 농부에게 현자가 물었다.

"우물을 파고 있습니다. 아니 그러려고 애쓰는 중입니다." 농부는 힘없이 대답했다. "하지만 운이 끔찍이도 없어요. 돌덩어리와 나무뿌리만 나왔지요. 물은 한 방울도 나오지 않고요."

"그렇게 땅을 파서는 절대 물이 나오지 않을 텐데." 현자가 온화하게 말했다.

"달리 방법이 있나요?" 농부가 물었다.

"땅을 파는 노력은 가상하지만 그렇게 해서는 소용이 없을 거요." 현자가 설명했다. "당신은 한 장소를 3미터쯤 파 내려가다가 물이 나오지 않으면 다른 곳을 다시 파곤 했는데, 이 마을의 지하수는 지표면에서 6미터 이상 내려가야 만날 수 있소. 지금보다 더 깊이 파지 않으면 원하는 것을 결코 찾지 못할 거요. 한 곳을 깊게 파되 낙심해도 멈추지 말고 파 보시오. 인내심을 가지고 계속 말이오. 단단한 바위를 만나더라도 멈추지 않고 계속 파 내려가다 보면 결국 물을 만나게 될 거요."

나는 살아가면서 이 이야기에 담긴 중요한 교훈을 거듭 마음에 새긴다. 지혜를 찾아 내면을 깊이 파고들 때는 불편과 좌절을 안기는 돌덩어리를 만나더라도 포기하지 말아야 한다. 인내심을 가지고 끈기를 발휘해야 한다. 처음 만나는 영감, 계시, 해답에 멈추지 말고 훨씬 깊이 파고들어야 한다. 자신이 품은 모든 의문과 혼란 아래에 답이 있고 명쾌함과 깨달음이 있다고 믿어야 한다.

무엇보다도 지혜를 찾아 내면을 파고들 때는 지금의 두려움과 의심, 실망의 단단한 뿌리 너머에 자신이 여태껏 상상했던 어떤 것보다 강력하고 훌륭한 지혜와 깨달음의 샘이 있어 그것을 발견하게 되리라 믿어야 한다.

2
삶이 보내는 경고음

지혜는 사물을
합당한 이름으로 부르는 데서 시작한다.
– 중국 격언

한때 예측할 수 있었던 일을 어디에서도 찾지 못할 때…

확실히 안다고 생각했지만 희미하고 비뚤어져 보일 때…

단단하다고 생각하며 쥐고 있었지만 손아귀에서 먼지로 부서질 때…

그때 당신은 자신이 처한 상황의 이름을 알아야 하는 시점에 이른 것이다.

우리 각자에게 특별하고 강력한 순간이 찾아온다. 멈춰 서서 현재 자신의 모습과 자신의 자리, 그 자리에 도달하기까지의 경로와 앞으로 향해야 할 방향에 주의를 기울이게 되거나 그럴 수밖에 없게 되는 순간이 말이다. 때로 이러한 순간은 갈림길에 도달해 어느 쪽으로 갈 것인지 선택해야 하는 시점에 찾아온다. 그 순간은 분명히 알게 되기보다 점진적인 변화로 서서히 또는 갑작스럽게 깨닫게 되기도 한다. 때로 이러한 순간은 미묘하지도 서서히 찾아오지도 않는다. 그래서 경고음으로, 감정이나 정신적 비상사태로 모습을 드러내고, 또 우리가 준비됐든 아니든, 직면하지 않았으면 좋았을 현실에 맞닥뜨리게 만드는 사건이나 상황의 형태로 나타난다.

이렇듯 격렬한 의문과 곤경의 시기를 어떤 방식으로 맞이하든 한 가지만은 같다. 우리가 지닌 오랜 신념 다시 말해서 평소 일하고 관계를 맺고 행동해 온 방식이 뒤흔들리게 되면, 편안하고 안전하고 친숙했던 세계가 낯설고 두려워지기까지 한다는 것이다. 눈앞에 쌓여 있는 문제를 바라보면 '과거의 자아'를 다치지 않고서는 이 시기를 견뎌 낼 수 없고, 잔인하리만치 철저하고 솔직하게 자기반성을 하지 않고서는 현기증 나도록 얽혀 있는 감정의 미로를 벗어날 방법을 찾지 못하리라는 생각이 든다.

"대체 내게 무슨 일이 일어나고 있는 걸까?" 우리는 의문을 품는다. "내가 어쩌다 여기에 이르렀을까?"라는 의문처럼 우리는 분명 "여기"에 다다랐다. 하지만 정확하게 어디에 있는 걸까? 이는 단순한 수사학적 의문이 아니라, 진술하고 긴급한 영혼의 외침이다. 자신을 공포나 혼란, 불확실성에 떨게 만드는 낯선 경험의 정체를 알아내려는 갈망이다. 우리는 자신에게 무슨 일이 일어나고 있는지 알아야 한다. 그래서 그 상황에 이름을 붙여야 한다.

❀

역사 이래로 인간 존재에게는 사물에 이름을 붙이려는 욕망과 필요가 있었다. 과학자들은 인간을 인간답게 만드는 요소는 언어라고 주장한다. 이미 사라진 언어는 더 많지만 오늘날 전 세계에서 사용되고 있는 언어는 6,500종에 이른다. 따라서 이 세상에는 수십억 개에 달하는 이름과 단어가 있다. 영어 단어만 해도 어림잡아 300만 개가 넘는다.

그렇다면 단어의 목적은 무엇일까? 많은 고대 민족과 종교는 이름이나 단어가 사물에 생명을 불어넣는다고 믿었다. 기독교 성서는 "태초에 말씀이 계시니라. 이 말씀이 하나님과 함께 계셨으니, 이 말씀이 곧 하나님이시니라."라고 주장한다. 힌두 전통에서 옴(AUM)은 모든 존재의 근원을 가리키는 신성한 상징이고 세상을 만들어 내고 품고 있는 우주의 소리다.

고대 이집트 부모들은 자녀가 태어나자마자 이름을 지어 주었다. 이름이 없으면 아기는 존재하지 않는 것과 같았기 때문이다. 무엇이든 이름을 붙이는 순간 실체가 된다. 이러한 믿음은 현대 문화에도 중요한 역할을 한다. 현대인은 이미 차고 넘칠 만큼 많은 단어를 알고 있지만, 현실을 새롭게 경험하고 확인하고 이름을 지으면서 새 단어를 계속 만들어 낸다. 영어만 보더라도 단어와 용어가 해마다 2만 개씩 새로 생겨난다.

이름이 매우 중요했던 고대인들은 사물의 이름을 찾으면 사물을 누르고 지배하는 힘을 얻는다고 믿었다. 사물의 이름을 알면 그 사물을 소유할 수 있었다. 따라서 많은 고대 문화에서는 신의 이름을 비밀에 붙이고 절대 누설하지 않았다. 마술에 관한 고대 글을 읽어 보면 마술사가 사물의 이름을 아는 순간 마술의 비결을 손에 넣었다고 나와 있다. 어떤 전통에서는 주문을 외우는 것처럼 신성한 이름을 외치면 능력을 받아 신의 속성을 갖고 해방된다.

우리도 살아가면서 이름이 사물을 정의하고 사물에 대한 경험까지 바꾸는 힘을 경험해 왔다. 예를 들어, 그냥 데이트를 하고 있는 사람과 '남자 친구'나 '여자 친구' 사이에는 커다란 차이가 있다. 이름이 붙으면 관계는 '공식적'으로 바뀐다. '남자 친구'에 '남편'이라는 명칭이 붙으면 관계는 더욱 공식적이 된다. 회사에서 평사원으로 일하다 직함이 생기면 갑자기 자신이 중요한 사람처럼 느껴지면서 새 '이름'이 박힌 명함을 자랑스럽게 품고 다닌다. 이름이 붙으면 편치 않은 상황도 좀 더 견딜 만하다. 학교생활을 제대로 하지 못하고 형제들에게 화를 잘 내며 집중하지 못하는 아들이 '문제아'로 보일 수 있다. 주의력결핍장애(Attention Deficit Disorder) 진단으로 아들의 증상에 정확한 이름이 붙기 전까지는 말이다. 이름이 붙고 나면 엄마는 더 이상 화내지 않고 아들을 이해하게 되며 아들에게 필요한 도움을 줄 수 있다.

이름은 외면과 내면의 여정에서 자신이 누구인지 어디에 서 있는지 알려 준다. 미지의 영토에 들어가거나, 알 수 없는 풍경을 마주하거나, 예상하지 못했던 전환점에 도달했을 때는 무엇보다 이름이 필요하다.

명명(命名)의 힘

모든 것을 치유하거나 바로잡을 수는 없다.
하지만 적절한 이름만은 붙여야 한다.

_리처드 로어(Richard Rohr)

열두 살 때 외할머니가 들려주신 이야기를 잊을 수가 없다. 외할머니는 러시아 제국의 유태인 박해가 절정에 달했던 1901년 러시아 남부에서 태어났다. 유태인 학살 광풍이 러시아 전체에 불어닥치자 겨우 네 살이었던 외할머니와 그 가족은 목숨을 건지기 위해 미국으로 도망가 뉴저지 주 애틀랜틱 시의 조용한 마을에 정착했다. 아이들은 미국에서의 새 삶에 금세 적응했지만 외할머니의 어머니인 외증조할머니는 영어를 한 마디도 할 줄 몰랐고, 당시 많은 이민자와 마찬가지로 옛날 생활 방식만을 고집했다. 외할머니가 이야기를 시작했다.

"이틀 후면 열세 살이 되는 어느 토요일 아침이었단다. 나는 평상시처럼 친구들과 바닷가에 놀러 나갔어. 바다 가까이 살았기 때문에 바다에서 보내는 시간이 많았지. 한참 놀다가 배가 고파서 점심을 먹으러 집에 왔고 엄마가 샌드위치를 만들고 있는 동안 화장실에 가서 볼 일을 보는데 끔찍하게도 휴지에 피가 묻어 있지 않겠니. 그것도 많이! 나는 소리를 지르며 울기 시작했어. 무언가 끔찍하게 잘못되었다고 생각했단다. 무시무시한 질병에 걸린 사람들의 이야기를 들은 적이 있었거든. 이제 그런 일이 내게도 일어났고, 곧 죽게 될지도 모른다고 생각했지.

　네 외증조할머니가 울음소리를 듣고 화장실로 달려와서 대체 무슨 일이냐고 물으셨어.

　'엄마, 이 피 좀 보세요. 제가 죽으려나 봐요.' 나는 내가 곧 죽는다는 증거를 엄마에게 보이려고 손을 덜덜 떨며 피가 흥건한 휴지를 들었단다.

　엄마는 잠시 눈이 휘둥그레지더니 빙그레 웃으시더구나. '얘야, 눈물을 닦으렴. 너는 죽지 않아.' 엄마는 다정한 목소리로 말씀하시면서 손수건으로 내 젖은 얼굴을 닦아 주셨지.

　'죽지 않아요?' 나는 믿을 수 없다는 표정으로 엄마에게 물었어. '그런데 어째서 피가 나죠?'

　'왜 그런지 말해 줄게.' 엄마는 이유를 알고 있다는 표정을 지으며 말씀하셨단다. 나는 내가 겪은 끔찍한 곤경에 대해 설명을 듣고 싶어 엄마 쪽으로 몸을 기울였지. 그때 엄마는 다짜고짜 '바다에서 게한테 물린 거야.'라고 말씀하시더구나.

　'게라고요? 게한테 물렸다고요? 하지만 전 아무것도 느끼지 못했는데요.'

　'수영하고 노느라 정신이 없었나 보지. 어쨌거나 게한테 물렸어. 잠깐 기다리렴. 내가 특별한 붕대를 갖다 줄게. 피가 한동안 멎지 않을 수도 있거든.'

　잠시 후에 엄마는 내가 처음 보는 길고 두꺼운 흰 붕대를 가져와서 팬티에서 떨어지지 않도록 특별한 허리띠에 붙이는 방법을 가르쳐 주셨지."

외할머니가 여기까지 말씀하셨을 때 나는 숨이 넘어가라 웃었다. "정말 게에 물렸다고 생각하셨어요?" 나는 계속 낄낄거리며 외할머니에게 물었다.

"내가 어떻게 알 수 있었겠니?" 외할머니가 말했다. "당시에는 아무도 그것에 대해 말해 주지 않았거든. 엄마조차도 말이야. 나는 그저 '붕대'를 대고 게가 문 상처가 아물기만을 기다렸지. 놀랍게도 닷새가 지나자 피가 멎었어. 그때부터는 바다에 가지 않았단다. 다시 게에 물려 더 심한 상처를 입을까 봐 겁이 났거든."

"그게 월경이었다는 사실은 언제 아셨어요?"

"정확하게 4주가 지나자 다시 피가 나기 시작했지. 그래서 게에 물린 것이 아니라고 생각하고 엄마에게 사실대로 말해 달라고 했단다. 그러자 엄마는 내가 여자가 되었다는 증거라면서 모든 것을 말씀해 주셨지. 난 엄마에게 몹시 화가 났지만 한층 마음이 놓였어. 불치병에 걸리지 않았다는 게 확실해졌으니까. 결국 엄마가 내 '병'에 이름을 붙여 주시면서 내 마음을 덮었던 커다란 먹구름이 걷혔단다."

⌘

외할머니가 들려준 이 이야기는 자신이 하는 경험에 이름을 붙이는 일이 얼마나 중요한지를 보여 준다.

이렇듯 이름을 붙이는 행동에는 몇 가지 중요한 가치가 있다.

1. 이름을 붙이면 상황을 좀 더 객관적으로 볼 수 있다.

무언가에 이름을 붙이면 현재 경험과 자신을 분리할 수 있다. 기분 변화를 경험한다고 해서 정신이 나간 것이 아니다. 그저 몸이 생리 전 증후군을 겪고 있을 뿐이다. 자식이 부모 말을 듣지 않고 소리를 지른다고 해서 부모가 나쁜 것은 아니다. 아이가 '미운 세 살'이기 때문이다. 매일 일하러 가는 것이 싫다고 해서 근무 태도가 나쁜 것은 아니다. 그저 직장의 치열한 경쟁 분위기가 싫어서 변화를 주고 싶기 때문이다. 자신이 겪는 경험이 무엇인지 알아내고 그 정확한 이름을 알면 상황을 다루기 쉬워진다. 자신이 다루어야 할 대상이 무엇인지 알기 때문에 마음의 여유가 생기고 걱정이 줄기 때문이다.

얼마 전 아침 일찍 비행기를 타야 해서 전날 밤 미리 택시회사에 전화해 다음 날 새벽 네 시 반에 차를 보내 달라고 했다. 택시 운전사 헨리가 도착하자 나는 새벽에 와 주어서 고맙다고 인사를 건넸다.

"뭘요. 한창 일하던 중인 걸요. 이제 손님을 내려 주면 오늘 일은 끝나요. 전 한밤중에 일하는 걸 더 좋아해요." 헨리가 말했다.

내가 이유를 묻자 헨리는 20여 분 동안 자기 이야기를 들려주었다. 1960년대 말 헨리는 베트남 전쟁 최전선에서 2년 동안 전투를 벌였다. 그 사이 헨리는 상상을 뛰어넘는 온갖 끔찍한 장면을 목격했고 많은 전우를 잃었다. 마침내 집으로 돌아올 수 있었지만 "내 상태는 엉망이었어요."라고 헨리는 털어놓았다. "여자 친구가 그때까지 나를 기다려 주었지만 다시 만났을 때 나는 아무 감정도 느끼지 못했어요. 시도 때도 없이 흠칫 놀랐고 누군가가 자리에서 일어나느라 의자를 끌거나 싱크대에서 접시가 부딪치는 작은 소리만 나도 끔찍한 공포가 밀려 왔어요. 무엇보다도 잠을 잘 수가 없어서 땀을 비 오듯 흘리고 숨을 헐떡이면서 뜬 눈으로 밤을 새우곤 했죠. 스스로 완전히 이성을 잃었다고 생각했어요."

몇 년이 지나고 나서야 헨리는 전문가의 도움을 받아 자신을 괴롭히는 악마에 '외상 후 스트레스 장애'라는 이름을 붙일 수 있었다. "내가 겪고 있는 증상의 이름을 그때서야 알게 된 거죠. 이름을 붙여도 증상이 사라지지는 않았지만 최소한 정체는 알았기 때문에 옛날만큼 무섭지는 않아요. 어쨌거나 그래서 밤에 일을 하는 겁니다. 지금도 어두우면 잠을 자기가 어렵거든요. 이 일이 내게는 제격이에요."

나는 헨리의 말을 들으며 울컥했다. 베트남에서 일어났던 끔찍한 일에 대한 충격을 극복하려고 노력하는 헨리의 모습이 애틋하면서도, 내면에 도사리고 있는 악마를 길들이려면 무엇보다도 그 정체를 알고 이름을 붙여야 하지만 많은 퇴역 군인들이 도움을 받지 못하고 여전히 악마에 시달리고 있는 현실이 안타까웠기 때문이다. 헨리가 했던 말이 내 마음에 강하게 다가왔다. "내가 베트남에 있을 때는 살아가며 만날 수 있는 최악의 상황을 겪고 있다고 생각했어요. 하지만 귀국하고 나서 부딪힌 상황을 견디기가 훨씬 힘들었죠. 베트남에서는 최소한 누가 적인지, 내가 무엇을 해야 하는지 알았거든요. 하지만 집에 돌아와 보니 한시도 마음 편한 날 없이 미칠 것만 같았고 무섭고 화가 났어요. 왜 그러는지 어떻게 해야 하는지도 몰랐어요. 눈으로 볼 수도 없고 찾을 수도 없는 데다가 절대 사라지지 않는 적과 맞서 싸우는 것 같았죠." 의사가 자기 내면에 도사리고 있는 적에게 이름을 붙여 주자 헨리는 마침내 얼마간 마음의 평화를 찾기 시작했다.

2. 이름을 붙이면 불합리한 두려움을 잠재울 수 있다.

자신이 겪고 있는 상황에 이름을 붙이는 일은 삶이 순탄할 때도 유익과 확신을 주지만, 어렵고 혼란스러운 시기에는 훨씬 더 중요하다. 예를 들어 자신이 처한 삶의 단계가 무엇인지 알 수 없고 설명도 들을 수 없다면 얼마나 끔찍할까? 어느 날 몸의 특정 부위에서 털이 자라기 시작한다면 자신이 사춘기에 접어들었다고는 생각 못 하고 이상한 돌연변이 현상이 자신에게 일어나고 있다고 생각할지도 모른다. 배가 점점 커진다고 느낀 여자는 임신했다고는 생각 못 하고 불치병에 걸렸다며 무서워할지도 모른다. 나의 가련한 외할머니는 자신이 겪는 경험에 이름이 붙기 전까지, 자신이 피를 흘리다 죽고 말 것이라 생각했다.

이름을 붙이는 행동이 발휘하는 힘은 또 있다. 자신이 겪는 경험을 다른 사람도 거친다는 사실을 알게 되기 때문에 소외감을 떨쳐 버리고 자신이 눈에 보이거나 보이지 않게 타인과 연결되어 있다고 깨닫는다. "나만 이런 일을 겪는 게 아니야." 우리는 안도의 한숨을 내쉬며 이렇게 생각한다. "나만 그런 게 아니라고." 이러한 생각이 들면 자신이 처한 상황을 막연하지만 분명하게 견뎌 낼 수 있다.

3. 이름을 붙이면 현실에 좀 더 충실하게 다가설 수 있다.

현실이 유쾌하든 불쾌하든, 흥미진진하든 무섭든, 일단 이름을 붙이고 나면 자신의 현실로 받아들이게 된다. 이는 지도에 있는 한 장소를 손가락으로 가리키며 "내가 있는 곳은 여기야."라고 말하는 것과 같다. '여기'가 자신이 원하는 장소가 아니더라도, '여기'에 있다는 사실이 불만이더라도, 자신이 어디 있는지 모를 때보다는 평안과 안정을 느낀다. 이름을 붙이면 자신이 처한 곳에 대한 정보를 얻을 수 있어서 어디에 있는지 몰라 불안했던 마음은 사라지고 확실성의 도움을 받아 신기하게도 차분해진다.

중동 지역에서 생포되어 전쟁 포로로 억류되었던 미군의 인터뷰 기사를 몇 년 전에 읽었다. 억류되었을 당시의 환경이 어땠는지 묻는 기자에게 군인은 가장 견디기 힘들었던 점은 음식과 물을 거의 먹지 못한 상태로 얻어맞거나 작은 감방에 갇혀 있던 것이 아니었다고 대답했다. 심지어 아내와 자녀를 다시 볼 수 없을지 모른다는 두려움도 아니었다고 했다. 가장 끔찍했던 것은 맨 처음 칠흑같이 어두운 방에서 정신이 들고 나서 자신이 어디에 있는지, 어떻게 그곳에 있게 되었는지, 자신에게 무슨 일이 일어날 것인지 전혀 알 수 없었던 순간이었다고 털어놓았다. 그는 접전을 벌이는 동안 적에게 얻어맞아 의식을 잃고 나서, 자신이 생포되었는지조차 모르는 사이에 감옥으로 이송되었던 것이다. 정확히는 알 수 없지만 적은 며칠 동안 그를 깜깜한 독방에 가두어 놓고 있었다.

그는 자신이 인식할 수 있는 현실이 사라지자 스스로를 미쳤다고 생각했다. 이후 적의 모습을 눈으로 보고 다른 감옥으로 옮겨지고 나자 오히려 안도감이 들었다. 이제 적어도 무슨 일이 일어나고 있는지는 알 수 있게 되었던 것이다. "나는 포로다. 나는 적에게 붙잡혔다. 비밀 수용소의 더러운 감옥에 갇혀 있고, 보초 두 명이 교대로 나를 감시하고 있다." 끔찍하기는 했지만 어쨌거나 자신이 처한 현실이었다. 이 용감한 군인은 그러한 현실 때문에 정신을 차릴 수 있었고 심리적으로 생존할 수 있었다.

나는 군인의 인터뷰 내용을 읽고 이런 결론을 내렸다.

의문을 품고 문제에 시달리는 과정에 이름을 붙이지 않거나 잘못 붙인다면, 자신이 무언가 잘못하고 있다고 두려워하면서 방향을 잃고 헤맬 수밖에 없다. 따라서 자신이 변화하고 다시 태어나는 시기에 합당한 이름을 붙여 주어야 한다.

✼

모든 인간은 심장이 뛰는 리듬을 갖고 살아간다. 사람에게는 팽창할 때도 있고 수축할 때도 있다. 팽창은 수축을 일으키고 수축은 처음으로 돌아가려 한다. 그러므로 사람이 빛에 가장 가까이 다가갈 때는 바로 어두움이 깊고 깊을 때다.

_스와미 비베카난다(Swami Vivekananda, 근대 인도의 종교 및 사회 개혁 지도자-옮긴이)

빛이 있으면 자신이 어디 있는지 알기 쉽다. 이정표가 있어도 마찬가지다. 하지만 길을 가다가 모르는 장소에 닿거나 들어 본 적 없는 경험을 하게 되면 무슨 일이 일어날까? 앞서 말한 군인처럼 암흑 속에서 두려움에 떨고 방향을 잃어 어찌할 바를 모르게 되면 어떻게 해야 할까? 자신이 어떤 장소에 있는지 어떻게 알 수 있을까? 자신이 알지 못하는 사물이나 장소에 어떤 이름을 붙여야 할까?

우리 대부분은 이런 상황을 위기라 부른다.

"남자 친구와 헤어지면서 감정적으로 위기에 빠졌어요."
"얼마 전에 직장을 그만두었죠. 제 경력에 위기가 찾아왔어요."
"딸이 못된 무리와 몰려다니며 마약을 하기 시작했어요. 저희 가족은 위기를 겪고 있어요."
"당뇨병 진단을 받았죠. 건강에 위기가 찾아왔어요."

'위기'는 일어나지 않기를 바라는 경험이나 상황을 나타낼 때 사용하는 단어이다. 위기가 긍정적 의미인지 부정적 의미인지 물으면 사람들은 대부분 부정적이라고 대답한다. 누가 위기를 겪고 싶겠는가? 위기가 찾아오기를 고대하는 사람이 있겠는가? "다음 번 위기가 빨리 찾아왔으면 좋겠어요! 이번 위기는 너무 빨리 끝났어요."라는 말은 한 번도 들어 보지 못했을 것이다. 현재 이혼 수속을 밟고 있거나 질병에 걸렸거나 직업에 문제가 생겼거나 자식 때문에 힘들거나 부모를 잃었거나 경제적으로 어려움에 빠져 있다면 자신이 위기에 처해 있다고 말할 것이다. 하지만 어느 누구도 자신이 겪는 위기를 애정을 품고 언급하지는 않을 것이다.

그렇다면 '위기'는 이러한 상황에 붙이기 적절한 이름일까? 실제로 위기는 무슨 뜻일까? 나는 위기라는 단어가 부정적 의미로 사용되고 있지만, 원래 뜻과 글자 그대로의 의미는 부정적이지 않다는 사실을 깨닫고 깜짝 놀라기도 하고 신기하기도 했다. '위기 (crisis)'의 어원은 '분리하다, 결정하다, 판단하다'를 뜻하는 그리스어 'krinein'까지 거슬러 올라간다. 그리스인들은 원래 의학 분야에서 질병의 전환점을 가리키기 위해 'krisis'라는 단어를 사용했고, 그 후에는 소송 절차에서 특정 방향을 선택하는 순간을 가리킬 때 사용했다. 따라서 'krisis'는 결정적 시점, 결정의 시기였다.

나는 위기의 이 같은 확장된 정의를 좋아한다. 여기에는 나 자신뿐 아니라 여러 해 동안 나와 함께 일해 온 수천 명의 경험이 반영되어 있다.

사실 위기는 전환점인 동시에 판단하고 변화하는 시기다. 과거 현실에서 자신을 분리해서 삶의 경로를 새롭게 그릴 기회를 잡는 시기다.

우리가 겪는 문제에 이름을 붙이려면 이런 질문부터 던져야 한다.

- 우리가 위기, 엉망진창, 재앙, 실패, 혼돈, 혼란, 파괴, 미친 짓이라 부르는 상황이 사실 우리 생각과 다른 것이라면 어떡할까?
- 인내와 고통의 늪에 빠졌다고 느끼는 대신, 벼랑 끝에 몰리고

모든 것을 잃었다고 결론짓는 대신, 그저 참고 버텨 내야 한다고 생각하는 대신, 해야 할 다른 일이 지금 여기 있다면 어떡할까?

● 우리가 처한 상황이 장애물이 아니라 진정한 '위기', 다시 말해 전환점이라면 어떡할까?

전환점과 변화

우리는 갈림길에 서 있으면서도 그곳이 갈림길이라는 사실을 좀처럼 모른다. _알렉스 라피(Alex Raffe)

내가 어렸을 때 처음으로 혼자 시도했던 모험은 태어나서 줄곧 살았던 펜실베이니아 주 엘킨스 파크의 작은 교외 지역을 벗어나 필라델피아 도심지까지 가는 것이었다. 토요일 아침, 정거장까지 걸어가서 왕복표를 사고는 기대감에 부풀어 기차를 기다렸다. 드디어 나 혼자 가 보는구나! 그동안 작은 마을에 살면서 색다른 일이라고는 전혀 해 보지 못했다. 1960년대 초의 순수한 시대를 사는 열두 살 여자아이에게 신기한 일들을 말이다.

목적지에 도착한 나는 샘 구디에 가서 최근 발표된 레코드를 구경했다. 울워스 약국에 들러 조만간 사용할 화장품이며 메이크업 도구를 둘러보았다. 소다 판매대에서 점심으로 바닐라 아이스크림을 넣은 루트비어와 감자튀김을 주문했다. 그리고는 정거장까지 걸어가 집으로 돌아가는 기차를 기다렸다. 길을 잃지 않으려고 정거장에서 서너 블록 이상 떨어진 곳에는 가지 않았다. 그랬는데도 수천 킬로미터 떨어진 파리나 베네치아 혹은 다른 멋진 도시에 가 있는 것처럼 느껴졌다. 적어도 그 몇 시간만큼은 자유로웠고 철저하게 나 혼자였다.

그때 도심지를 탐험하며 경험했던 광경과 소리와 감각이 지금도 그대로 되살아난다. 특히나 기차를 탔던 일이 인상 깊었다. 딱딱한 의자에 씌운 천의 거친 감촉, 검댕이 잔뜩 묻은 창문에 얼굴을 대고 지나가는 풍경을 바라볼 때 다리로 전해지던 짜릿한 전율을 지금도 느낄 수 있다. 차장이 복도에 서서 은색 도구로 내 기차표에 구멍을 뚫자 조그맣고 동그란 하얀 종이 부스러기가 바닥으로 눈꽃처럼 떨어지던 장면도 떠오른다.

기차가 멈출 때마다 정거장 이름을 의기양양하게 외치던 차장의 목소리 또한 귓가를 울린다. "멜로즈 파크! … 태보르! … 펀록! … 웨인 정선! … 노스 브로드 스트리트! … 마지막 정거장, 필라델피아 시내 리딩 터미널!" 차장이 정거장 이름을 외칠 때마다 나는 시내에 다가간다는 사실에 가슴이 설레였다. 정거장 이름이 마치 내 마음을 어루만지는 주문 같았다. 필라델피아 도심지에 한번도 가 본 적이 없어서 어떤 곳인지는 몰랐지만 정거장 이름을 줄줄이 들으며 내가 기차를 제대로 탔고 정확하게 목적지를 향해 가고 있다는 확신이 들었다.

그것은 간단한 여행이었다. 이제 세월이 흐르면서 힘든 시절을 수없이 겪고 나니, 내가 그 후로 걸어온 방랑의 여정이 어렸을 때 엘킨스 파크에서 필라델피아 시내까지 갔던 편안하고 예측 가능한 기차 여행과는 확연히 다르다는 사실에 절로 고개를 젓게 된다. 그동안 어떤 감정 영역을 통과하는지 알려 주는 방송도 없었고, 내가 가려는 정거장을 귀띔해 주는 경고도 없었고, 언제 기차에 오르고 내려야 하는지 말해 주는 사람도 없었고, 목적지로 가는 기차를 놓치지 않기 위해 참고할 일정표도 없었다.

삶이 어린 시절의 기차 여행 같다면, 그래서 자신이 겪을 중요한 변화를 누군가가 미리 알려 준다면 살아가기가 훨씬 쉽지 않을까? 그런 삶이 어떨지 한 번 상상해 보자. "3개월 후에는 자신이 맺은 관계를 다시 돌아봐야 합니다!" "다음 정거장은 직장 갈아타기입니다!" "이제 건강 위기 역에 접근합니다!" "전환점에 도착할 예정입니다. 승객 여러분은 모두 기차를 갈아타야 합니다."… 하지만 애석하게도 삶은 이런 식으로 펼쳐지지 않는다.

그렇다면 자신이 삶의 전환점에 도달했는지 어떻게 알 수 있을까? 중요한 갈림길인 위기에 도달했는지 어떻게 깨닫고 그 자리에 위기라는 이름을 붙일까?

먼저, 모든 전환점이 같아 보이거나 같게 느껴지지 않는다는 사실을 알아야 한다.

쉽게 알 수 있는 전환점

분명하게 드러나는 전환점도 있기는 하다. 우리는 자신을 포함해 어느 누구에게도 시인하지 않지만, 전환점이 다가오고 있다는 사실을 안다. 자기 직업에 불만을 품은 지 너무 오래되었고, 회사는 구조조정을 하고 있어서 해고할 직원을 곧 발표할 것이다. 관계의 방향을 놓고 연인과 의견이 달라서 사사건건 다툰다. 연로한 어머니는 점점 더 몸을 가누지 못해 조만간 하루 종일 곁에서 돌봐 드려야 한다. 이러한 상황에서 우리는 본능이 뭐라 말하든 마지막 순간에 기적이 일어나 상황을 획 돌려 고달픈 갈림길에 가지 않아도 되고, 두려운 변화에 맞설 필요도 없고, 고통스러운 결정을 내리지 않아도 되기를 바란다.

이러한 전환점은 찾아올까 봐 두렵기는 하지만 실제로 찾아오더라도 전혀 뜻밖이라는 생각은 들지 않는다. 한마디로 '예상했으나 예상하지 못했던 상황'이기 때문이다. 우리는 변화가 일어나리라는 것을 어느 정도 알고 있다. 그렇다고 해서 변화를 수월하게 겪지도, 변화에 따른 고통이 줄어들지도 않겠지만, 몰랐을 때보다는 약간이라도 마음을 준비시켜 좀 더 쉽게 변화를 겪어 낼 수 있다. 이럴 때 '내가 어쩌다 여기에 이르렀을까?'라는 탄식은 수사학적 의문에 가깝다. 어쩌다 그 지경이 되었는지 스스로 잘 알기 때문이다. 우리는 삶의 방향을 잃었다기보다 낙담했을 뿐이다.

최근 열린 기금 모금 행사에서 옛 친구와 우연히 마주쳤다. 한동안 보지 못했던 친구였는데 남편 없이 혼자 참석했다. 나는 친구의 결혼 생활이 매우 불안해서 이혼하는 것은 시간문제라고 알고 있었다.

"잘 지냈니?" 친구의 대답을 어렴풋이 예상하며 내가 물었다.

"조금씩 나아지고 있어." 친구는 얼굴을 찌푸리며 말을 이었다. "정말 견디기 힘들었어. 남편하고 작년에 헤어졌거든."

"그렇구나. 많이 힘들었겠다."

"응, 하지만 너도 예상하고 있었지?" 친구가 말을 꺼냈다. "사실 나도 예상은 했지. 결국 이혼하리라고 알고는 있었지만 어쨌거나 그러지 않기를 바랐어. 반드시 일어날 일을 막아 줄 무언가를 계속 기다리고 있었던 거지. 우습지 않니?"

물론이다. 나를 포함해 우리 모두 경험해 본 일이다.

슬금슬금 다가오는 전환점

때로 전환점은 조용히 찾아오는데다 거의 눈에 띄지 않아 예측하기 힘들고 놓치기 쉽다. 매일 조금씩 슬금슬금 찾아오기에 알아차릴 수 없어 처음 맞닥뜨리면 전혀 전환점 같지 않다. 그저 지겹고 불안하고 혼란스럽기만 할 뿐이다. 사랑, 섹스, 일, 삶에 대한 열정이 자신에게서 빠져나간 것처럼 느껴지고 무언가 잘못되었지만 무엇이 잘못되었는지 확실히 알지 못한다. "삶의 전환점에 서 있나요?"라는 질문을 받으면 아마도 "아니요, 그저 무리를 좀 했을 뿐이에요."라거나 "천만에요, 집에서 아이들을 키우느라 지쳤을 뿐이에요."라고 대답할 것이다. 이렇게 우리는 자신이 중요한 갈림길에 서 있다고 생각하지 않는다. 그렇게 느끼고 싶어 하지 않는다.

내 친구 파멜라가 얼마 전에 전환점을 통과했다. 파멜라는 아동용 의류점을 운영하고 있는데 몇 달 동안 일어난 이런저런 상황에 대해 내게 푸념을 늘어놓았다. 직원 때문에 화가 나서 미칠 지경이고 매장을 개조하는 공사가 생각보다 오래 걸려 짜증이 난다고 했다. 아홉 살짜리 아들이 학교 수업을 제대로 따라가지 못하는데도 일이 바빠 잘 도와주지도 못하고, 이혼한 지 5년이 지났는데도 스트레스 때문에 데이트는 엄두도 내지 못한다고 했다.

저녁 늦게 파멜라가 평상시처럼 내게 전화해서 끔찍했던 일과에 대해 투덜대기 시작했다. "어떻게 해야 할지 모르겠어." 파멜라는 한숨을 쉬며 말을 이었다. "어째서 모든 일이 이렇게 힘든 거지?"

"아마도 우주가 너한테 할 말이 있는 거겠지." 내가 말을 던졌다.

"무슨 말? 내 삶이 엉망이라는 말?" 파멜라는 빈정대듯 웃었다.

"아니, 네가 중요한 갈림길에 서 있다는 말. 가게를 운영하는 일도 시큰둥해진 지 한참 됐잖아. 경제적으로는 도움이 되지만 개업했을 때만큼 의욕이 생기지도 않고 오히려 부담을 느끼잖아? 아들을 돌봐줄 시간도, 네 자신에게 쏟을 시간도 없어. 아마도 네 삶을 변화시켜야 할 때가 된 것 같아."

파멜라는 잠시 말을 잊었다. 그러더니 차분한 목소리로 대답했다. "가게를 파는 것처럼 말이지?"

"생각해 본 적 있어?"

"사실은 없어. 하지만 네 말을 듣고 있으니까 갑자기 흩어진 조각들이 맞춰졌어. 내 삶의 모든 조각이 '팔아라!'라고 외치고 있었는데 그 소리를 듣지 못했거든. 너무나 열심히 일해서 성공했기 때문인지 이 일을 싫어하게 되리라고는 상상도 못했어."

"경제적으로 성공했단 뜻이겠지." 나는 기운을 내라는 뜻에서 말을 꺼냈다. "매일 하는 일이 싫으면 내면에서 결코 성공할 수 없어."

"그래서 내 기분이 이렇게 비참했구나." 파멜라가 내 말에 수긍했다.

파멜라는 나와 전화 통화를 하고 나서 가게를 팔고 두 달 동안 쉬면서 아들과 많은 시간을 보내며 자기 삶을 돌아보았다. 얼마 있다가 일을 다시 시작하고 싶다는 열망이 솟았고, 아이들 방을 장식하고 개조하는 전문 사업을 시작하겠다고 결심했다. 요즘 파멜라는 집에서 사업을 운영하면서 어느 때보다 행복하게 지낸다. 게다가 일을 하다가 만난 가구 디자이너와 데이트도 하고 있다.

우리는 파멜라처럼 자신이 걷고 있는 길, 미리 계획해 놓은 일정에 너무 집착해서 새 길이 나타났는데도 보지 못할 때가 많다. 이때는 가족이든, 친구든, 치료 전문가든 우리가 결정적으로 중요한 전환점에 서 있다는 사실을 지적해 줄 사람이 필요하다.

막다른 길로 위장한 전환점

지난 주 나는 약속이 있어서 근처 산자락에 있는 치유 센터로 향했다. 한 번도 가 보지 않았지만 외길을 곧장 따라가다가 옆길로 한 번 방향을 틀기만 하면 된다고 들었기 때문에 길을 잃을 거정은 들지 않았다. 정말 화창한 오후였고 시골이 풍기는 평온한 분위기에 마음이 즐거웠다.

그런데 갑자기 길이 끊겨 버렸다. 막다른 길이라는 표지판이 보였다. "어떻게 이럴 수 있지?" 나는 머릿속이 하얘졌다. 틀림없이 신경을 쓰면서 차를 몰았는데 방향을 틀어야 할 옆길을 보지 못했다. 왔던 길을 찬찬히 되짚어 갈 수밖에 없었다. 몇 킬로미터쯤 가자 산으로 구불구불 이어진 아주 작은 길이 눈에 띄었다. 길을 알려 주는 표지판의 한쪽이 무성한 덤불에 가려 있었다. 그 길을 지나치면서 내가 찾고 있는 길일 리가 없다고 생각했던 기억이 났다. 어쩌다가 그 길을 놓치게 되었는지 비로소 생각났다. 내가 찾는 길은 포장이 잘 되어 있고 이정표가 분명하게 서 있는 길이리라 지레 짐작했던 것이다. 예상했던 길이 아니었기 때문에 눈으로 보고도 알지 못했던 것이다.

살아가면서 우리는 때때로 막다른 길에 다다른 것 같지만 실제로는 전환점을 지나쳤을 수도 있다. 갑자기 여태껏 향하던 방향으로 더 이상 갈 수 없고 막다른 길에 갇혀 길을 잃은 것만 같다. 오는 중간에 다른 길을 보았던 기억도 나지 않는다. 선택할 수 있는 기회가 있었다는 기억도 없다. 그저 막다른 길에서 옴짝달싹할 수 없다고 느낀다. "이제 어떻게 하지?" 우리는 '길 없음'이라는 마음의 표지판에 부딪혀 이렇게 탄식한다. 이때는 내가 시골 길에서 그랬듯 왔던 길을 되짚어 가며 전에 예상하지 못해 놓쳤던 전환점을 찾아야 한다.

내 고객 가운데 영화 제작자로 성공해 유명해진 넬슨이 있다. 나는 그를 처음 만난 자리에서 연예 사업을 시작하게 된 경위를 물었다. "당시에는 정말 처절했어요." 그는 씩 웃으며 자기 이야기를 들려주었다. 넬슨은 시나리오 작가로 생활고에 시달리다가 영화 산업에 진입하겠다는 꿈을 안고 아내와 갓 낳은 아들을 데리고 로스앤 젤레스로 이사했다. 2년 동안 시나리오를 팔려고 애썼지만 아무 소득이 없었고 저축은 바닥나서 다음 달 집세를 낼 돈도 부족했다. 넬 슨은 막다른 길에 이르러 어디로 가야 할지 몰랐다.

"추락할 대로 추락했죠. 큰 꿈을 품고 텍사스에 있는 친정에서 먼 로스앤젤레스까지 아내를 데리고 왔는데 정작 해 줄 수 있는 게 전혀 없었어요. 어떻게 해야 하는지 알고는 있었죠. 살림살이를 챙겨 차에 싣고 텍사스로 돌아가 자동차나 보험 외판원을 하든지 어쨌거나 직업을 구해야 했어요. 하지만 그렇게 해야 한다고 생각하니 절망감이 밀려오더군요."

그런데 그는 갑자기 시나리오 작법 수업을 같이 들었던 친구 지미에게 전화를 하고 싶어졌다. 자기와 마찬가지로 시나리오를 전혀 팔지 못하고 힘들게 생활하고 있었지만 지미는 항상 쾌활했다. 최근에 대화할 때 지미는 독립 영화 제작에 참여하기로 했다면서 신이 나 있었고 넬슨에게 같이 할 의향이 있는지 물었다. "지금은 전혀 돈이 되지 않아." 지미가 설명했다. "하지만 좋은 경험이 될 거야." 그때 넬슨은 지미가 정말 낙천적인 성격의 소유자이고, 보수도 받지 않고 일하다니 정말 정신이 없어도 한참 없다고 생각했다. "어쨌거나 이곳을 떠나기 전에 작별인사라도 해야겠어." 넬슨은 속으로 중얼거렸다.

그때 지미에게 걸었던 전화 한 통이 넬슨의 삶을 바꿨다. 지미의 설득으로 함께 제작한 영화가 독립 영화 분야에서 대성공을 거두었던 것이다. 이를 계기로 넬슨은 자신이 영화 제작을 좋아할 뿐 아니라 재능도 있다는 사실을 깨닫고 지미와 함께 제작 회사를 차렸다. 일 년도 채 되지 않아 두 사람이 제작한 영화 한 편이 상상 이상으로 성공을 거두면서 회사는 수백만 달러 자산의 사업체로 성장했다. "내가 놓였던 상황이 그렇게 처절하지 않았다면," 넬슨이 옛일을 회상하며 말을 이었다. "그 길을 놓치고 말았을 거예요."

전환점은 흔히 이렇게 등장한다. 즉 전환점은 입구를 찾지 않으면 갇히고 마는 결정적 순간에 나타나곤 한다.

갈림길과 전환점은 결정적이고 도전해야 하는 시기에 숨겨져 있어서 자칫 놓치기 쉽지만 일단 발견하면 상상할 수 없을 정도로 큰 기쁨과 성취의 길로 우리를 안내한다.

경고음이 울리다

커다란 사건 자체가 인간을 영웅이나 겁쟁이로
만드는 것은 아니다.
그것은 다만 우리에게 모습을 드러낼 뿐이다.
우리는 깨어 있든 잠자고 있든, 조용히 어느 사이엔가
강해지거나 약해진다. 그리고 위기가 찾아오고 나서야
우리의 진짜 모습이 비로소 드러난다.
_브룩 포스 웨스트콧(Brooke Foss Westcott, 영국의 성직자이자 신학자-옮긴이)

결혼 20주년 기념 파티를 치른 날 밤, 다른 여자가 생겨 떠나야 겠다고 남편이 밑도 끝도 없이 선언한다. 의사가 정기 검진을 하다가 막힌 동맥을 발견했다면서 즉시 심장 수술을 받아야 한다고 말한다. 아내가 처방 진통제에 중독되었다고 털어놓으며 재활 센터에 입원해야겠다고 한다. 8년 동안 함께 사업을 운영해 온 동업자가 회사 자산을 잘못 관리해서 파산 신청을 해야 한다.

우리는 지금 막 경고음을 들은 것이다.

경고음은 저돌적이고 무례하다. 우리를 때려눕히기 전에 엉덩이를 뻥 차서 멀리 날려 버린다. 경고음은 점잖지도 은근하지도 않고 여유를 주지도 않는다. 오히려 엄격하고 극적이면서 무엇보다도 자기 삶과 관계 그리고 내면의 자아에 주의를 기울이게 만든다. 피하고 싶은 집요한 현실을 똑바로 보게 만들고, 견디기는커녕 상상하기조차 싫은 상황에 대응하라고 요구한다.

변화와 전환점은 시간을 두고 서서히 모습을 드러내기도 하지만 경고음은 이러한 여유를 허락하지 않는다. 경고음은 충격과 뜻밖의 일이란 형태로 우리 눈앞에 들이닥친다. "예상하지 못했던 상황"이라는 용어로는, 결코 부딪히고 싶지 않았던 문제와 맞닥뜨렸을 때 우리가 느끼는 감정을 제대로 표현하지 못한다. 경고음은 자기 일에 열중하려는 순간 불현듯 고개를 들어 모든 것을 바꾸어 놓는다. 우리는 자신의 느낌과 상황을 믿지 못한다. 의식적으로 변화했던 기억도 전혀 나지 않는다. "무슨 일이 일어난 것일까?" 우리는 자신에게 일어난 현실을 믿을 수 없어 자문한다. "이 방향으로 가고 있었다는 사실조차 몰랐어."

경고음은 자신이 짜 놓은 일정에 없었다. 따라서 그것이 필연적으로 몰고 오는 고통스러운 상황에 처하게 되면 "내가 어쩌다 여기에 이르렀을까?"라고 외칠 수밖에 없다. 설령 경고음 덕택에 자신이 교훈을 얻고 성장하고 삶을 개선하게 되리라는 믿음이 있다 하더라도, 처음 경고음을 들었을 때는 고통스럽고 두려운 감정이 치받쳐 오른다. 내 친한 친구이자 저자인 로린 로쉐는 이러한 상황을 가리켜 "산산이 부서지며 깨닫는다."라고 표현했다. 하지만 우리는 이러한 깨달음을 두 손 들어 환영하지는 않는다.

몇 년 전, 내가 사랑했던 남자가 십 년에 걸친 관계를 끝내겠다고 말하며 떠났을 때 나는 무너져 내렸다. 몇 주 동안 울기만 했다. 아니 울부짖었다. 완전히 충격에 빠져서 내게 무슨 일이 일어났는지, 어째서 그동안 전혀 눈치 채지 못했는지 알 수 없었다. 잠을 이루지 못하던 어느 날 밤 우연히 텔레비전을 켰는데 외계인에게 납치된 적이 있다는 사람들의 증언을 보도하는 방송이 나오고 있었다. 사람들이 전하는 이야기는 비슷했다. 차를 몰거나 침대에서 잠을 자고 있었는데 어느 순간 외계 비행선에서 끔찍한 수술을 받고 있었다고 했다. 그들의 말을 들으면서 당시 내가 느끼는 기분이 정확하게 그렇다는 사실을 깨달았다. 마치 과거의 삶에서 순식간에 납치되었다가 악몽 속에서 깨어난 것 같았다. 그저 집으로 돌아가고만 싶었다.

이렇듯 경고음은 거의 꿈같고 초현실적인 성격을 띤다. 변화보다 이동으로 느껴져서 마치 현실에서 다른 장소로 순식간에 옮겨진 것 같다. 처음에는 무슨 일이 일어나고 있는지 납득할 수가 없어 거부할 수도 있다. "이런 일이 일어날 리가 없어." 우리는 믿을 수 없다고 자신에게 속삭인다. 하지만 그러한 상황은 분명히 벌어지고 있고 결코 외면할 수 없다.

극도의 상실, 질병, 사고, 비극 같은 경고음은 자신의 삶과 신념 그리고 가치에 대해, 가장 깊은 자기 모습에 대해 깊은 의문을 일깨운다. 또한 우리가 주의를 기울여야 하는데도 외면하고 있는 상황에 초점을 맞추게 한다. 모든 경고음에는 공통점이 있다. 바로 우리가 누구인지를 시험하고 무엇보다 적나라하게 자기 원래 모습이 드러나게 한다는 점이다.

⁂

경고음이라면 내 친구 글렌 올먼 박사의 이야기를 빼놓을 수 없다. 글렌은 30년 동안 응급 의학 분야에서 활동해 온 저명한 전문가로 대형 병원의 통합 의료 책임자를 거쳐 캘리포니아 소재 몇몇 응급 부서의 지역 수석 의료 담당관을 지냈다. 글렌을 처음 만났을 때 나는 동·서양의학에 두루 해박하고 건강과 행복에 총체적으로 접근하는 그의 태도에 깊은 인상을 받았다. 글렌과 대화를 나누면서 그가 의사라는 직업을 사랑하고 온전히 헌신하고 있으면서도 환자들을 위한 질병 예방에 소홀한 현실에 좌절감을 느낀다는 사실을 알 수 있었다.

그 후 2년 동안 글렌의 불만은 커져만 갔다. "크게 변화해야 할 시기가 되었어." 글렌은 한숨을 내쉬며 고민을 털어놓았다. 문제는 방법이었다. 글렌은 함께 일하는 사람들에게 매우 성실했고 헌신적이어서 그들을 실망시키는 일은 생각조차 할 수 없었다. 자신도 인정했듯 글렌은 신중하고 정확하면서도 분석적이었다. 이러한 자질 덕택에 좋은 의사가 될 수 있었지만 자기 삶을 철저하게 변화시키는 일에는 애를 먹고 있었다. 그토록 오랜 세월을 조직에 소속되어 일하다가 이제 독립해야 한다는 생각만 해도 겁이 났다. 글렌과 나는 늘 '반드시 필요한 목표를 이루기 위해 결국 변화를 시도할 수 있을까?'라는 문제를 놓고 대화를 나눴다.

밤늦게 전화벨이 울렸다. 친구 마릴린이었다. "글렌이 끔찍한 교통사고를 당했어." 글렌이 스포츠카를 타고 고속도로를 달리다가 출구로 나가려는 순간 자동차 한 대가 시속 120킬로미터로 달려와 글렌의 차를 들이받았다고 했다. 글렌은 완전히 찌그러진 자동차에서 겨우 빠져나와 기적적으로 목숨을 건졌지만 매우 심각한 부상을 입었다. 척추가 두 군데나 부러졌고 발목에는 골절상을 입어서 한 달 가까이 움직이지 못했다. 글렌의 몸은 완전히 정상으로 돌아오지는 못했지만 휴식을 취하고 재활 치료를 받으면서 서서히 치유되기 시작했다.

사고를 당하고 나서 처음 만났을 때 글렌은 거의 걸을 수도 설수도 앉을 수도 없었고 끔찍한 통증에 시달리고 있었다. 사고가 나기 전에 그는 자기 삶에 대해 나와 대화를 많이 나눴고 근본적으로 변화하고 싶었지만 무엇을 해야 할지 명쾌하게 결정을 내릴 수 없었다. 하지만 이제 결정은 내려졌다. 글렌이 육체적으로 감당할수 없어서 더 이상 응급 의학 분야에서는 일할 수 없다고 주치의가 진단을 내렸기 때문이다. 여태껏 공들여 쌓아 온 경력이 끝나

버린 것이다. "내 삶을 다시 정립하기 위해 조금 쉬었으면 좋겠다고 말했었잖아." 글렌이 농담을 던졌다. 하지만 그 농담에 가린 진실을 우리 둘 다 알고 있었다. 글렌은 극적인 경고음의 공격을 받았던 것이다. 그리하여 글렌의 삶은 예상하지 못했던 방향으로 순식간에 급선회했다.

글렌이 사고를 당하고 일 년 반이 지났다. 그동안 글렌은 책을 쓰고, 병원과 의사가 사용할 수 있는 총체적인 건강 통합 관리 모델을 개발했다. 또한 인디언 플루트로 직접 아름답게 연주한 곡을 녹음하고 잠잘 때와 잠에서 깰 때 긴장을 풀고 명상하는 기술을 소개한 시디 시리즈를 제작했다. 며칠 전에 만났을 때 그는 자신이 제작한 첫 시디를 뿌듯한 표정으로 내게 선물했다. 그때 모습이 어느 때보다 행복해 보였다.

사람들이 글렌의 이야기를 듣고 보이는 반응은 여럿이다. 어떤 사람은 사고는 사고일 뿐으로 그가 응급 의학 분야를 떠날 계획을 세웠던 것과 우연히 일치했을 뿐이라고 말한다. 심리 영성을 추구하는 사람이라면 글렌이 주도해서 변화를 추구했다면 우주가 강제로 그를 변화시키지 않았으리라 주장할 것이다. 또 다른 이론에 따르면 사고를 당한 것은 글렌의 운명이고, 변화가 오리라는 것을 글렌 자신도 이미 알고 있었지만 어떤 변화인지 확신하지 못했을 뿐이다. 나는 글렌이 자기 숙명에 얻어맞았다고 자주 놀렸는데 글렌도 그런 내 말에 수긍한다. 중요한 것은 사고가 일어났다는 사실이 아니라 사고가 발생하고 나서 어떻게 행동했느냐이다. 글렌은 경고음에 귀를 기울여 자신을 완전히 새롭게 변화시켰다. 그는 위기를 겪으면서 그동안 숨겨져 있던 재능을 발견하고 이를 열정적으로 계발하기 시작했다. 글렌은 자신을 치유하고 있는 중이다.

내면으로부터 깨어나라

상황이 갑작스레 분명해진다. 그러고 나서야 깨닫는다.
그러한 상황이 예전부터 계속 있었다는 사실을.
_매들린 렝글(Madeleine L'Engle, 판타지 아동문학의 대가-옮긴이)

밤이 되었다. 당신은 침대에서 깊이 잠들었다. 잠든 후에도 세상은 여전히 평소처럼 돌아간다. 나뭇가지가 바람에 흔들려 창문 밖에서 살랑인다. 새벽 두 시에 고양이가 군것질 거리를 찾아 거실에서 부엌으로 어슬렁어슬렁 걸어간다. 서재 벽에 걸린 시계가 시간을 쫓아가려 바쁘게 째깍거린다. 하지만 당신은 알아차리지 못한다. 다른 세상에서 다른 현실을 꿈꾸고 있기 때문이다. 당신은 아름다운 풀밭 위로 말을 달리거나, 늘 드나들던 거리에서 무언가를 찾거나, 사랑하는 사람과 즐거운 대화를 나눈다. 아니면 자신을 쫓아오는 무서운 대상에서 달아나거나, 여러 해 전에 세상을 떠난 친척을 만난다.

갑자기, 깨어 있는 세계 저 멀리서 커다란 소리가 울려 퍼진다. 자신이 켜 놓은 자명종 소리다. 언제나처럼 출근해야 할 시간에 시계를 맞춰 놓았다. 자명종 소리를 듣자마자 의식이 뒤흔들리며 자신이 침대에 누워 있다는 사실을 깨닫는다. 또 하루가 시작되었다. 기지개를 켜면서 하품을 하고 눈을 뜬다. 다시 한 번 현실로 돌아온 것이다.

때로 경고음은 일어날 시간을 맞춰 놓은 자명종 소리를 듣고 잠을 깨는 경험과 별반 다르지 않다. 이때 자의식을 급격하게 바꾸는 것은 외부에 있는 대상이 아니라 내면에 있는 무엇이다.

외면이 아니라 내면에서 울리는 경고음이 있다. 이 경고음은 특정한 시간에 울리도록 맞춰 놓은 타이머처럼, 아무런 경고도 없이 갑자기 자의식을 일깨워 급진적이고 파괴적이며 삶이 바뀔 만한 현실을 깨닫게 한다.

내면의 자명종이 갑자기 울리는 이유는 무엇일까? 한 단계가 마무리되면서 자신이 변화할 준비를 갖췄기 때문이다. 그렇다면 어떤 준비를 갖췄을까? 깨어나면 알 수 있다.

나는 25년 넘게 살았던 로스앤젤레스를 떠나 4년 전 캘리포니아 주 샌타바버라로 이사했다. 나에게는 굉장한 일이었고 삶의 주요 전환점이었다. 성인 시절의 대부분을 보냈고 사업체를 뿌리내리게 했으며 친숙한 인맥을 형성한 곳을 떠났기 때문이다. "어쩌다 이런 결정을 내렸나요?" 사람들은 내가 오랫동안 깊이 생각하고 결정했으리라 지레짐작하고 물었다. 하지만 아니었다. 최소한 의식적으로는 오래 생각하지 않았다. 샌타바버라를 방문하는 일을 언제나 좋아했지만 오랫동안 정들었던 로스앤젤레스를 떠날 생각은 조금도 없었다.

그러다가 어느 날, 어느 순간에, 모든 것이 바뀌었다. 동부 지역에 사는 애인이 내 생일을 축하해 주러 찾아와서 우리는 샌타바버라에 가기로 했다. 몇 년 동안 가 보지 못해 궁금하기도 했고 마침 그가 그곳에서 대학원을 다녔기 때문에 이번 기회에 제대로 관광을 시켜 달라고 부탁했다. 그날 캘리포니아의 봄날은 화창했고 활짝 핀 재스민 꽃 냄새가 퍼져 공기는 향긋했다. 차를 타고 푸릇푸릇한 나무가 빼곡히 늘어선 거리를 따라 언덕을 오르고 유칼립투스 나무숲을 가로질러 눈부신 해변에 닿았다. 바다와 산맥이 만나는 그림처럼 아름다운 곳이었다. 우리 둘은 차에서 내려 모래사장까지 걸으며 경치를 감상했다.

나는 그곳에 서서 햇빛을 흠뻑 받으며 매혹적인 자태의 바다를 바라보고 바람을 맞으면서 나무 냄새를 실컷 들이마셨고, 해변에서 점심 식사를 즐기는 사람들을 지켜보았다. 나는 아름답고 평화로운 광경에 완전히 빠져들었다. 마침 돌고래 떼가 바다에서 장난치며 공중으로 뛰어올랐다. 미끈한 은색 몸통이 파란 하늘을 배경으로 번쩍번쩍 빛났다. 내 속에서 무언가가 꿈틀거렸다. 나는 조금도 망설이지 않고 그에게 불쑥 "나 샌타바버라로 이사할래요."라고 말했다.

"언제 결정한 거요?" 그가 물었다.

"방금요." 나도 내 대답에 깜짝 놀라며 말했다. 사실 그랬다. 그때까지 한 번도 이사할 계획을 세워 본 적이 없었다. 이사를 하면 사업에 어떤 영향을 미칠지도 생각해 보지 않았다. 샌타바버라에는 집도 없고 아는 사람도 없었다. 하지만 해변에 서 있는 순간 내면에서 무언가가 깨어나면서, 다가서고 있다고 의식조차 못했던 갈림길에 내가 서 있다는 사실을 깨달았다.

내면의 경고음은 갑자기 울리는 것 같지만 사실 전혀 갑작스럽지 않다. 지금 돌아보면 로스앤젤레스를 떠나겠다고 결심하기까지 여러 변화가 있었지만 알아차리지 못했을 뿐이었다. 몇 해 동안 집에서 보내는 시간이 점점 많아졌고, 예전에는 그토록 즐겼던 북적이고 분주한 도시 생활에 흥미를 잃어 가면서 지루해졌다. 친한 친구들도 대부분 로스앤젤레스를 떠나고 없었다. 일의 성격도 바뀌어 예전처럼 사무실에 매일 나갈 필요도 없었다. 게다가 기회가 생길 때마다 도시를 벗어나 좀 더 평온한 환경으로 도망치고 있었다. 나는 로스앤젤레스에서 지내는 생활이 불만스러웠다. 다만 그렇다는 사실을 정면으로 마주하기 싫었을 뿐이다.

하지만 샌타바버라의 해변에 서는 순간 내가 무엇을 해야 할지 깨달았나. 그날의 여행에서 경고음이 막 울렸을 수도 있다. 아니면 경고음은 이미 울리고 있었지만 내가 다른 일에만 몰두하거나 귀 기울이기를 거부해서 듣지 못하다가 로스앤젤레스라는 친숙한 세계에서 멀어지자 들었을 수도 있다. 어쨌거나 한 가지는 분명했다. 나는 도저히 피할 수 없는 진리를 깨달은 것이다.

앞으로 살펴보겠지만 모든 경고음은 지금껏 안락하게 지내 온 경계 너머로 자신을 팽창하라고 요구하고, 한동안 경험해 보지 못한 성장과 더욱 심오한 지혜와 성취감을 얻기 위해 안전하고 친숙한 영역을 포기하라고 촉구한다. 앞서 내가 바닷가에서 겪었던 경험을 감동적이고 다소 낭만적으로 표현하기는 했지만, 경고음이 내 삶에 미친 파장은 지독하게 파괴적이었다.

마침내 로스앤젤레스를 떠나 샌타바버라로 이사하기까지 꼬박 일 년이 걸렸는데 그 사이 복잡한 업무를 처리해야 했고 불안에 시달려야 했으며 오래 정들었던 직원들과 헤어지느라 마음고생을 한 데다가 경제적으로도 어려움을 겪어야 했다. 샌타바버라로 이사하는 일이 감정적으로는 괜찮은 조치였지만 직업적으로나 경제적으로는 이치에 맞지 않았다. 그만큼 많이 양보하고, 융통성을 발휘하고, 얼마간 희생을 감수해야 하리라 각오했고 지금까지도 그 각오에는 변함이 없다.

내가 왜 그 햇살 좋고 활기 넘치는 도시에 그토록 마음이 끌리는지는 몰랐지만 어쨌거나 그곳으로 가게 되리라는 것은 알고 있었다. 샌타바버라에는 내가 상상하지도 못했던 선물이 기다리고 있었다. 평생 알고 지낸 사람처럼 친근하게 느껴지는 친구들을 만났고, 어디서도 경험하지 못한 평온함을 즐기게 되었고, 필요하다는 사실조차 몰랐던 치유의 행복을 누렸을 뿐 아니라 보물처럼 소중한 경험을 겪었다. 해변에서 경고음을 듣지 않았다면 이 모두를 놓쳤을지도 모른다.

❦

사는 법을 배웠다고 생각해야 비로소 삶이 바뀐다.

_휴 프레이더(Hugh Prather, 미국의 목사이자 강연자-옮긴이)

진정으로 존재하며 성장하고 있다면 삶의 여정을 걷다가 힘겨운 변화와 갈림길에 틀림없이 다다를 것이다. 이러한 우여곡절은 아무에게나 일어나지 않는다. 멀리 여행하지 않았다면 새로운 길을 만나지도, 그 길을 선택하지도, 고난을 겪지도 않았을 것이다. 당신이 지금 여기에 있는 이유는, 그만큼 용감하고 단호하게 진리를 추구하고 배우려 하기 때문이다.

그렇다면 예상하지 못했던 상황에 부딪히거나, 두려운 마음으로 갈림길에 서 있거나, 꿈이 산산이 부서진 채 잠에서 깨어난다면 어떻게 해야 할까? 소리 지르고 신음하고 울부짖고 불평하고 나서, 분노하고 눈물 흘리는 일에 지친 다음, 우리는 어떻게 해야 할까?

13세기 위대한 수피(이슬람교의 신비주의자. 금욕과 고행을 중시하고 청빈한 생활을 이상으로 하였다.-옮긴이)이자 시인인 잘랄 앗딘 루미(Jalal ad-Din Rumi)는 자신의 대표 시 〈여인숙〉에서 이렇게 노래했다.

인간은 여인숙 같다.
매일 아침 새 손님을 맞이하는.
기쁨, 우울, 심술
순간적인 깨달음이
예상치 못한 손님으로 찾아온다.
모두 기쁘게 맞이하고 환대하라!
설사 그들이 슬픔의 군중이어서
그대의 집을 난폭하게 휩쓸고
가구를 몽땅 없애 버리더라도

그래도 손님 하나하나를 귀하게 대하라.
새 기쁨을 안겨 주려고
그대를 청소하고 있을지 모르므로.

어두운 생각, 수치심, 원한
그들을 문에서 웃으며 불러들이라.
누가 들어오든 감사하라.
모든 손님은 저 멀리에서 보낸
안내인이므로.

지금 우리는 자신이 서 있는 자리에 이름을 붙이고, 루미가 전하
듯, 예상하지 못했던 손님을 환영하는 것으로 충분하다. 이러한 '슬
픔의 군중'을 겪고 고난과 시험을 거치며, 우리 영혼은 위대한 지혜
를 얻고, 새롭고 빛나는 세계를 향한 비밀의 길을 보게 되리라.

3

행복에 이르는 길을 잃다

길을 잃어야 비로소 자신을 이해하기 시작한다.

— 헨리 데이비드 소로(Henry David Thoreau)

예를 들어 플로리다 주에 있는 마이애미 해변을 차로 여행하기로 하고 지도를 샀다고 가정하자. 먼저 지도를 자세히 보고 마이애미에 도착할 때까지 달려야 할 도로를 지도에 빠짐없이 표시한다. 출발한 후에는 순간순간 자신이 있는 위치를 알려 주는 고속도로 이정표를 열심히 찾아서 올바른 방향으로 가고 있음을 확인한다. 마이애미에 조금씩 가까워지다가 마침내 다음 출구로 나가라는 표지판을 찾는다. 그러면 속으로 "드디어 도착했군."이라고 외친다.

따뜻한 날씨와 야자수 우거진 풍경을 기대하며 도시에 들어섰는데 매섭게 춥고 눈이 심하게 내리고 있다. 사람들은 오버코트를 입고 목도리와 장갑으로 중무장하고 발걸음을 재촉한다. 땅에는 얼음이 두껍게 깔려 있다. 어디를 둘러봐도 바다나 해변을 가리키는 표지판은 없다. 지나가는 사람에게 이곳이 마이애미냐고 물어보면 모두들 미친 사람 보듯 이상한 눈길을 보낸다.

당신은 완전히 어리둥절해서 차 안에 멍하니 앉아 있다. 부지런히 보면서 따라왔던 지도를 다시 뚫어져라 들여다본다. 차창 밖으로 하염없이 눈이 내린다. 도저히 믿기지 않아 고개를 갸우뚱하며 다시 지도를 본다. 마이애미가 아닌 것이 분명하다. 그렇다면 대체 나는 어디에 있는 걸까? 지도가 잘못되었을까? 도로 표지판이 정확하지 않았을까? 머릿속에 "내가 어쩌다 여기에 이르렀을까?"라는 질문이 떠오른다. 그리고 자신이 정말 미친 것은 아닌지 의심한다.

⌘

살다가 다다른 자리가 예상했던 장소와 전혀 달라 주위를 둘러보게 되는 순간을 자주 맞는다. 우리는 관계를 유지하고 일하고 성취하면서 가고 싶은 장소를 미리 계획하지만 자신이 전혀 원하지 않았던 장소와 환경에 서 있다는 사실을 문득 깨닫는다. 삶이 이끄는 대로 따라왔지만 자신이 마치 낯선 땅에 발을 디딘 이방인처럼 느껴진다. 어쨌거나 우리는 행복에 이르는 길을 가다가 방향을 잃는다.

우리는 성인기에 들어서며 자신에게 행복한 미래를 펼쳐 줄 꿈을 설계한다. 때로는 이러한 인생 지도를 지나치게 의식하면서 자신을 위해 구체적인 목표를 세우고 이를 달성하려고 애쓴다. "나는 결혼해서 아이 둘을 낳고 행복하게 살 거야." "개인 사업을 시작해서 경제적으로 성공하고 나서 애리조나 주에서 은퇴 생활을 즐길 거야." "대학에 가서 박사학위를 따고 연구 과학자로 성공할 테야." 한편 인생 지도가 이보다 의식적이지 않고 심하면 무의식적일 때도 있다. "나는 형보다 크게 성공하고 싶어." "늘 관계를 주도하는 사람이 되고 싶어." "남자에게 의존해서 살지 않도록 돈을 많이 벌고 싶어." 우리는 이처럼 은근한 욕망이 자기 속에 도사리고 있다는 사실조차 모를 때도 많다. 하지만 이러한 욕망에 이끌려 우리는 목표를 선택하고 행동한다.

그리고 세월이 흐른다. 우리는 가능한 한 최선을 다해 바쁘게 일하고 사랑하고 살아간다. 자신이 가고자 하는 목적지를 가리키는 지도를 따른다. 모든 단계가 미리 계획되어 있는 것처럼 보인다. 그러나 그때 전환점에 다다르며 경고음이 울린다. 자신이 서 있는 자리에서 주위를 둘러보고 원래 오고자 했던 곳이 아니라는 사실을 깨닫고 낭패감에 젖는다.

우리는 희망과 꿈을 실현하려고 애써 왔지만 정작 도달한 현실은 전혀 다르다. 결혼하고 싶었지만 아직 독신이거나 이혼했거나 배우자를 잃었다. 특정 목표를 이루고 싶었지만 자신도 어찌할 수 없는 환경 탓에 결국 달성하지 못했다. 다른 종류의 삶을 살고 싶었지만 현재의 삶에 갇혀 버렸다고 느낀다.

아니면 지도에 있는 장소에 제대로 도착했지만 과연 자신이 원했던 곳인지 확신이 들지 않을 수도 있다. 그토록 열심히 매달렸던 경력이 무의미하다고 느껴지거나 자신이 믿는 핵심 가치에 맞지 않는다고 여긴다. 혼신의 노력을 기울여 유지했던 관계에는 오래 전부터 열정이 사라졌고 자신이 그토록 갈망하는 애정도 부족하다. 재산과 업적은 쌓았지만 여전히 성취감을 느끼지 못하고 무언가 빠져 있는 것만 같다.

이렇듯 반갑지 않은 순간에 자기 삶을 돌아보면서 스스로 원하지 않았던 곳에 와 있어서 실망하건, 스스로 원했던 곳에 가지 못해서 실망하건, 혼란스럽고 두렵고 균형을 잃었다고 느끼게 되는 것은 같다. 마이애미에 도착하리라 믿었다가 엉뚱한 장소에 이르러 당황한 여행객처럼, 지도를 보며 삶이라는 바다를 항해했는데 어떻게 여기에 이르게 되었는지 이해하지 못한다. 올바른 방향으로 가고 있다고 그토록 굳게 믿었건만 어떻게 길을 잃었을까?

타인의 꿈으로 이끄는 지도

자신의 과거를 알고 싶으면 현재를 보라.
자신의 미래를 알고 싶어도 현재를 보라.

_파드마삼바바(Padmasambhava, 18세기 티베트 불교 현인)

성인기를 항해할 때 사용하는 지도는 언제 어떻게 얻을까? 지도가 이끄는 대로 따랐지만 때로 자신이 원하지 않는 장소에 이르게 되는 이유는 무엇일까? 파드마삼바바는 좋든 나쁘든 현재 우리의 모습은 과거의 반영이라 설파했다. 과거에 자신이 속했던 환경과 주변 사람들에게 받은 영향이 현재의 모습에 담겨 있다는 말이다. 이러한 주장에 강력하게 반대할 수도 있다. 자신의 행동을 결정하고 나아갈 길을 선택하고 가야 할 방향을 정할 때 누구의 영향도 받지 않았다고 주장할 수 있다. 무엇에 얽매이지 않고 자유롭게 의식적으로 지금의 삶을 계획한 것이라 진심으로 믿을 수 있다. 하지만 이것이 얼마나 잘못된 생각인지 깨닫는다면 깜짝 놀랄 것이다.

자신이 과거와 얼마나 깊이 철저하게 뒤얽혀 있는지 알아야 비로소 과거에서 자신을 해방시킬 수 있다.

우리를 자신이 아닌 다른 이의 꿈으로 이끄는 지도에 관한 이야기를 들어보자.

대학 시절 남자 친구였던 로버트가 어느 날 우울한 목소리로 내게 전화했다. 거의 20년 만이었다. 나와 헤어지고 나서 사귄 앨리사와 결혼하면서 로버트와 나 사이에는 자연스럽게 연락이 끊겼다. 나와 사귈 당시 로버트는 시인이자 탐험가이자 철학자로, 자유로운 영혼의 소유자였다. 우리 둘은 인생의 의미와 세상을 변화시킬 방법을 놓고 깊은 대화를 나누었다. 그렇기에 나는 로버트가 앨리사와 사귄다는 소식을 들었을 때 어리둥절했다. 앨리사는 모든 면에서 로버트와 정반대였고, 그녀와 지적인 대화를 전혀 나눌 수 없다고 로버트가 내게 불평한 적이 있었기 때문이다. 결국 로버트가 앨리사와 결혼하고, 영향력 있는 변호사가 되고, 값비싼 집을 사고, 네 자녀를 낳아, 매우 평범하게 생활한다는 소식을 들었을 때 나는 더더욱 놀랐다.

대화를 나눈 지 이십 년 가까이 지났지만 로버트의 목소리를 듣자마자 문제가 있다는 것을 알 수 있었다. 우리 둘은 워낙 사이가 가까웠었기 때문에 구구절절하게 사연을 설명할 필요가 없었다. 문제가 뭐냐고 다짜고짜 묻자 로버트는 "전부 다 문제야."라고 대답했다. 그는 험난하고 문제가 많았던 결혼 생활을 몇 년 동안 끌어오다가 최근에 이혼했다고 말했다. 변호사라는 직업에서 오는 스트레스에 숨이 막히고, 호화스러운 생활 방식에 따른 엄청난 경제적 부담에 짓눌리고, 지금 자기 모습이 스스로 기억하는 모습과 완전히 달라 혼란스럽다고 털어놓았다. 로버트는 그래서 내게 전화했다고 말했다. "당신과 함께 있을 때 나는 나다웠어." 그는 상실감에 시달리고 있었다.

나는 로버트와 오랫동안 대화를 나눴다. 그는 가족이 흩어지고 혼자 남은 상황이 고통스럽고, 무엇보다 자기가 가려 했던 길에서 너무 벗어나 방황하고 있다고 느껴져 괴롭다고 했다. "나는 절대 아버지처럼 살지 않겠다고 다짐해 왔어." 로버트가 중얼거리듯 말했다. "진정한 기쁨을 누리지도 못하면서 어쩔 수 없이 직업과 결혼 생활에 질질 끌려다니지 않겠다고 말이야. 그런데 어쩌다 아버지처럼 살게 되었을까?"

나는 로버트의 말을 다 듣고 나서 그가 처한 상황을 정리해 말해주었다. 로버트는 마치 양쪽 주머니에 지도를 하나씩 넣고 살아가는 것 같았다. 한쪽 지도에는 인습이 아니라 비전을 담은 목적지와 모험과 독립으로 향하는 길이 표시되어 있다. 다른 지도에는 부모와 여자 친구, 동료를 비롯한 주위 사람이 거는 기대에 맞춘 인습적인 경로가 그려져 있다. 로버트는 자신의 한쪽 주머니에 인습적인 경로를 담은 지도가 있다는 사실을 인식하지 못한 채 자신은 비전을 담은 지도를 따라가고 있다고 믿었다. 하지만 사실은 그렇지 않았다.

로버트는 만족할 줄 모르고 가족을 쥐고 흔들어야 직성이 풀리는 어머니 밑에서 성장했다. 어머니는 남편과 자녀에게 언제나 불만이었기 때문에 로버트는 성인이 되고 나서도 주위 사람 누구도 실망시키지 않으려고 무던히 애썼다. 그는 앨리사를 실망시키고 싶지 않았기에 자신의 판단에 거슬러 결혼했고, 교외로 이사 갔을 뿐 아니라 아내가 원하는 물건은 무엇이든 사 주었다. 아버지를 실망시키고 싶지 않았기 때문에 작가가 되고 싶었던 꿈을 접고 법과대학에 진학해 유명한 기업 변호사가 되었다. 동료 변호사와 직원을 실망시키고 싶지 않았기 때문에 자유 시간을 좀 더 많이 누리고 싶은 욕구를 누르고 사업을 계속 확장했다. 결과석으로 로버트는 아무도 실망시키지 않았지만 자신은 실망했다. 모두가 행복했지만 자신만은 행복하지 않았다.

로버트는 다른 이의 꿈, 다시 말해 아버지와 아내의 꿈, 타인에게 필사적으로 인정받으려는 작은 남자아이의 꿈을 담은 지도를 따라가다가 정작 자신의 행복을 향한 길을 잃었다는 사실을 뒤늦게 깨달았다. 이제 로버트는 새로운 출발을 위해 반대편 주머니에서 지도를 꺼내 여태껏 걸어온 길을 되짚으며 진정성이 있고 자율을 발휘할 수 있는 자리로 가는 길을 찾고 있다.

※

동료 앨런 코헨은 내게 “자신의 이력을 토대로 비전을 세우지 말고, 비전을 중심으로 삶을 주의 깊게 구축해야 한다.”고 말했다. 이렇게 하기는 결코 쉽지 않다. 우리들은 진실을 깨달을 만큼 현명하지 못한 젊은 시절에 삶의 경로를 계획한다. 그래서 가족과 친구, 어린 시절에 해결되지 않은 문제, 사회 가치가 가하는 영향을 많이 받는다.

“나는 부모님처럼 살 거야.”
“나는 부모님처럼 살지 않을 거야.”
“하고 싶은 일을 하면 친구들과는 다른 삶을 살 수 있을 거야.”
“다른 사람들도 내 나이에 결혼을 하니까 나도 그래야겠지.”
“엄마처럼 한 남자에게 목을 매지 않을 거야.”
“가족들 모두 대학원에 진학했으니까 나도 그래야 해.”
“언니와 동생이 모두 아이를 낳았으니까 이번에는 내 차례야.”
“아버지가 돈 때문에 망가졌으니까 나는 절대 돈을 쌓아 두지 않을 거야.”
“진정으로 성공한 남자라면 아내를 일터로 내보내지 않는 법이니까 나도 그래야겠어.”

이러한 생각들이 무의식을 맴돌면서 스스로 진정한 운명을 계획할 자유를 빼앗는다.

우리는 그동안 사용해 왔던 인생 지도가 완전히 시대에 뒤처져 현재가 아닌 10년 전, 20년 전, 40년 전의 이상과 가치를 담고 있다는 사실을 발견하고 엄청난 충격에 휩싸인다. 그러한 이상과 가치는 원래 자기 것이 아니라 가족이 바랐던 삶의 방식에서 온 것이기 쉽다. 따라서 지도를 열심히 따랐지만 우리는 행복하지 않고 자신에게마저 낯선 삶을 살았다.

> 우리는 부모나 가족이나 사회의 눈이 아니라 자신의 눈으로 세상을 바라본다고 믿고 있을지 모른다. 하지만 진정 그렇게 할 수 있으려면 혼자 힘으로 보는 방법을 열심히 용감하게 배워야 한다.

비밀 계획표와 놓친 최종 기한

열한 살 때 펜실베이니아 주 포코노 산맥 지역에서 열리는 여름 캠프에 갔었다. 훈련관이 학생들을 즐겁게 해 주려고 계획한 활동에 물건 찾기 게임이 있었다. 비디오게임, 개인용 컴퓨터, 디비디 플레이어 등이 발명되기 전이었으므로 우리들은 물건 찾기 같은 단순한 놀이에도 신이 났다. 우리는 여러 팀으로 나뉘어 제한된 시간 안에 정해진 물건을 찾아야 했다. "자, 시작하자! 30분 동안 찾아올 물건을 말해 줄게. 사이즈 10짜리 운동화 한 켤레, 숟가락, 강아지 사진, 아치와 베로니카 만화책, 팝콘 상자, 브래지어, 살아 있는 개구리, 풍선껌 다섯 통, 치열 교정기, 비틀즈 레코드, 그리고

… 남자용 티 팬티! 앞으로 30분 동안 찾는다. 실시!"

우리는 꽥꽥 소리를 지르며 달리기 시작했다. 남의 트렁크를 뒤지기도 하고, 찾는 물건을 가지고 있는 사람을 찾아가 일주일 동안 빨래를 해 줄 테니 물건을 빌려 달라고 간청하기도 했다. 아이들은 목록에서 가장 탐나면서도 얻기 힘든 물건인 남자용 티 팬티를 손에 넣으려고 쑥스러워 키득거리면서도 남자들에게 다가갔다. 마침내 우승 팀이 가려졌고 우리들은 떼를 지어 매점까지 의기양양하게 걸어가며 게임이 얼마나 재미있었는지 앞다퉈 말하며 깔깔거렸다.

살아가면서 우리는 자신의 꿈과 목적은 알지만 이를 달성할 최종 기한이 무의식에 새겨져 있다는 사실은 모를 수 있다. 우리는 어린 시절 물건 찾기 게임을 할 때와 마찬가지로, '반드시 소유해야 하는 대상'과 구체적인 시한을 나타내는 지도로 무장하고 성인기를 보낸다. 나는 이때의 지도에 비밀 계획표라는 이름을 붙였다. 비밀 계획표에는 무엇을, 언제 달성해야 하는지가 나타나 있다.

"4년 안에 대학을 마치고 졸업하는 즉시 취직한다."
"스물두 살부터는 생활비를 스스로 충당한다."
"배필을 찾아 늦어도 서른 살까지는 결혼한다."
"서른다섯 살이 되면 내 집을 장만한다."
"마흔 살이 되기 전에 세 명의 자녀를 낳는다."
"아이들이 학교 갈 나이가 되면 개인 사업을 시작한다."
"마흔다섯 살이 될 때까지 최소한 _____ 정도의 돈을 벌어 놓는다."

"쉰 살이 되면 _____을 살 수 있고 _____로 여행을 갈 수 있어야 한다."

"예순다섯 살이 되면 은퇴할 수 있어야 한다."

비밀 계획표에는 자신이 추구하는 가치와 생활양식이 반영되며, 물질적인 성취가 아닌 심리적인 목표도 포함된다.

"자식을 낳기 전에 내가 어린 시절에 겪었던 고통을 치유한다."

"아버지를 향한 분노를 아버지가 돌아가시기 전에 푼다."

물론 영적인 목표도 있다.

"25년 동안 명상하고 깨달음에 도달한다."

"성직자로 임명받을 때까지 신앙이 약해지지 않도록 주의한다."

자신뿐 아니라 자신과 가까운 사람들의 계획표를 반영한 목표도 있다.

"내가 놀아 줄 수 있으려면 일흔 살 전에 손자가 태어나야 한다."

"내가 청혼을 받아들이기 전에 남자 친구가 월급을 더 많이 받는 직장으로 옮겨야 한다."

사람마다 자신만의 계획표가 있고 나 또한 그렇다. 그런데 이 계획표는 폭군 같아서, '해야 한다'를 내세워 우리를 괴롭히고 어깨너머로 감시하고 시간을 재고 압박을 가한다. 게다가 우리는 자신이 무의식중에 정해 놓았던 최종 기한을 놓치고 나서야 이 비밀 계획표의 존재를 알게 되는 경우가 많다. 이때 우리는 또 한 번 위기에 빠진다.

�֎

내 친구 에밀리는 최악의 해를 보내고 있다. 워싱턴 디시에 살면서 연방정부의 컨설턴트로 일하는 그녀는 밝고 매력적이며 적극적이다. 남자들에게 인기가 있어서 내가 알기로도 많은 남자와 사귀었지만 연애를 진지하게 생각하지는 않았고 그렇다는 사실에 별로 신경 쓰지도 않았다. 에밀리는 말을 키우고 탈 수도 있는 전원에 집을 사겠다는 큰 꿈을 품고 있었다.

마침내 에밀리는 몇 달 전에 오랜 꿈을 이루었고 그와 동시에 마흔 살이 되었다. 그런데 별 이유 없이 무너지기 시작했다. "내가 꿈꾸던 삶은 이게 아니야." 에밀리는 내게 전화해서 흐느꼈다. "이 아름다운 집에서 멋진 남편이랑 예쁜 아이들이랑 같이 살아야 한다고. 그런데 어떻게 이 큰 집에 나 혼자뿐인 거야. 게다가 난 마흔이라고!"

마지막 말을 할 때 에밀리의 목소리는 비명에 가까웠다. 나는 에밀리가 감정적으로 무너지고 있다고 직감했다. 에밀리의 인생 지도에 따르면, 마흔 살이 되기 전에 꿈에 그리던 집을 사고 이상

형의 남자와 결혼했어야 했다. 하지만 집을 사고 싶다는 것은 알았지만 남편을 원한다는 것은 자신에게조차 인정하지 않았다. 실제로 에밀리는 관계를 그다지 진지하지 않게 생각하는 남자들만 사귀었다. 그런데 꿈에 그리던 집에서 홀로 생활하고 마흔 살을 맞이하면서 갑작스럽고 고통스럽게 경고음이 울렸던 것이다. 에밀리는 스스로 무의식에 새겨 놓았던 최종 기한을 놓쳤고, 정말 많은 목표를 이루었지만 자신이 실패자라는 생각을 떨칠 수 없었다.

자신이 계획한 대로 목표를 이루었다고 믿었는데 처절한 실망감이 찾아올 수 있다. 자신이 실패자로 느껴질 수 있다. 왜 그럴까? 자기 멋대로 정한 계획표를 충족하지 못했기 때문이다.

흠잡을 데 없는 삶을
더 이상 완벽하다고 느끼지 않을 때

우리는 진정으로 원하는 목표를 세우면서 인생 지도를 의식적으로 설계한다. 그리고 지도의 지시를 꼼꼼하게 따라서 자신이 원하는 장소에 정확하게 도착한다. 그러나 스스로 원했던 삶이었는데도 막상 도착해 보니 불행하고 성취감도 느낄 수 없어 필사적으로 도망치고 싶어진다.

길을 가다가 걸음을 멈추는 이유는 난관을 만나서가 아니라 환상이 깨졌기 때문이고, 문제에 부딪혀서가 아니라 방향을 잃었기 때문이다. 자신이 서 있는 곳에서 전혀 행복하지 않다는 사실을 어느 날 불현듯 깨닫는다. 전혀 예상하지 못했던 상황이 벌어진 것이다. 지금 멈춰 선 자리가 자신이 원하는 장소라고 줄기차게 생각해 왔다면 더욱 당황스럽다.

우리는 기대에 미치지 못하는 상황에 부딪혔을 때 불행을 느낄 수 있다. 이때의 불행은 그래도 받아들이고 견딜 만하다. 우리는 돈이 많거나 결혼을 하거나 땀 흘려 일할 수 있는 직업이 있다면 행복하리라 추측한다. 그래서 그렇게 되리라는 희망을 버리지 않는다. 이러한 희망을 품고 있기에 한동안 불행을 견딜 수 있다. 우리는 속으로 이렇게 생각한다. "나는 이 직업이 싫어. 하지만 개인 사업을 할 때 좋은 밑거름이 될 거야." "지금 맺고 있는 관계가 너무나 불안정해. 하지만 어떡하든 관계를 유지하고 싶어. 청혼을 받으면 좀 더 마음이 놓일 거야."

하지만 소유하고 싶었던 대상을 마침내 가졌는데도 여전히 불행하다면 무슨 일이 벌어지고 있는 걸까? 불행하면 당황하게 되고 옴짝달싹할 수 없어 마음이 괴롭다. "이렇게 해도 행복할 수 없다면 대체 무엇이 더 필요한 걸까?" 우리는 "이제 어떻게 해야 하지?"라고 자문한다.

한 독자가 이러한 고민의 흔적이 담긴 편지를 보내왔다.

당신에게 이런 편지를 쓰고 있다는 사실만으로도 죄책감이 듭니다. 모두들 내가 완벽한 삶을 누리고, 멋진 남편과 훌륭한 자녀에 아름다운 집까지 전부 갖추었다고 말하니까요. 사람들 말이 맞습니다. 하지만 내가 처한 상황이 그토록 완벽하다면 이토록 무기력한 이유는 무엇일까요?

남편이 잘못한 것도 없고 나를 대하는 태도를 놓고 불평할 수도 없습니다. 남편은 좋은 사람이고 아들들에게도 매우 자상한 아버지거든요. 솔직히 남편은 내가 원하는 것이면 무엇이든 해 줍니다. 처음에는 싫어했지만 교회에도 같이 가 주고요. 그러니 문제가 있다면 남편이 아니라 내게 있을 테죠.

요즘은 내가 아내이자 엄마, 훌륭한 가정주부라는 역할로 드라마에 출연하고 있는 것만 같습니다. 진짜 내 모습으로 살지 못해 비명이라도 지르고 싶은 심정입니다. 여태껏 지금처럼 살고 싶어 했고 실제로 그렇게 살아왔어요. 어릴 때부터 마음에 그리던 남자와 결혼해서 친정 식구를 벗어나 멋지게 생활해 왔다고 생각했어요. 너무 어린 나이에 남편을 만났기 때문이라고 말씀하시겠죠.

사실 남편을 만났을 때 나는 겨우 열아홉 살이었고 그때까지 켄터키의 자그마한 동네를 벗어나 본 적이 없어요. 당신 말이 맞아요. 이제 나는 스물다섯 살이 되었을 뿐이지만 너무 늙어 버리고, 더 이상 행복하지도 않고, 삶의 의미를 찾을 수 없어 하루하루 마지못해 살아가고 있는 것 같아요. 늘 피곤해서 그저 자고 싶을 뿐입니다. 매일 잠에서 깰 때마다 상황이 달라지지 않을까 희망을 품어 보지만 현실은 결코… . 이럴 리가 없는데요.

슬픔이 가득한 이 마음 여린 여성은 자신이 꼼꼼하게 설계한 삶을 살고 있지만 너무나 불행하다. 엎친 데 덮친 격으로 자신이 불행하다는 사실에 당황해서 죄책감까지 느낀다. 미래가 무지개 끝에 놓인 금빛 땅이라 생각했는데 지금은 평범하고 오래되고 우울한 막다른 길로 보일 뿐이다. 게다가 그녀가 서 있는 자리는 자신이 알고 있는 단 하나의 지도에 따른 것이고 여태껏 유일하게 상상해 온 삶이다.

지도를 따라갔는데 예상하지 못했던 목적지에 도착해서 충격을 받고 절망감에 휩싸여 "이럴 리가 없어!"라고 외치게 될 때가 정말 많지 않던가! 이제 그토록 두렵고 실망스러운 자신의 모습에 맞서 이렇게 물어야 한다.

"상황이 이럴 리가 없다고 누가 말하는가? 내가 몇 년 전에 만든 구식 지도인가? 무의식중에 짰던 계획표인가? 내가 사는 방식에 대한 타인의 생각인가?"

그 어느 것도 아닌 있는 그대로의 상황을 받아들여야 한다.

상실을 극복할 준비도,
불완전 상태를 감당할 준비도 부족하다

우리는 역사의 미아야… 목적도 없고 역할도 없는.
큰 전쟁도 대공황도 겪지 않았지만
한바탕 정신적 전쟁을 벌이고 있지.

_영화 〈파이트 클럽(Fight Club)〉에서

그렇다. 우리는 복잡한 시대를 살고 있다. 나 또한 이러한 시대의 부산물로 '역사의 미아'이다. 열심히 일하면 원하는 것은 무엇이든 손에 넣으리라 믿었다. 계획을 제대로 세우면 잘못될 일이 없었다. 해야 할 일만 제대로 한다면 절대 길을 잃을 리 없었다. 하지만 대부분의 사람들처럼 나도 길을 잃었다.

인간은 살아가는 내내 비참한 상황에 부딪히기도 하고 고난에 용감하게 맞섰다가 끔찍한 실망을 겪기도 한다. 사실 지금 우리가 직면한 문제와 난관은 과거 세대와 비교하면 하찮을 뿐이다. 우리의 부모와 조부모를 비롯한 과거 세대는 거의 맨주먹으로 미국에 왔다. 미국에 도착하고 나서도 불황과 세계대전이라는 재앙을 겪었고 개인적으로도 엄청난 난관을 넘고 희생을 치렀다. 여든네 살이지만 정정하기만 한 내 친구는 입버릇처럼 말한다. "나는 이러쿵저러쿵 불평을 일삼는 젊은이들을 보면 이렇게 말해 준다네. '내 앞에서 고통스럽다고 말하지 말게나. 나는 고통이 어떤 것인지 겪어 봐서 확실히 알고 있거든.'"

사실이다. 과거 세대는 내가 살며 겪었던 것보다 훨씬 심각하게 고난에 시달려서 마음이 황폐해졌고 상실로 괴로워했다. 하지만 그들이 우리보다 훨씬 훌륭하게 고통에 대처하지 않았나 싶다. 왜 그럴까? 그들은 완벽한 상황을 기대하기보다는 인내하라고 교육받았기 때문이다. 그래서 그들은 견뎌 냈다.

세계대전이 끝나고 1950년대 들어 낙관주의가 부상하면서 사람들은 흠잡을 데 없이 완벽한 삶을 꿈꾸기 시작했다. 베이비 붐 세대는, 원하는 대상은 무엇이든 소유할 수 있고 그래야 한다고 배웠다. 신중한 태도에서 소비주의로 삶의 철학이 바뀌었고, 견디기보다 미리 방지하는 태도가 높게 평가 받았다. 따라서 현대인은 질병, 권태, 박탈, 불행에서 벗어났다.

우리는 어떤 대가를 치르더라도 가능한 한 빨리 고통을 없애고, 불편하고 상실감을 느끼는 상황을 신속하게 제거하려고 신경을 곤두세운다. 우리는 바람직하지 않은 결과를 피하면서 원하는 음식을 먹기 위해, 능숙하게 해낼지 불안해하지 않고 성관계를 갖기 위해, 운동하지 않고 근육을 발달시키기 위해 약을 복용한다. 대화하고 싶은 사람이 있으면 휴대전화를 사용해서 시간과 장소에 구애받지 않고 통화한다. 디지털 카메라를 사용해 완벽한 사진을 그 자리에서 찍고, 찍은 사진이 마음에 들지 않으면 즉시 삭제하고 마음에 들 때까지 계속 찍는다.

우리는 인내하면서 지긋이 기다리지 않고 원하는 대상이 생기면 즉시 손에 넣고 싶어 한다. '요청하자마자(on demand)'라는 표현이 영어에 언제 등장했는지는 모르지만 인터넷으로 검색하면 0.9초 안에 857만 건에 이르는 자료가 그야말로 요청하자마자 쏟아진다. 우리는 요청하자마자 영화를 감상하고, 뉴스나 책을 배달받고, 축구 점수를 알고, 신용카드를 손에 넣고, 의료 조언을 받을 수 있다.

부모나 조부모 세대와 비교하면서 우리가 훨씬 더 감정적으로 세련되었다고 은근히 자부심을 느낄지 모르겠다. 현대인은 자기 향상 세미나에 참석하고, 심리 치료를 받고, 인생 상담 코치를 고용한다. 12단계 프로그램(알코올 중독에서 벗어나도록 돕는 프로그램-옮긴이)을 실천하고, 요가 수업에 등록한다. 하지만 예상하지 못했던 상황에 대응하고 고통을 딛고 일어서는 능력은 과거 세대보다 훨씬 못하다.

이 같은 내용을 종합해 보면 우리가 심리적으로 상당히 위험한 상황에 놓여 있음을 알 수 있다.

과거 세대와 비교해 현대인은 기대치는 높으나 인내하는 능력은 떨어진다. 다시 말해 우리는 자신이나 주변 세계의 상실을 극복하고 불완전 상태를 감당할 준비가 되어 있지 않다.

우리는 상황이 잘못될 수 있으리라 예상하지 않는다. 따라서 상황이 잘못되면 충격을 받아 근심에 휩싸이고 불행해지는 경우가 많다.

❊

불행한 시대에 대한 통계 자료와 상황을 살펴보자.

- 콜롬비아 대학교가 최근 〈미국 의학 협회지〉에 발표한 연구 결과에 따르면, 미국인 여성 4명 중 1명, 미국인 남성 5명 중 1명은 살아가면서 치료가 필요한 우울증을 한 번 이상 앓는다.
- 지난 10년 동안 미국인 8명 중 1명이 항우울제를 복용했다. 항우울제를 복용해서 얻는 이익이 위약(僞藥)보다 약간 많을 정도라는 연구 결과가 최근에 발표되기도 했지만, 여전히 2천만

명에 이르는 사람들이 규칙적으로 항우울제를 복용한다는 뜻
이다.

- 우울증을 앓는 사람의 수는 줄어들기는커녕 매년 늘어나고 있
  다. 1987년에서 1997년 사이에 우울증으로 치료받는 미국인은
  170만 명에서 630만 명으로 늘어났고, 항우울제를 복용하는 사
  람의 수는 두 배로 늘었다. 미국 정신건강협회가 발표한 자료에
  따르면, 가장 흔한 정신질환인 우울증과 불안장애로 시달리는
  사람은 연간 1,900만 명에 이른다.

결과적으로 현대에는 불행한 사람이 많고 약물의 도움을 받지
않고서는 불행하다는 느낌을 떨쳐 버릴 수 없는 경우가 많다.

- 약물 남용 및 정신건강 서비스 관리국의 보고에 따르면 2,200
  만 명의 미국인이 알코올이나 마약 남용으로 고통을 받고 있다.

또한 미국인들은 지나친 불안에 시달려 잠을 이루지 못한다.

- 미국 수면재단에 따르면, 미국인의 48퍼센트가 이따금씩 불면
  증을 호소하고 22퍼센트는 거의 매일 밤 불면증에 시달린다. 약
  물에 의존해 불면증에서 벗어나려는 경향이 있어서 수면제 시
  장의 거래량이 140억 달러에 이른다. 해마다 미국인 4명 중 1명
  은 잠을 자려고 수면제를 복용한다.

무엇보다 슬프고 충격적인 사실은 아이들에 대한 통계이다. 통계를 보면 아이들도 사회에 널리 퍼져 있는 걱정과 불안에 시달린다.

- 미국 정신건강협회는 아동 5명 중 1명이 정신장애나 감정장애 혹은 행동장애로 진단을 받는다고 보고했다. 〈정신 서비스 저널〉의 발표에 따르면, 항우울제를 복용하는 미국 10대와 아동의 수는 매년 약 10퍼센트씩 꾸준히 증가한다.
- 무엇보다 놀라운 정보는 따로 있다. 오늘날 항우울제를 사용하는 비성인 인구 가운데 가장 빠르게 늘어나고 있는 연령층은 5세 이하의 취학 전 아동이다. 1998~2002년 취학 전 아동의 항우울제 사용 인구는 배로 늘어났다.

이는 매우 복잡한 주제여서 이 책에서 철저하게 조사할 수는 없지만 무엇인가 심각하게 잘못되고 있다는 결론을 내릴 수밖에 없다. 현대인은 인류 역사상 어느 때보다 편안하게 생활하고 많은 물건을 소유하고 있지만 정신적으로는 한층 더 비참해지고 있다.

자기 삶의 낯선 이를 깨우라

무엇보다 위험한… 자아의 상실은
매우 조용히 일어날 수 있다. 마치 전혀 아무 일도 아니라는 듯
자아의 상실은 어떤 상실보다 조용하게 벌어진다.

팔이나 다리를 잃거나, 5달러 지폐를 잃거나,

아내를 잃으면 반드시 눈에 띄기 마련이지만.

_쇠렌 키르케고르(Sören Kierkegaard)

우리는 무엇을 그토록 걱정할까? 어째서 밤에 잠을 이루지 못
할까? 무엇이 그토록 머릿속을 떠나지 않기에 무감각해지려고 애
쓰는 것일까?

우리는 마치 외출했다가 지갑을 도둑맞았다는 사실을 집에 돌
아오고 나서야 깨달은 사람처럼, 자아를 상실했다는 사실을 전혀
눈치 채지 못하고 있다가 어느 순간 갑자기 깨닫는다.

그래서 그토록 고통스러워하고, 주변 상황이 변해 버려 좌절감
을 느끼고, 살아가며 찾아오는 낯선 감정에 괴로워한다. 그러니 방
향감각을 잃을 만도 하다. 삶을 살면서 잃어버렸던 자신의 조각들,
현재 삶에서 발견할 수 없는 목표, 열정, 꿈의 조각을 찾아 헤매기
때문이다.

어릴 때 살았던 마을을 여러 해가 지난 후에 가 본 적이 있는
가? 이때는 마음을 어루만져 주는 추억을 불러내고 평안함을 느끼
려고 자기 눈애 친숙해 보이는 대상을 열심히 찾기 마련이다. 그래
서 "여기가 내가 다닌 초등학교예요."라고 소리친다. "저 집을 보
세요. 친구 보비가 살던 집이에요. 학교가 끝나면 거의 매일 찾아
가 텔레비전을 보았죠." 우리는 이렇게 친숙한 장소를 발견하고
기뻐하면서 과거를 회상한다.

그러다가 사라져 버린 것을 이내 알아채기 시작한다. "여기 건

물이 하나 있었는데." 그러고는 얼굴을 찌푸리며 옆 사람에게 말을 건넨다. "저기 새로 지은 아파트 건물 보여요? 예전에는 약국이 있었어요. 맙소사! 그렇게 멋진 공원을 없애다니, 정말 어이가 없군요. 거기서 그네를 탔었는데 지금은 가게가 들어서 있네요." 과거에는 무언가가 당당하게 자리 잡고 있었지만 지금은 사라져 버린 자리를 지나면서 어쩔 수 없이 현실을 받아들인다. "세월이 정말 무섭군요."

자신의 조각을 잃어버렸을 때도 마찬가지다. 우리는 마음을 달래 줄 사건을 찾으려 삶을 돌아보지만, 자신이 편안하고 친숙하게 느꼈던 사물과 사람에게서 너무 멀리 떨어져 있다는 사실을 깨닫고 깜짝 놀란다. 그러면서 "왜 이렇게 변하고 말았을까?"라고 의아해한다.

❀

자신이 꿈결에 살고 있다는 사실을 깨닫기 시작하면 엄청난 딜레마에 빠진다. 이때 놀라운 현상이 일어난다. 한편으로 절망하고 다른 한편으로 갑작스럽게 진실을 깨닫는 것이다.

_샘 셰퍼드(Sam Shepard, 미국 극작가이자 배우-옮긴이)

살다가 길을 잃었다는 사실을 희미하게나마 깨닫기 시작하면 모든 현상이 현실과 동떨어진 꿈처럼 느껴진다. 과거와 미래, 확실한 것과 애매한 것, 자신이 생각했던 상황과 실제 상황이라는 두 갈래의 정체성 틈바구니에서 버둥거리느라 어지럽고 균형을 잃어나락으로 떨어지지 않을까 두려워한다. 한쪽에는 절망이, 반대편에는 깨달음이 있다. 우리는 어느 쪽으로든 갈 수 있다.

앞으로 살펴보겠지만 절망에 빠지면 이내 생기를 잃고 무엇이든 거부한다. 이미 잠이 깼는데도 자명종의 일시 정지 버튼을 누르고 다시 잠을 청하는 것과 같다. 원한다면 그래도 되지만 결국 자명종은 다시 울린다.

자명종이 울리는 순간은 잠을 깼다는 사실을 깨닫는 기회이다. 물론 그 순간 깜짝 놀라거나 짜증이 나거나 혼란스러울 수 있지만 말이다. 감각이 점점 돌아온다. 어리둥절하고 마음이 아플 수도 있지만 여하튼 우리는 살아 있다. 이제 주위를 둘러보며 자신이 어디에 있는지 근처에 무엇이 있는지 알아차리기 시작한다.

스스로 알고 있던 자신 너머에, 타인이 기대하는 모습 너머에 진정한 자신이 있다. 과거와 습관, 낡은 지도를 초월한 자신이 있다. 행복으로 향하는 길에서 잃어버려 되찾아야 할 대상은 당신 자신이다. 평생 동안 습관적으로 덮었던 장막을 걷어 내고 찾아야 하는 대상도 당신 자신이다.

전환점과 경고음이 추구하는 진정한 목적은 무엇일까? 강력한 자기 재생의 과정을 시작하게 하고 진정한 목적지로 향하는 방향을 가리키려는 것이다. 새 길이나 개선된 지도를 보여 주려는 것이 아닌 전체적이고 각성한 자신을 바라보게 하려는 것이다.

'통과의례'를 거치다

얼마 전 나는 비행기 여행을 하면서 윌리엄이란 매우 유쾌한 남자와 한 시간가량 이야기를 나누게 되었다. 공교롭게도 윌리엄은 내가 쓴 책을 몇 권 읽었다고 했다. "당신인 줄 알았어요." 그가 흥분해서 외쳤다. "걱정 마세요. 내 문제를 당신한테 털어놓지는 않을 테니까요. 그러려면 몇 시간도 모자라거든요."

그와 만난 것이 운명이라는 생각이 들어 무슨 문제가 있는지 묻자 그는 "모든 게 문제죠."라고 대답했다. 윌리엄은 지난 2년 동안 매우 신망 높은 직업을 그만두었고, 가족 모두와 친구가 사는 고향을 떠났다. 사회사업가가 되려고 다시 학교에 다니기 시작했고, 원래 다니던 교회에 발길을 끊고 다른 교회에 등록했다고 했다.

"나는 서른여섯 살이에요." 윌리엄이 나이를 밝히며 말을 이었다. "그래선지 모두 내가 중년의 위기를 심각하게 겪고 있다고 생각하죠. 주위 사람들은 틈만 나면 내게 '어째서 삶을 그렇게 엉망진창으로 만들어?'라고 물어요. 그럴 때마다 어떻게 대답해야 할지 모르겠어요. 내게 무슨 일이 일어나고 있는지 설명하기가 힘들어요. 나는 그냥 그동안 살아왔던 길을 돌아보고 그것이 진정한 내 모습이 아니었다는 사실을 깨달았고, 그래서 이제부터라도 진정으로 변화해야겠다고 생각했을 뿐이에요."

"그렇게 결정하고 나서 행복해졌나요?" 내가 물었다.

"결국은 행복해지겠죠. 지금 내 삶은 너무나 극적인 사건들로 뒤죽박죽이거든요. 지난 몇 년 동안 내내 그랬어요."

"삶의 지혜를 배우고 있을 때는 삶이 뒤죽박죽처럼 느껴질 때가 많아요." 내가 언급했다. "당신이 너무나 많은 경험을 하고 있기 때문에 지금 당장은 삶이 엉망처럼 보일 수 있지만 실제로는 그저 배우는 중이라서 그렇게 보이는 거예요."

대화를 시작하고 처음으로 윌리엄이 씩 웃었다. "그렇게 생각해 본 적은 없었어요. 그러니까 당신이 생각하기에는 내가 중년의 위기를 겪는 게 아니라는 말이죠?"

"그래요. 스스로 알지 못할 뿐 강력한 통과의례를 겪고 있는 겁니다. 지혜의 새 시대로 들어선 거죠. 당신의 내면이 달라지면서 밖으로 보이는 삶도 새로운 깨달음을 완전히 반영하게 만드는 과정을 거치고 있는 거예요."

윌리엄의 얼굴에 나타난 표정에 감동해 코끝이 찡해 왔다. 나는 윌리엄이 반드시 들어야 하는 말을 해 주었다. 그가 겪는 재생의 반대편에 속한 사람들은 누구도 그를 환영하지 않았고, 그토록 고통스러운 진실을 당당하게 마주하고 미지의 세계로 뛰어드는 용기를 칭찬하지 않았다. 나는 새 삶에 발을 디딘 그를 환영한 첫 번째 사람이었다.

어떤 명칭을 붙이든 통과의례는 살아가며 반드시 거쳐야 한다. 삶의 한 단계를 떠나 다른 단계로 들어가는 통로이기 때문이다. 전통 사회는 통과의례처럼 구성원이 지혜를 얻는 시기를 정하고 정식으로 의식을 치러 기념했다. 대상자는 의식의 문을 열고 이를 바꾸기 위해 신비하고 영적인 성년 의식을 거쳤다. 고대 미국 원주민 문화에

속했던 젊은이들은 영혼의 세계와 교류하는 의식을 치렀다. 이러한 의식은 수천 년 동안 내려오면서 인간 사회에 필요한 일부가 되어 개인이 자신의 변화를 이해하고 여기에 의미를 부여할 수 있도록 도왔다.

현대 서구 사회에도 여러 형태의 통과의례가 있다. 이러한 의례의 대부분은 파티 형식을 빌린다. 아이를 위한 성대한 생일 축하 파티, 중고등학교의 화려한 졸업 파티, 값비싼 결혼식, 기념일 축하 오찬, 은퇴식 만찬 등을 예로 들 수 있다. 이는 외적으로 일어나는 변화, 예를 들어 특정 나이가 되거나 허용된 사회 관습에 참여하게 되거나 일정한 경제적 수준을 달성하게 되었다는 표시다.

나는 오늘날 통과의례의 문제를 이렇게 파악했다.

막연하고, 눈에 띄지 않고, 불특정한 통과의례를 자기도 모르는 사이에 거치는 사람이 많다. 하지만 우리 사회에는 진정한 내면의 변화를 축하하는 의식이 없다.

앞서 설명했듯 우리 사회에는 개인이 겪는 경험에 붙이는 이름이 없다. 자신이 통과의례를 겪고 있음을 알지 못하는 사람은 살아가면서 더 쉽게 방향을 잃고 낙담한다. 강력한 자기 변화를 한창 겪고 있는데도 이를 실패나 나약함의 표시로 오해하거나 일종의 정신 이상으로까지 잘못 해석할 수 있다. 통과의례를 힘들게 거치고 나서도 그러한 사실조차 깨닫지 못하고 자기 내면 깊숙이 일어난 변화를 전혀 눈치채지 못할 수도 있다.

지혜를 추구하는 내면의 통과의례를 사회가 이해하지 못하고 잘못된 꼬리표를 붙일 수도 있다. 그래서 윌리엄의 친구와 가족은 윌리엄의 삶이 산산조각 나고 있다고 생각했던 것이다. 이처럼 진정한 자아 탐구에 '중년의 위기'라는 불명예스러운 꼬리표가 붙는 일이 많다.

중년의 위기는 잘못된 명칭이다. 중년의 깨달음이라 불러야 한다. 이는 삶에서 맞이하는 결정적 지점에서 우리를 새로 태어나게 해 주는 감정적 연금술이다.

위대한 영혼 추구의 순간에 중년의 위기라는 꼬리표를 붙인다면 과거 삶이 '정상'이고, 깊은 자기반성과 재평가는 위대한 깨달음의 결과가 아니라 불안정한 정신 상태와 일시적인 혼란에서 온 것이라는 말이 된다. 하지만 과거 삶이 위기가 아니었다고 할 수 있을까?

통과의례는 삶을 변화시키는 과정이다. 통과의례를 거쳐 우리는 처음에는 낯설고 혼란스러워 보이더라도 그 길을 따라 내면 깊숙이 들어갈 수 있다. "나는 어디로 가고 있을까?" 자신이 가던 길을 벗어나 예상하지 못했던 장소로 방향이 틀리면 불안하고 미심쩍어진다. 앞에 놀라운 선물이 기다리고 있다는 내 말을 들으면 믿겠는가?

❦

내 이웃이자 친구인 톰 캠벨은 세계적으로 유명한 해양 야생동물 사진작가이자 영화 제작자로 정말 멋진 사람이다. 톰은 바다 세계의 경이 특히 상어의 놀라운 모습을 촬영하기 위해 이국적이고 머나먼 지역의 바닷속을 탐험한다. 어느 날 내가 책의 일부를 마무리할 아이디어가 떠오르지 않아 책상 앞에서 고민하고 있을 때 문 두드리는 소리가 들렸다. 톰이었다. 안부를 물으려 들렀다는 그는 기가 막힌 이야기 하나를 전해 주었다.

최근 톰은 집을 한 채 사려고 뉴질랜드를 여행했다. 어떤 집을 살 것인지는 떠나기 전부터 머릿속에 그려 두고 있었다. 바다가 보이는 넓은 부지에 외따로 들어선 고요한 집이었다. 뉴질랜드에 따로 아는 사람은 없었지만 매물을 보여 줄 수 있는 부동산 중개업자도 물색해 두었다.

톰은 북섬에 있는 오클랜드에 도착해 자동차를 빌리고 부동산 중개업자를 만났다. 중개업자가 매물 몇 점을 보여 주었지만 톰이 생각했던 집과는 거리가 멀었다. "그때 본 집들은 하나같이 도시에서 너무 가까웠어요." 톰이 설명했다. "그래서 몇 시간 동안 북쪽으로 차를 몰아 인구가 적은 한적한 지역을 찾아보기로 마음먹었죠. 딱히 둘러볼 매물은 없었지만 최소한 북쪽에 있는 시골의 분위기는 파악할 수 있으리라 생각했어요." 그는 계획을 자세히 세우지도 않고 지도 한 장만 달랑 들고 길을 떠났다.

톰은 섬의 최북단까지 가 볼 생각으로 자동차를 몰면서 중간에 흥미로워 보이거나 경치가 멋있는 곳이 나오면 차를 세우고 둘러보았다. 네 시간 정도 달렸을까, 잠시 쉬면서 지도를 보다 보니 마음에 쏙 드는 만이 눈에 띄었다. 지도대로라면 주요 고속도로에서 갈라진 작은 길을 따라가면 다다를 수 있었다. 길이 갈라지는 지점은 이내 찾을 수 있었다. 하지만 이후 여러 차례 방향을 틀다가 그만 길을 잃고 말았다.

"너무 당황했어요." 톰이 말을 이었다. "도대체 내가 어디에 있는지 알 방법이 없었죠. 지도도 도움이 되지 않았어요. 오클랜드로 향하는 고속도로에 진입할 방법이라도 알아내려고 길 한편에 차를 세웠죠. 그때 갑자기 자동차 한 대가 와 서더니 어떤 여자가 차창을 내리면서 무슨 일이냐고 묻는 거예요. 낯선 남자가 주위를 기웃거리니 당연히 궁금했을 테죠. 나는 곧이곧대로 대답했어요. 뉴질랜드에 집을 사고 싶어서 캘리포니아에서 왔는데 지도를 보면서 만을 찾아가다가 길을 잃었다고 말이죠.

그런데 여자가 약간 놀란 듯한 얼굴로 나를 잠시 보더니 자신은 부동산 중개업자이고, 언덕 꼭대기에 사는 부부가 집을 내놓겠다고 해서 방금 그들을 만나고 오는 중이라고 말했어요. 나는 바로 어떤 집인지 물었죠. 그랬더니 바다가 눈앞에 펼쳐지는 넓은 대지에 들어선 집이고, 게다가 내가 찾고 있는 바로 그 만에 있다는 거예요. 마음속으로 그렸던 집과 정말 비슷했기 때문에 그 집을 지금 볼 수 있겠느냐고 물었죠.

중개인 여자는 집이 아직 매물 명단에 올라가지 않았기 때문에 집주인에게 물어봐야 하지만 애써 보겠다고 했어요. 결국 어찌어찌해서 집주인 부부가 한 시간 동안 집을 비워 주기로 했어요. 길 한편에서 우연히 만난 정신 나간 남자에게 그 중개인은 집을 보여 주게 된 거죠." 톰은 환하게 웃으며 말했다. "집을 보자마자 내가 찾던 집이라는 확신이 들었어요. 그래서 중개인에게 '내가 살게

요.'라고 말했죠. 처음에는 농담이라고 생각하더군요. 그래서 정말 사고 싶다고 진지하게 몇 번이나 말해야 했어요. 그러고 나서 집으로 돌아온 부부와 가격을 흥정했죠."

톰은 서류 가방을 열어 사진 한 장을 꺼냈다. "그 집을 찍은 사진이에요." 톰이 뿌듯해하며 사진을 건네주었다. 톰이 상상한 그대로, 집은 푸릇푸릇한 언덕 꼭대기에 바다를 굽어보며 서 있었다. 톰은 꿈에 그리던 집을 찾았고 나는 그 덕택에 책에 쓸 아이디어를 얻었다.

"정말 신기했어요." 톰이 방을 나서며 말했다. "길을 완전히 잃었는데, 있는지조차 몰랐던 아름다운 집을 찾다니 말이죠."

나는 이렇게 대답했다. "당신은 사실 길을 잃지 않았어요. 길을 잃었다고 생각했을 뿐이죠. 실제로는 진짜 목적지에 도착했던 거예요."

❀

톰이 자기 집을 물색하고 발견한 얘기는 감동적이고 신비하며 심오하다. 그가 자기 꿈을 찾아 나서지 않았다면, 가다가 길을 잃지 않았다면 자신이 찾고 있던 집을 결코 발견할 수 없었을 것이다.

우리가 찾고 있는 대상이 손수 찾아와 문을 두드리기도 한다. 또는 우리가 길을 잃어 결코 찾을 수 없으리라 생각하고 걸음을 멈춰 선 자리의 모퉁이에 있을 때도 있다.

우리가 찾고 있는 대상은 우리가 오래된 지도에서 눈을 들어, 있

으리라 상상할 수 없었던 무언가가 그리 멀지 않은 곳에 있다는 사
실을 깨닫기를 기다린다.

　당신은 길을 잃지 않는다.
　지금도 길을 잃지 않았다.
　지금 걷는 길을 따라가면 다음에 가야 할 길이 차례대로 나타나
고 그렇게 길을 따라가다 보면 일정에 없었지만 멋진 목적지에 기
적처럼 도달할 것이다.

4
진실과 숨바꼭질하기

사람들은 이따금 진리에 차여 비틀거리지만
대부분 얼른 몸을 추스르고 아무 일 없었다는 듯
서둘러 길을 떠난다.
– 윈스턴 처칠(Winston Churchill)

내가 쓴 우화로 이 장을 시작하려 한다.

인도의 깊은 정글에서 잔뜩 성이 난 커다란 코끼리가 여러 마을
을 짓밟더니 이번에는 강이 좁아지는 지역 근처에 자리한 작은
마을로 향했다. 이 소식을 들은 마을 사람들은 너무 놀라 어찌
할 바를 몰랐다. "현명한 스승과 그 제자들에게 조언을 구해야 해
요." 한 사람이 제안했다. 그래서 마을을 대표하는 무리가 제물을
준비해서, 스승과 그 제자가 사는 수수한 오두막을 찾아가기로 결
정했다.

늦은 오후, 저녁 예배가 막 끝났을 무렵 마을 대표들은 스승에게 경의를 표하며 다가가 시간을 내 줄 수 있는지 물었다. 제자 네명과 함께 앉아 있던 스승은 부드럽게 미소 지으며 들어오라고 말했다. 마을 대표들은 떨리는 목소리로, 성난 코끼리가 마을을 향해 오고 있다고 하소연했다. "스승이시여. 무엇을 해야 할지 모르겠습니다. 부디 방법을 일러 주십시오."

스승은 잠시 눈을 감았다가 뜨더니 "이 문제에 대해 제자들이 어떻게 생각하는지 들어 봅시다."라고 말했다. 자기 지식을 뽐낼기회를 얻어 신이 난 제자들은 벌떡 일어나 옷에 붙은 먼지를 털며 목청을 가다듬었다.

첫 번째 제자가 말했다.

"사실 코끼리가 언제 도착할지 아무도 모릅니다. 아직 도착하지 않았으니 곧 들이닥치리라 말할 수도 없습니다. 코끼리는 몸집이 매우 커서 빨리 움직일 수 없어요. 그러니까 지레 겁먹을 필요가 없습니다. 그때까지 코끼리의 공격을 막을 준비를 하면 됩니다. 우선 위원회를 만들어 덫을 놓고 코끼리를 잡을 방법을 찾아내야죠. 한쪽에서는 음식을 요리해서 냄새를 피워 코끼리를 꾀어내고, 또 한쪽에서는 겁을 줘서 코끼리를 쫓아내는 방법을 생각해 냅시다. 할 일이 많으니 이제 말은 그만하고 신속하게 움직이는 것이 좋겠습니다."

이번에는 두 번째 제자가 말할 차례였다.

"마을로 오고 있는 코끼리가 나쁜 녀석이라 섣불리 단정하는 말을 들으니 마음이 아픕니다. 코끼리가 우리에게 축복을 주려고 오는 중일 수도 있지 않나요? 경전에도 분명히 나와 있듯 코끼리는 매우 상서로운 존재예요. 아마도 무지한 마을 사람 몇몇이 무섭다고 호들갑을 떠는 바람에 코끼리를 화나게 했을 겁니다. 나는 코끼리가 사람에게 해를 끼치지 않으리라 믿어요. 아무 사고도 일으키지 않고 마을을 지나칠 거예요. 그러니 전혀 걱정하지 않아도 됩니다."

이때 세 번째 제자가 성난 목소리로 외쳤다.

"당신들이 여기 와서 코끼리의 미친 짓에 대해 우리가 무언가를 해 주기를 바라다니 정말 화가 납니다. 이러한 상황이 벌어졌다고 우리를 원망하는 겁니까? 마을이 해를 입지 않도록 적절한 보호 의식을 수행하지 않았다고 추궁하는 겁니까? 이런 식으로 스승님을 모욕하다니요! 당신들은 우리를 손가락질하지 말고 스스로 매일 기도해야 합니다. 돌아가서 각자 할 일을 하고 우리를 그냥 내버려 둬요."

네 번째 제자가 말할 차례가 되었다.

"이것은 분명히 속임수예요. 당신들은 진실을 말하지 않고 있어요. 코끼리가 오고 있다는 증거가 없지 않습니까? 이렇게 허무맹랑한 말은 믿지 않겠습니다. 나는 이곳 그늘에 앉아 완벽하게 좋은 세월을 보내고 있어요. 당신들이 거짓말을 지어 내서 내가 누리는 평온을 흩뜨린다면 용서하지 않겠습니다."

뚜렷하게 다른 네 가지 대답에 혼란스럽고 마음이 심란해진 마을 대표들은 제자들의 말을 조용히 듣고 있는 스승을 바라보았다. 마을 대표들은 스승이 진리를 말해 자신들을 일깨워 주리라 바라면서 입을 열었다. "스승이시여, 어떻게 생각하시는지 제발 말씀해 주십시오."

스승은 갑자기 자리를 박차고 일어나 지팡이를 짚으며 이렇게 외쳤다.

"내 생각은 이렇소. 성난 코끼리가 오고 있으니 소지품을 챙겨 도망치시오!"

인간은 완고한 동물이다. 경고음이 매우 큰데도 아랑곳하지 않을 때가 있다. 너무나 분명하게 전환점에 도달했는데도 방향을 바꾸지 않을 때가 있다. 내면에서 변화하라는 외침이 뚜렷하게 울리는데도 친숙한 대상에 고집스럽게 매달린다. 어떻게 이럴 수 있을까? 어쩌다 자신을 비참하게 만드는 관계, 성취감을 전혀 느끼지 못하는 직업, 자신에게 좋지 않은 상황에 그토록 오래 집착할까? 어째서 야생 코끼리가 다가오고 있다는 사실을 알아차리지 못할까? 어째서 현재 걸어가고 있는 길에서 결코 벗어나려 하지 않을까? 어쩌다 그토록 빼도 박도 못하게 되었을까?

바로 진실을 외면하고 있기 때문이다.

�֍

나는 대학교 2학년 때 오랫동안 엄청난 자기반성의 시기를 겪었다. 당시에는 혼자 있는 것이 좋았다. 낡은 집의 작은 원룸에서 생활하면서 날마다 혼자 책을 읽고 시를 쓰고 명상하면서 내 삶을 이해하려 애썼다. 1학년 때 사귀었던 친구들이 같은 집에 여럿 살고 있어서 가끔씩 내 방문을 두드리며 물었다. "바바라, 방에 있니? 지금 놀러 나가려는데 같이 갈래?" 문밖에서 사람 목소리가 들리면 나는 놀라고 겁이 났다. 그래서 방에 없는 것처럼 보이려고 최대한 잠자코 있었다. 친구들은 다시 문을 두드리다가 이내 포기하고 가 버리곤 했다.

방에 숨죽이고 앉아서 방문 밖에 서 있는 친구들의 목소리를 들을 때 기분이 어땠는지 지금도 생각난다. 가슴이 뛰고 숨이 가빠져서 친구들이 떠나고 나서야 겨우 안도의 한숨을 쉴 수 있었다.

어째서 친구들에게 혼자 있고 싶다고 당당하게 말하지 못했을까? 친구들이 문을 두드렸을 때 어째서 그토록 심하게 마음이 요동쳤을까? 무엇이 그렇게 두려웠을까?

대답은 간단하다. 친구들을 마주하기 싫었던 것이다. 당시에는 마음이 너무 복잡해서 일일이 설명하기가 힘들었다. 나 자신을 반성하는 데 힘을 쏟고 싶었는데 친구들을 만나면 너무 많은 에너지를 빼앗기는 것 같았다. 지금 생각하면 방에 꼭꼭 숨어서 문 두드리는 소리에 대답조차 하지 않다니 무례하고 마치 광장 공포증이라도 앓는 환자 같다. 하지만 그 무렵 나는 외부의 시선을 전혀 신경 쓰지 않았다. 친구들의 얼굴을 마주하기보다는 차라리 외면하는 편이 훨씬 쉬웠다.

우리들 대부분은 불쾌하거나 견디기 힘든 현실을 정면으로 맞서고 싶지 않아 이를 외면해 버린다.

환영받지 못하는 손님과도 같은 진실은 우리 의식의 문을 두드리며 우리에게 닿으려 하고, 우리를 잠에서 깨우려 하고, 몸을 숨기고 있는 우리를 끌어내서 새 길과 방향을 보여 주려 하지만, 우리는 진실이 문밖에 있다는 사실을 알면서도 대답하지 않는다. 우리는 겁을 내고 무서워한다. 우리 주의를 끌려고 애쓰는 진실이 무엇이든 간에 끈질기게 외면하다 보면 사라지리라고 의식적으로든 무의식적으로든 바란다.

우리는 밖에 무엇이 있는지 확인하려고 문을 빠끔히 열기도 하지만 아무것도 들여보내지 않는다. 다시 문을 닫고 자기 일에 몰두하면서 진실이 문밖에 그대로 서 있다는 사실을 모르는 척 외면한다. 진실을 외면하는 태도가 습관으로 굳어져 진실이 문을 두드리는 소리도 듣지 못하고 진실이 영원히 사라졌다고 확신하기도 한다.

우리도 고집이 세지만 진실은 더 고집불통이다. 진실은 인내심 또한 무궁무진해서 계속 문을 두드릴 것이다. 우리가 더 이상 외면할 수 없어 할 수 없이 메시지를 받을 때까지 끊임없이 두드릴 것이다. 진실과 힘을 겨루면 결국 우리가 패배하기 마련이다. 그때까지 우리는 진실을 회피하고 외면하는 데 전문가가 된다. 하지만 이러한 전문성은 오히려 우리를 고통의 늪으로 인도할 뿐이다.

회피하는 태도는 의미 있고 진정으로 친밀한 관계를 형성하지 못하게 막는다. 명쾌한 생각과 창의성을 해친다. 순간순간 온전히 존재하는 능력을 빼앗아간다. 우리는 스스로 관심을 꺼서 고통을 피하고 있다고 생각하지만, 결국 고통에 시달리고 혼란을 겪고 불행에 빠진다.

현실과 숨바꼭질

누가 더 어리석을까? 어둠을 무서워하는 아이일까? 빛을 무서워하
는 어른일까? _모리스 프리힐(Maurice Freehill, 미국의 교육자-옮긴이)

나는 어렸을 때 숨바꼭질을 좋아했다. 친구나 부모님에게 20까
지 세라 말하고는 이리저리 뛰어다니며 숨을 장소를 찾았다. 옷장
안에, 침대 밑에, 소파 뒤에 숨어서 터져 나오는 웃음을 억지로 참
으며 술래가 나를 찾을 수 있을지 마음 졸이며 기다렸다. 술래가
나를 찾지 못하면 처음에는 승리감을 느꼈지만 이내 불안해졌다.
술래가 놀이를 그만두고 나를 까마득하게 잊은 채 다른 곳으로 가
버릴까 봐 걱정하기 시작했다. 그냥 나갈까? 소리를 내서 내가 있
는 곳을 귀띔해 주어야 할까? 대체 술래는 어디 있을까?

어째서 우리는 그토록 조바심을 낼까? 우리를 만족시키는 것은
숨는 행위 자체가 아니라, 문이 열리거나 옷 더미가 파헤쳐지거나
커튼이 젖혀지면서 술래에게 들켰을 때 물밀듯 찾아오는 전율과
기쁨이다. "들켰다!" 우리는 기뻐서 어쩔 줄 몰라 하며 소리 지른
다. 이것이 바로 숨바꼭질의 진정한 묘미다. 결국 우리는 술래에게
들키기를 바란다.

성인인 우리는 현실과 숨바꼭질한다. 현실은 우리를 찾으려 하
고 우리는 젖 먹던 힘을 다해 현실을 피한다. 우리가 직면한 현실
은 예상했거나 희망했던 현실과는 다르다. 우리는 현실이 자기 삶
에 미칠 결과를 두려워한다. 의식의 문을 두드리는 진실의 부름이

너무나 고통스러워 무슨 수를 쓰더라도 회피하려 한다. 술래에게 들키기를 간절히 바라는 아이와 달리 우리는 들키고 싶어 하지 않는다. 그래서 자신을 집요하게 쫓아다니는 불쾌한 현실에게 자신의 심리적 피난처를 들키지 않으려고 정교하게 전략을 짠다. 이렇듯 우리는 생각과 행동을 거쳐 능숙하게 딴청을 부리며 거부의 기술을 현란하게 발휘한다.

우리가 진실을 그토록 두려워하는 이유는 무엇일까? 그토록 자주 진실에서 도망치는 이유는 무엇일까? 대체 우리가 두려워하는 대상은 무엇일까?

우리는 그동안 시간을 낭비해 왔다는 사실을 깨달을까 봐 두려워한다.

우리는 실수를 저질렀다고 인정해야 할까 봐 두려워한다.

우리는 삶의 방향을 바꿀 때 타인이 그것에 관해 어떻게 생각할지 두려워한다.

우리는 고통을 안겨 주지만 친숙한 어떤 것을 잃을까 봐 두려워한다.

우리는 집착하고 있는 대상을 일단 내려놓으면 다시는 집착할 만한 대상을 찾지 못할까 봐 두려워한다.

우리는 타인과 자신에게 어리석어 보일까 봐, 비웃음거리가 될까 봐, 열등해 보일까 봐, 무가치하다고 여겨질까 봐 두려워한다.

우리는 사랑하는 사람을 실망시키거나 그들의 마음을 다치게 할까 봐 두려워한다.

우리는 무어라고 이름조차 붙일 수 없는 대상을 비롯해 너무나 많은 것을 두려워한다.

※

수세기에 걸쳐 수피 스승들은 인기 있는 수피 성자이자 민족적 영웅인 물라 나스루딘(Mullah Nasrudin)에 얽힌 재미있고 일상적인 모험 얘기를 즐겨 인용해 심오한 정신적 교훈을 가르쳐 왔다. 나스루딘의 모험담 가운데 내가 개인적으로 좋아하는 얘기를 소개하려 한다.

물라 나스루딘은 집을 떠나 멀리 여행하다가 어느 자그마한 마을에 이르렀다. 여행하느라 목이 말라, 온갖 음식을 파는 광장으로 발길을 옮겼다. 광장 한편에는 커다랗고 붉게 반짝이는 이국적 과일이 쌓여 있었다. 나스루딘은 독특하게 생긴 그 과일에서 눈을 떼지 못했다.

"과일이 특이하게 생겼군요." 나스루딘은 상인에게 다가가 말했다. "한 바구니 모두 사겠어요. 너무 배가 고프고 갈증이 나서요." 상인은 나스루딘이 내민 동전을 아무 말 없이 받아들고 붉은 과일 바구니를 건넸다. 나스루딘은 많은 과일을 싸게 사서 대단히 흡족해하며 광장을 나섰다. 그는 길을 가다가 앉을 만한 곳을 찾아 자리를 잡은 다음 과일을 먹기 시작했다.

과일 하나를 덥석 물자 마치 불을 삼킨 것처럼 입속이 타들어 갔다. 뺨을 타고 눈물이 주르르 흘러내리고 얼굴이 빨갛게 상기되었다. 거의 숨도 쉴 수 없었다. 하지만 바구니에 남아 있는 과일을 계속 꾸역꾸역 먹었다.

마을 사람 하나가 길을 지나가다가 눈물을 흘리고 있는 나스루딘을 보고 걸음을 멈추고는 "선생님, 무엇을 하고 계십니까?"라고 물었다.

"나는 이 과일이 맛있으리라 생각했어요." 나스루딘은 헉헉거리며 대답했다. "그래서 많이 샀죠."

"하지만 그건 과일이 아니라 매운 고추랍니다." 마을 사람이 딱하다는 표정으로 말했다. "그렇게 많이 먹으면 몸이 상할 텐데요."

"그럴 것 같아요." 나스루딘은 훌쩍였다. 하지만 타들어 가는 입속으로 고추를 또 집어넣었다. "그래도 다 먹어야 한답니다."

"당신은 정말 고집 센 바보로군요!" 마을 사람은 나스루딘을 이해할 수 없었다. "어째서 고추라는 사실을 알았는데도 계속 먹는 건가요?"

"나는 고추를 먹고 있는 게 아니라," 나스루딘이 슬픈 목소리로 설명했다. "내 돈을 먹고 있는 거랍니다."

나스루딘에 얽힌 얘기가 늘 그렇듯 이 이야기도 어리석은 동시에 실제 있었을 법하지 않은 상황을 설정해서 우리에게 진지한 교훈을 전달한다.

관계나 경력, 의사 결정, 선택에 시간과 공을 많이 들였지만 자신이 예측한 대로 상황이 펼쳐지지 않는다는 사실을 깨달을 때,

우리는 실수를 했다고 인정하기보다는 하고 있는 일을 고집스럽
게 계속할 때가 많다.

"내가 어쩌다 여기에 이르렀을까? 이제는 무엇을 해야 하지?"
라고 자문하고 대답을 깨달아 갈 때조차 새로운 진실에 직면하고
방향을 새로 틀기가 매우 고통스러울 수 있다. 또한 사람이든 직업
이든 우정이든 신념이든 습관이든 아니면 달콤한 과일로 착각한
매운 고추 바구니든 스스로 감정을 쏟았던 대상을 내려놓기는 매
우 고통스러울 수 있다. 우리는 자신이 실수했다거나 시간과 에너
지, 돈과 애정을 낭비했다고 느끼기 싫어한다. 무언가 잘못했다는
눈초리로 쳐다보는 타인의 눈길을 자존심이 허락하지 않는다. 그
래서 우리는 나스루딘처럼 행동한다. 다시 말해 실제 일어나고 있
는 현상을 외면하고 부정하면서 자기 입과 가슴과 영혼에 불이 붙
는 한이 있어도 계속 고추를 먹는다.

네 가지 부정

중독을 겪을 때나 건전하지 못한 행동을 할 때 부정이 어떤 양상
으로 나타나는지에 관한 글은 많다. '부정(否定)'이라는 용어는 자
신에게 마약이나 알코올 중독 문제가 있다는 사실을 거부하는 사
람들을 설명하면서 널리 사용되기 시작했다. 하지만 넓게는 자기
가치와 정서적 생존을 위협하는 아픈 현실을 거부하려는 심리적

방어 양상을 가리킨다.

노골적인 부정은 물론 식별하기 쉽다. 중독자들은 잠자리에서 일어날 수 없으면서도 직장에서 받은 스트레스로 지쳤을 뿐이라고 고집한다. 폭력에 시달리는 여성은 자기 얼굴에 든 멍이 남편 때문이 아니라 한 달에 세 번씩이나 그것도 우연히 문턱에 걸려 넘어져 생긴 것일 뿐이라고 친구들에게 변명한다. 남자 친구에게서 일주일 넘게 아무 연락도 받지 못한 여성은 한밤중에 집으로 전화해도 통화가 되지 않았지만 남자 친구가 그냥 바쁠 뿐이라고 자신에게 되뇐다.

우리는 이러한 예를 읽으면서 자신은 현실을 직시하고 있기 때문에 그처럼 심각한 부정의 상황에 처하지 않으리라 안심한다. 그러나 부정하는 행위는 무척 교묘해서 위장하면 매우 위험하면서도 알아차리기 힘들 때가 있다. 자신이 의식 있고 깨어 있다고 생각하는 사람조차도 위장한 부정을 부정으로 인정하지 않을 수 있다. 다른 사람이 현실을 외면하면 금세 알아차려도 자신이 그렇다고 깨닫기는 훨씬 어렵다. 자신이 현실을 외면하고 있다는 사실 자체를 외면하기 때문이다!

나는 현실을 외면하는 네 가지 방식을 밝혀내고 여기에 이름을 붙였다.

1. 몰두형 부정

2. 이상적 부정

3. 분노형 부정

4. 무조건적 부정

네 가지 부정 방식은 직면하고 싶지 않은 현실, 예상하지 못했던 경고음, 견디기 힘든 전환점, 혼돈스러운 갈림길을 맞아서 사용하는 전략이다.

앞서 소개한 코끼리 이야기에 등장하는 네 제자를 예로 들어 보자. 제자들은 네 가지 부정 방식을 대표한다.

첫 번째 제자가 보인 몰두형 부정은 코끼리가 도착할 때를 대비해야 한다는 생각에 지나치게 몰두한다. 두 번째 제자의 이상적 부정은 코끼리에 관한 이성적 개념에 눈이 멀어 위협을 심각하게 받아들이지 않는다. 세 번째 제자의 분노형 부정은 코끼리가 오고 있다는 소식에 화를 내며 방어적인 태도를 보이고, 마을 사람들이 자신을 공격한다고 생각해서 역공을 펼친다. 네 번째 제자의 무조건적 부정은 겁에 질려 마을 사람들의 말이 사실인지 아닌지 따져 볼 생각도 못하고 무소신 완전히 차단한다.

마을 사람들이 말하는 진실, 다시 말해서 분노한 코끼리가 마을로 다가오고 있으므로 목숨을 건지고 싶으면 즉시 몸을 피해야 한다는 사실에 진심으로 귀를 기울인 사람은, 깨달음을 얻었고 사람의 사고를 제한하는 온갖 유형과 반응을 벗어던진 현명한 스승뿐이었다.

위와 같은 네 가지 부정 형태로 주변 사람과 자신의 행동 유형을 판단할 수 있다.

몰두형 부정

진실이 문을 두드리면 그대는 이렇게 대답한다.
"가 버려라. 나는 진실을 기다리고 있다."
그래서 진실은 가 버리고 만다.

_로버트 퍼시그(Robert Pirsig),
《선(禪)과 오토바이 관리술(Zen and the Art of Motorcycle Maintenance)》의 저자

한때 나는 친구와 농담을 주고받으면서 티셔츠에 '지금 내게 진실을 말하지 마. 나 바빠!'라고 인쇄해서 팔 생각이라고 말한 적이 있다. 친구는 깔깔거리며 그런 티셔츠라면 누구라도 한 장씩 살 테니 금방 부자가 되겠다고 받아쳤다. 내가 이러한 표현을 생각해 낼 수 있었던 이유는, 사람들이 현실을 부정할 때 흔히 사용하는 방식을 여러 해 동안 관찰했기 때문이다. 우리는 지나치게 바쁘고 몰두해 있어서 현실에 대처하지 못한다.

늘 무언가에 몰두하는 분주한 생활이 현대인의 특징이라고 말하는 사람도 있을 것이다. 현대인은 끊임없이 무언가를 하고 사들이는 동시에 일을 더 많이 하려고 계획을 세운다. 아이들조차도 무리한 일정에 아등바등하면서 발레 레슨을 받고 축구 연습을 하고 놀이 모임에 가고 수학 과외를 받는다. 게다가 이렇게 바쁜 와중에도 휴대전화로 친구들과 쉴 새 없이 문자를 주고받는다. 바쁘게 활동하는 것은 가장 고상하면서도 만족스럽게 현실을 외면하는 방법이다. 눈앞에 펼쳐진 현실을 직시하기 싫어서가 아니라 당장은

그럴 만한 시간이 없다고 둘러댈 수 있기 때문이다. 우리는 너무 분주한 나머지 현실을 똑바로 바라볼 수 없다.

얼핏 보면 몰두형 부정은 부정이 아니라 오히려 칭찬받을 행동으로 보인다. 일에 몰두하므로 책임감 있고 헌신적이고 의욕이 넘치는 일꾼으로 보인다. 자녀 문제에 몰두하므로 자신을 돌보지 않고 자녀에게 정성을 기울이는 헌신적인 부모로 보인다. 교회, 자선, 모금 활동에 몰두하므로 이타적이고 인도주의적이며 가슴에 비전을 품은 사람으로 보인다. 이러한 행동을 누가 반박할 수 있을까? 누가 비판할 수 있을까? 이러한 사람은 현실을 부정하는 것이 아니라 그저 좋은 사람일 뿐이다.

몰두형 부정을 보이는 사람은 흔히 이렇게 말한다.
"_____해야 한다는 것을 알지만
_____때문에 지금은 그렇게 할 때가 아니다."

나는 몰두형 부정을 보이는 사람의 마음 상태를 설명하기 위해 세미나에서 다음 도표를 사용한다. 도표의 각 칸에서 항목을 하나씩 골라 말을 만들면 사람들은 대부분 이치에 맞고 납득할 만한 말이라 생각한다.

_____ 해야 한다는 것을 안다.	_____ 때문에 지금은 그렇게 할 때가 아니다.
결혼 문제를 해결해야 한다.	업무 때문에 엄청난 중압감에 시달린다.
담배를 끊어야 한다.	사고로 친구를 잃은 충격에서 겨우 벗어나고 있다.
화를 다스리도록 노력해야 한다.	요즈음 집을 수리하고 있다.
이혼해야 한다.	딸이 졸업하려면 2년 남았다.
직장을 그만두어야 한다.	어머니를 모시고 살게 되었다.
어린 시절 겪었던 정신적 충격을 극복할 수 있도록 도움을 받아야 한다.	내년에 결혼하므로 결혼식 준비를 해야 한다.
남편이 저지른 부정행위에 대해 담판을 지어야 한다.	10주년 결혼기념일이 다음 달이다.
복직해야 한다.	폐경기에 찾아온 얼굴 홍조로 생활이 불편하다.
의사를 찾아가 건강 문제에 대처해야 한다.	올해 학교 음식물 기부 행사의 책임자가 되었다.
이혼하고 나서 다시 데이트를 시작해야 한다.	아들의 성적이 떨어지고 있어 도와주어야 한다.
좀 더 안전한 아파트로 이사 가야 한다.	대학원 입학시험 준비를 하고 있다.
부부의 성생활 문제로 치료를 받아야 한다.	남편이 허리가 아프다.
운동을 시작해야 한다.	크리스마스가 다가오고 있다.
남자 친구와 헤어져야 한다.	예전에 예약해 놓은 해외여행이 3개월 앞으로 다가왔다.

도표에 열거한 이유는 타당하다. 누구나 자신만의 이유를 댈 수 있을 것이다. 하지만 이러한 이유 또한 스스로 주의를 기울여야 하는 현실을 외면하기 위한 변명에 불과하다. 타당하기는 하지만 어디까지나 핑계다. 앞서 언급했듯 예상하지 못했거나 불쾌한 현실을 직면하기에 괜찮은 시기란 없다. 언제 현실을 직면하건 마음이 산란하고 불편할 뿐 아니라 스스로 정한 할 일 목록이 흔들리기는 마찬가지다.

몰두형 부정에 빠지기 쉬운 사람들은 성과에 목을 매고 타인의 관심을 받으려고 일에 몰두해서 활동을 줄이지도 못하고 실제로 멈추지도, 가만히 있지도 못한다. 아마도 어린 시절부터 품고 있었을 깊은 공허를 메우기 위해 끊임없이 성과를 내고 타인의 칭찬을 들으려 할 것이다. 그래서 그들은 직원으로, 자원봉사자로, 친구로, 부모로, 조력자로 지칠 줄 모르고 일한다. 그들은 거절하지 못하고 모든 일과 사람을 받아들인다. 단 한 가지, 자기 가슴에서 울리는 외침만 거부한다.

※

내 친구이자 유명한 화가인 메리 제인은 매우 젊었을 때 로렌스와 결혼했다. 제인의 마음을 뒤흔들었던 로렌스는 제인보다 열다섯 살 많았고 직업에서 성공을 거둔 사람이었다. 하지만 제인이 화가로 명성을 얻기 시작하면서 부부 사이가 급속도로 멀어졌다. 나는 제인을 보자마자 그녀의 결혼 생활에 심각한 문제가 있음을 눈치챘다. 제인은 남편에 관한 이야기는 거의 하지 않았고 주위 남자들과 닥치는 대로 연애하면서 마치 남편이 없는 여자처럼 생활하고 있었다. "내 결혼 생활이 순탄하지 않다는 걸 알아요." 제인은 나를 만난 지 네 시간 만에 고민을 털어놓았다. "다음 전시회가 끝나면 이 문제를 해결할 거예요."

몇 달 후 전시회를 성공적으로 마치고 나서 메리 제인이 안부 전화를 걸어 왔다. 나는 다짜고짜 "그래서 남편한테 말했어요?"라고 물었다.

"그러려고 했는데 너무 정신이 없네요." 제인이 말을 이었다. "카리브 해에 새로 짓는 호텔에서 그림 몇 점을 주문해 와 곧 작업에 들어가야 해요. 게다가 아들의 무술 시합 결승전이 코앞이고요. 그나저나 우리 아들 대단하지 않아요? 참, 티베트 승려 몇 사람을 집에 초대한다고 말했던가요? 당장 해야 할 일을 모두 마치고 한숨 돌릴 만하면 그때는 정말 로렌스에게 이혼하자고 말할 거예요."

메리 제인은 몰두형 거부의 대가이다. 8년 동안 줄곧 수십 차례에 걸쳐 비슷한 내용의 대화를 나와 나누고도 제인은 지독하게 일에 몰두한다. 여전히 남편과의 결혼 생활에 염증을 내면서도 시간 여유가 생기면 사실상 이혼한 것이나 매한가지인 결혼을 끝내겠다고 되풀이해 말할 뿐이다. 하지만 제인이 현실을 거부하는 한, 시간 여유는 절대 생기지 않는다. 이미 제인은 바람도 몇 번 피웠고 남편도 그랬다. 두 사람은 침실도 따로 쓴다. 제인은 자주 불안 장애를 겪어 그때마다 껌 씹듯 덤덤하게 진정제를 먹는다. 로렌스는 술잔을 쥐고 산다. 하지만 밖에서 보기에 두 사람은 여전히 행복한 결혼 생활을 하는 금슬 좋은 부부이다.

제인은 어떤 현실을 외면하려고 그토록 열심히 일에 매달릴까? 제인이 직면하기 두려워하는 현실은 무엇일까? 그녀는 이혼하면 현재 누리고 있는 호화스러운 생활을 포기해야 해서 두렵다. 결혼 생활을 훌륭하게 하고 있다는 자신의 이미지를 버려야 해서 두렵다. 자녀들에게 실망을 안겨 줄까 봐 두렵다. 가장 중요하게는 훨씬 전에 이혼했어야 했다고 후회할까 봐 두렵다.

이상적 부정

문제가 있다는 사실 자체는 문제가 아니다. 사람들은 다르게 예상하면서, 문제가 있는 것이 문제라고 생각한다. 이러한 생각 자체가 바로 문제이다. _테오도르 루빈(Theodore Rubin, 미국 정신분석학자−옮긴이)

비관주의자는 물이 반쯤 남긴 잔을 보며 절반이나 비었다고 생각하지만, 낙관주의자는 절반이나 차 있다고 생각한다. 아마 이상주의자는 물이 없어도 잔이 꽉 차 있다고 생각할 것이다. 나는 이상주의자의 이러한 사고방식을 이상적 부정이라 부른다.

이상적 부정에 능숙한 사람들은 자신이 현실을 거부하지 않는다고 말한다. 그저 스스로를 모든 상황에서 최선의 결과를 바라고, 모든 사람에게서 최선의 모습을 보고, 하는 일마다 최고의 결과를 끌어내려 노력하는 매우 긍정적인 사람이라고 주장한다. 또한 성급하게 판단하기 싫어하고, 때 이르게 실패를 인정하고 싶지도 않고, 정말 어쩔 수 없는 경우가 아니라면 절대 포기하지 않는다고 고집한다.

이들 중 다수는 완벽주의자여서 자신이나 자신의 현실에 높은 기준을 적용하고 실천한다. 그들은 제대로 돌아갈 수 있는 상황이 삐걱거리면 견디지 못한다. 몰입형 부정처럼 이상적 부정도 위장에 능숙해서 연민, 인내, 지지, 관심, 배려, 친절 같은 멋진 속성으로 비치는 경우가 많다. 하지만 연민이 상호의존으로, 인내가 침체로, 관심이 강요로, 지지가 희생으로 바뀌면 더 이상 멋지지 않고 맹목적인 사람이 되고 만다.

어두운 상황에서 기적이 일어나기를 바라고, 타인에게 현실을 바꾸는 힘이 있다고 믿으며 최선의 결과를 기대하는 태도는 나쁘지 않다. 다만 현실에 대응하지 않으려고 이러한 속성을 사용하는 것이 문제이다. 이상주의자들은 조화를 중요하게 생각하므로 대결하기를 싫어한다. 설사 자신의 행복을 희생하더라도 어떻게 하든 갈등과 불쾌한 현실을 피하려 한다.

이상적 부정을 보이는 사람들이 처음부터 현실에서 도망치려 노력하는 것은 아니다. 그저 불완전성을 받아들일 여지가 없는 자신의 이상적 성향에 갇혀 있을 뿐이다.

❀

데니스는 정말 온화하고 지적이며 현명한 사람이다. 유능한 소아 종양 전문의인 데니스는 중병에 걸렸거나 병으로 죽어가는 아이들과 가족들에게 연민을 품고 지혜와 사랑으로 그들을 어루만

지려 애쓴다. 그는 어린 환자들의 몸을 파괴하는 암세포와 매일 싸우고, 아이들을 사랑하는 가족의 가슴을 멍들게 하는 절망감과 씨름한다. 데니스는 결의를 굳게 다지며, 최악의 결과가 나타날까 봐 두려워하기보다는 최선의 결과가 맺어지기를 바라는 편이 훨씬 이롭다고 믿는다.

데니스는 비통한 심정을 겪을 만큼 겪었다. 이십 대 후반에 약혼했지만 약혼녀가 데니스와 같은 건물에서 일하는 의사와 사랑에 빠졌다고 털어놓으며 결혼식 일주일 전에 이별을 통보했다. 충격을 받은 데니스는 일에만 몰두해서 소아 종양 분야에서 손꼽히는 유능한 의사가 되었다.

2년 동안 연애를 모르고 살다가 병원 간호사에게 그 친구이자 간호사인 지니를 소개받았다. 데니스는 성격이 쾌활하고 단순해 보이는 지니에게 마음이 끌렸다. 우울하고 고립된 상태로 두 해를 보낸 터라 지니의 떠들썩한 성격이 마음에 들었다. 지니는 약간 지나지다 싶게 수다스러웠고, 자신과 공통 관심사도 별로 없었다. 하지만 자신과 완벽한 짝을 이룰 수 있는 자질을 모두 갖췄던 예전 약혼자가 결국 떠났다는 사실을 생각했다. 그래서 소개받기가 무섭게 지니가 동거를 서두르고 결혼을 재촉해도 데니스는 크게 반대하지 않았다.

결혼하고 처음 몇 달이 지났을 때 데니스는 지니가 지나치게 쾌활한 이유가 조제 진통제의 남용 때문이며 그녀가 십 대 때부터 약물에 심각하게 중독되어 있었다는 사실을 알게 되었다. 데니스는 아내가 허리 통증 때문에 약을 먹는다고 생각했을 뿐 복용량이

나 빈도에는 그다지 신경 쓰지 않았다.

　사실 이미 두 사람의 결혼 생활은 불안한 상태였다. 둘 사이에는 공통점이 전혀 없었고, 데니스는 서로 잘못 만난 짝이라는 사실을 뼈아프게 깨달았다. 그녀는 약을 끊을 테니 떠나지 말라고 데니스에게 애원하면서 그가 떠나면 자신은 살 수 없다고 매달렸다. 데니스는 아내를 위해 심리 치료사를 물색하면서 전혀 해결되지 못할 일에 정성을 쏟았다.

　데니스는 심리적 올가미에 갇혔다. 어떻게 아내가 망가지리라는 사실을 알면서, 그 옛날 약혼녀가 자신을 버렸듯 아내를 버릴 수 있을까. 그동안 최악의 상황이나 매우 비극적 순간에도 환자의 곁을 지켰다는 자부심을 갖고 살아왔는데, 중독에서 벗어나려 애쓰면서 어느 때보다 도움의 손길이 필요한 아내를 어떻게 모르는 척 하겠는가. 구해 달라고 자신에게 기대 오는 아내를 어떻게 실망시킬 수 있겠는가.

　게다가 누가 봐도 분명하게 알 수 있었던 아내의 중독 증상을 어리석게도 의사인 자신만 여태껏 몰랐다는 사실은 어떻게 설명할 것인가. 아내와 행복한 결혼 생활을 누릴 수 있겠다고 잘못 판단한 자신의 실수는 또 어떻게 설명할 것인가.

　평생 현명하고 성실하게 헌신적으로 일해 온 데니스에게 이러한 현실은 너무 고통스러웠다. 그래서 그는 현실을 외면하고 오랫동안 이상적 부정 상태에 머물면서 예전보다 훨씬 많이 일하고 연구했다. 데니스는 중독에서 벗어났다가 다시 빠져들기를 되풀이하는 아내를 지켜보면서, 아내의 중독 증상은 원래 그다지 심하지 않았지만 자신이 아내를 지나치게 냉정하게 대했기 때문에 증세가 악화되었다고 생각했다.

아내가 다시 중독에 빠져들 때마다 아내는 매우 불행한 어린 시절을 보냈기 때문에 그런 것이고 나름대로 중독에서 벗어나기 위해 최선을 다하고 있다고 생각했다. 부부가 낭만적인 관계를 맺는 일은 그다지 중요하지 않고 사랑이니 성생활 만족이니 하는 조건은 젊은 사람에게나 해당할 뿐이라고 자신을 설득했다. 데니스는 사랑하지 않아도 결혼 생활을 유지할 수 있고, 아내가 정신을 차리고 나면 부부 관계가 나아지리라 믿고 싶었다.

데니스의 이상적 부정은 10년 동안 계속되었다. 그러던 어느 날 아침 눈을 떴을 때, 더 이상 고통을 겪으며 희생을 감수할 수 없다는 생각이 들었다. 데니스는 결혼 생활을 끝내기로 한 결정에 대해 이렇게 썼다.

아내를 머니는 데 꼬박 10년이 걸렸다. 내 심리 치료사와 한 시간 동안 매우 고통스럽고 솔직하게 대화를 나누고 내린 결론이었다. 나는 아내와 결혼한 것이 실수였다는 사실을 인정했고, 결혼하고 9년 11개월 29일 23시간 만에, 내가 아무리 참고 기다리더라도 처음 몇 시간 안에 내가 깨달은 진실은 결코 바뀌지 않음을 비로소 직시했다.

분노형 부정

성난 사람은 입을 열고 눈을 감는다.

_카토(Cato, 고대 로마의 정치가이자 군인이며 문인-옮긴이)

누가 업어 가도 모를 정도로 곤히 자고 있다가 예상하지 못했던 소리에 깜짝 놀라 잠을 깨 본 적이 있는가? 전화벨이 울렸을 수도 있고, 고양이가 건드린 꽃병이 바닥에 떨어져 산산조각 났을 수도 있고, 침실 창문 밖에서 커다란 경적이 울렸을 수도 있다. "무슨 일이지? 대체 무슨 소리야?" 심장이 쿵쾅쿵쾅 뛰고 손으로는 더듬더듬 스위치를 찾으며 중얼거린다. 대부분은 그러다가 벌컥 화를 낸다. "아뇨. 택시 회사 아니에요. 전화 잘못 거셨어요. 댁 때문에 잠을 설쳤다고요!" "나비야, 선반을 뛰어다니면 안 된다고 몇 번이나 말했잖니!" "또 저 지긋지긋한 옆집 인간이지! 경적을 울리지 않으면 운전을 못 하나!"

사람들은 살아가다가 예상하지 못한 현실에 맞닥뜨려 화들짝 놀랄 때, 진실을 마주하고 어찌할 바를 모르거나 경고음에 마음이 크게 흔들릴 때 위의 예처럼 반응한다. 마음의 평정이 뒤흔들리고 절대 발 담그고 싶지 않은 현실을 신경 써야 한다는 사실에 분노한다. 공격을 받았다 느끼고 되받아 공격한다.

몰입형 부정이 진실을 회피하고, 이상적 부정이 진실을 겉보기 좋게 가장한다면, 분노형 부정에 맛들인 사람은 진실과 진실을 전달하는 사람에게 분노한다. "전령을 죽여라.(Kill the messenger.)"라는 원리 그대로이다. 분노형 부정에 익숙한 사람들은 현실에 적개심을 품고, 방어하는 태도를 취하고, 툭하면 싸우려 들고, 불같이 화내면서 응징하려 한다. 마치 자신이 마주한 어려운 선택, 고통스러운 현실을 겁주어 내쫓기라도 할 기세로 말이다.

두려움이 클수록 분노를 강렬하게 드러낼 때가 많다. 두려움이 크면 적개심도 더욱 커지기 마련이다. 이러한 반응은 야생동물 세계에서도 찾아볼 수 있다. 위협을 느낀 동물은 자신의 수단을 총동원해서 본능적으로 자기 영역을 보호한다. 황소는 상대 동물에게 달려들고, 암사자는 으르렁거리며 뛰어오르고, 뱀은 독을 뿜어낸다. 역사를 훑어보면 인간 또한 다른 인간을 제압하고 살아남기 위해 동물의 원시적 본능을 흉내 내 왔다. 그래서 자신이 두려워하거나 이해하지 못하는 대상을 비난하거나 파괴하려 든다.

분노형 부정은 사람의 눈을 멀게 한다. 분노형 부정을 보이면 정체를 드러내는 진실을 보지 못하고, 새로운 통찰력을 얻지 못하고, 보려고 할 때에만 가능한 경험과 발견에 눈 뜨지 못하고, 다른 사람의 사랑과 지지와 선의를 깨닫지 못한다. 무엇보다 안타깝게도, 자기 가슴에 묻혀 있는 꿈, 두려움, 진실을 알고자 하는 열망을 보지 못한다.

❋

조슬린은 몇몇 주요 도시에서 광고대행사 사무실을 운영하는 성공한 기업가이다. 그녀는 내 맞은편에 앉아 자신이 겪은 극적인 인생 얘기를 들려주었다. 2년 전 그녀는 패트리샤라는 젊은 여성에게 시카고 사무실의 운영을 맡겼다고 했다. 패트리샤는 대학원을 졸업한 재원으로 업무 의욕이 굉장했다. 처음 입사했을 때는 영업 담당 임원의 보조 일을 했지만 적극적인 태도로 직접 새 광고주를 끌어모으면서 빠르게 능력을 인정받았다.

"패트리샤의 능력에 감탄했어요." 조슬린이 설명했다. "나는 사무실에 에너지를 많이 투입할 수 있는 직원이 절실히 필요한 상태였어요. 몇 주에 한 번씩 뉴욕에서 시카고로 날아가 업무 진행 상황을 검토하곤 했지만 광고 의뢰가 워낙 많이 들어왔기 때문에 모든 사무실을 꼼꼼하게 관리할 수 없었죠. 나 대신 그 일을 담당하기에 패트리샤가 적임자로 보였고, 그녀도 내가 뒤를 받쳐 주기만 하면 사무실을 잘 관리할 수 있다고 자신 있게 말했어요. 그래서 그녀에게 시카고 사무실을 맡겼죠."

일 년이 지나 사업이 호황을 맞이하자 조슬린은 유명한 국제 경영관리 기업을 영입해 회사 전체의 재정 운영 상태를 감독할 시기가 되었다는 결론을 내렸다. 경영관리 기업은 조슬린이 수행하는 사업의 모든 측면을 3개월 동안 평가하고 나서 사업을 좀 더 원활하게 운영할 수 있는 계획안을 내놓기로 했다. 조슬린은 전체 직원에게 편지를 보내 경영관리 기업을 영입했다고 발표하고, 해당 기업이 감독하는 데 필요한 정보를 차질 없이 확보할 수 있도록 협조해 달라고 요청했다.

"어느 날 아침이었어요." 조슬린이 말을 이었다. "경영관리 기업의 부사장이 내게 전화해서 시카고 사무실에 문제가 있다고 말하더군요. 어떤 문제냐고 물으니 한마디로 패트리샤 때문이라는 거예요. 부사장이 패트리샤의 계정, 재정 기록, 경비 내역에 대한 정보를 달라고 요청하자 그녀는 완강하게 거부하면서 부사장이 자신의 자리를 빼앗으려 한다고 비난했다는 겁니다. 심지어 부사장을 사주해 자신을 감시하게 했다면서 나를 헐뜯었다더군요. 나는 너무 놀랐지만 틀림없이 오해가 있었으리라 생각했어요. 패트리샤가 그렇게 행동할 이유가 전혀 없었거든요."

조슬린은 회의를 해야겠으니 뉴욕으로 오라고 패트리샤에게 지시했고, 그 후로 상황은 걷잡을 수 없이 악화되었다. "한마디로 너무 어처구니가 없었어요." 조슬린이 말했다. "정작 화를 내야 할 사람은 나잖아요? 그런데 오히려 패트리샤가 씩씩대며 나타난 거예요. 그러고는 '어떻게 나를 불신할 수가 있죠?' '이것은 개인에 대한 공격이에요.' 등등 도무지 이해할 수 없는 말을 늘어놓더군요. 정말 어이가 없었지만 일단 차분히 설명을 했어요. 패트리샤의 흠을 잡아내려는 의도가 아니라 그저 모든 사무실의 자료 보관과 업무 수행 절차를 능률적으로 개선하고 패트리샤가 세우는 계획을 좀 더 체계적으로 보완하기 위해 프로를 영입한 것뿐이라고요. 하지만 패트리샤는 내 말을 한 마디도 들으려 하지 않았어요. 주위 상황에 대해 이미 생각을 굳히고 그에 따라 행동하는 것 같았죠. 결국 패트리샤는 버럭 화를 내며 자리를 떠 버렸어요."

패트리샤는 이틀 후 상상하기조차 힘든 온갖 혐의를 나열하며 조슬린을 상대로 어마어마한 액수의 소송을 제기했다. 아무런 근거가 없는 소송이었지만 조슬린은 소송을 치르고 패트리샤를 퇴사시키기까지 6개월이란 시간과 비싼 변호사 비용을 써야 했다.

"나는 아직도 충격에서 벗어나지 못했어요." 조슬린이 말했다. "꼭 말벌 둥지를 발로 차서 몸 구석구석을 벌에 쏘인 것 같아요."

조슬린의 비유는 매우 적절했다. 패트리샤가 비밀스럽게 품고 있던 두려움의 지뢰밭, 다시 말해 직업을 잃을지 모른다는 두려움, 실수할지 모른다는 두려움, 자신이 매우 미숙하고 체계적으로 업무를 처리하지 못한다는 두려움, 실패할지 모른다는 두려움으로 가득한 지뢰밭에 조슬린은 자기도 모르는 사이에 발을 디뎠던 것이다.

패트리샤는 엄청난 불안을 인정하거나 직시하기를 거부하고 자신감과 허세를 앞세워 불안을 숨겼다. 그녀는 자신의 기록을 보여 달라는 외부의 요청을 받을 때까지 거부 상태를 유지했다. 그러다가 자신이 허술하다는 사실이 발각될까 봐 공포에 떨고 공격을 받을까 봐 두려워서 먼저 공격했던 것이다. 분노형 부정을 보인 패트리샤는 자신의 두려움과 결점을 인정하지 않고 불필요하게 방어적이고 적대적인 태도를 취했다. 그리하여 자신을 인정해 주지 않을까 봐 너무나 두려웠던 대상인 조슬린을 공격했다.

분노형 부정을 보이는 사람은 자신이 부족하다는 느낌을 타인은 물론 자신에게도 노련하게 숨긴다. 그들은 평생 감추려 애써 온 자신의 약점이 우연하게라도 다른 사람이나 어떤 대상에 의해 드러날 듯 보이면 불같이 화를 낸다.

무조건적 부정

자기가 모르면 남이 아무리 말해 줘도 소용없는 사람이 있다.

_루이 암스트롱(Louis Armstrong)

역사상 가장 영향력이 큰 재즈 음악가로 평가받는 루이 암스트
롱은, 무조건적 부정에 익숙한 사람들을 아주 적절히 묘사하는 말
을 남겼다.

무조건 부정하고 보는 이들은 자신이 알고 있지 않은 모든 것을
도무지 알려고 하지 않는다. 설령 그것이 자기 눈앞에 그대로 펼쳐
져 있어도 결코 받아들이지 않는다.

이들은 엄연히 증거가 눈에 보여도 진실을 인정하지도 현실을
받아들이지도 않는다. 이성이나 합리성은 발붙일 틈조차 없다. 부
분적으로 부정하지 않고 철저하게 부정하며, 무엇과도 타협하지
않고 태도가 확고부동하다.

인간의 정신은 현실을 왜곡하는 능력이 뛰어나서, 자기 생각만
이 옳고 타인이 생각하는 현실은 잘못되었다고 믿는 데까지 이른
다. 무조건적으로 진실을 부정하는 사람들은 거침없이 강력하게
현실을 차단한다. 이런 경향은 손으로 자기 눈을 가리면서 "아무
것도 보이지 않아요."라고 외치는 것과 같다. 얼마 전 자동차 범퍼
에 붙은 스티커에 이러한 철학을 한마디로 요약한 표현이 적혀 있
는 것을 보았다. "진실을 들이대서 나를 혼란스럽게 하지 마세요.
거절합니다!"

현실 부정은 우리가 두렵거나 위협을 느낄 때 사용하는 일종의 생존 수단이다. 무조건적으로 진실을 부정하는 사람은 스스로 생각하는 진리에 확고하게 매달려야 심리적으로 살아남을 수 있다고 무의식적으로 믿는다. 그들에게 부정은 고통스러운 현실의 끔찍한 바다에서 생명을 건져 줄 뗏목이다. 그들은 계속 부정한다면 물에 빠지지는 않으리라 자신을 타이른다. 물론 애석하게도 진실은 정반대이다. 이미 부정의 늪에 너무 깊이 빠져서 어떤 식으로도 헤쳐 나올 수 없다.

⌘

다음은 한 독자가 최근에 내게 보내온 이메일 내용이다.

디 앤젤리스 박사님께
저는 지금 절망감에 사로잡혀 박사님의 조언이 절실합니다. 제 이름은 소냐이고 올해 서른네 살이며 행복한 결혼 생활을 하고 있어요. 이 글을 쓰는 이유는 바로 쌍둥이 동생 실라 때문이에요. 실라와 저는 정말 가깝게 지내 왔지만 서로 너무 달라요. 쌍둥이지만 제가 언니라서 그런지 실라는 저에 비해 미덥지 못한 구석이 많습니다. 상황을 명쾌하게 판단하는 능력이 부족해서 고등학교에 다닐 때는 나쁜 무리와 어울려 다니며 파티와 술에 빠졌고, 그 후에는 조신하게 행동하려 애썼지만 여전히 자신을 제대로 관리하지 못하고 있어요.

문제는 실라와 제부 바비의 관계입니다. 둘은 대학교 재학 중에 결혼해 아들 둘을 낳았어요. 실라가 바비와 결혼하게 되어 저는 정말 기뻤습니다. 바비는 매우 믿음직한 성품에 능력도 있는 훌륭한 사람이거든요. 하지만 저는 실라가 미덥지 않아 늘 마음을 졸였죠.

아니나 다를까 제 생각이 맞았어요. 5년 전쯤 바비가 결혼 생활에 만족할 수 없다며 함께 상담을 받고 싶다고 실라에게 말했답니다. 그러자 실라는 화를 내면서 아무 말도 듣지 않은 것처럼 행동했고요. 저한테도 말하지 않더군요. 보통 제게는 숨기지 않고 전부 말하는데 말입니다. 나중에 수습할 수 없을 지경으로 상황이 나빠지고 나서야 바비에게 전해 들었어요.

바비가 함께 상담을 받자는 말을 몇 달에 한 번씩 꺼낼 때마다 실라는 한참 울다가 이내 아무 일도 없는 것처럼 행동했다고 해요. 저는 두 사람을 볼 때마다 뭔가 잘못되어 가고 있다는 생각이 들었지만 물어보면 실라는 아무 문제도 없다며 시치미를 뗐어요.

3년 전 어느 날인가 아이들을 아침 일찍부터 놀게 해 주려고 실라의 집에 데려갔어요. 그런데 바비의 차가 없더군요. 바비는 어디 갔냐고 물었더니 며칠 출장을 갔다는 겁니다. 수상하다고 생각했죠. 바비는 배관공이라 며칠씩 출장 가는 일이 없거든요. 하지만 실라가 과자를 굽고 집안일을 하는 등 별다른 동요 없이 행동했기에 더 이상 캐묻지 않았어요. 그런데 몇 주가 지나서 실라 집에 들렀을 때도 바비가 없는 거예요.

박사님, 어떤 상황인지 짐작하셨겠죠? 바비는 실라에게 헤어지고 싶다는 말을 하고 집을 나간 거였어요. 나중에 바비가 제 남편에게 전화해서야 알았습니다. 바비는 실라를 사랑하지만 더 이상 함께 살 수 없다고 말했어요. 모든 일을 혼자 처리하는 데 지쳤다고요. 바비는 완전히 기력이 빠졌더군요. 저는 동생을 사랑하는 만큼이나 바비의 심정을 헤아릴 수 있었어요.

실라는 여전히 아무 일도 없는 것처럼 행동했어요. 제가 캐물으면 바비가 밤늦게까지 해야 할 일이 있어서 아파트를 따로 장만했다는 핑계를 댔고요. 두 사람이 헤어졌다는 말을 바비에게 직접 들었다고 몇 번이나 말해도 실라는 그저 피식 웃을 뿐이었어요. "진심이 아니야. 사업이 다시 자리 잡히면 곧 돌아올 거야. 지금은 일에 집중해야 하니까 그럴 뿐이야."

이즈음부터 상황은 걷잡을 수 없이 악화되었어요. 바비가 집을 나갔다는 사실은 실라만 인정하지 않았을 뿐 모두 알고 있었거든요! 열 살과 열두 살짜리 조카들도 아빠와 엄마가 이혼할 거라고 제게 말하더군요. 아빠가 약간 '힘든 시기'를 겪고 있지만 금세 돌아온다고 실라가 아이들에게 몇 번이나 말했는데도 말입니다.

크리스마스가 되자 실라는 식구들의 안부를 자세하게 적은 편지를 동봉해서 지인들에게 부부 이름으로 카드를 보냈어요. 편지에는 온통 남편 바비에 관한 이야기뿐이었죠. 남편이 집을 나간 지 일 년이 넘었지만 실라는 여전히 그 사실을 모두에게 특히 자신에게 감추고 있어요. 심지어 바비에게 결혼기념일 카드도 보냈어요. 바비가 제게 보여 준 카드에는 '기념일을 축하해요, 내 사랑! 당신의 진정한 연인이자 아내 실라로부터. 함께 살아갈 더 많은 날들을 위하여!'라고 적혀 있었어요. 그 카드를 보는 순간 저는 울음을 터뜨렸습니다.

일 년 반 전에 바비는 헬렌이라는 여성을 교회에서 만나 사귀기 시작했고 둘의 관계는 사뭇 진지해졌어요. 모두들 헬렌을 좋아하고 바비와 헬렌도 서로를 잘 이해하죠. 요즘 바비는 정말 행복해 보여요. 제가 두 사람에 관한 얘기를 꺼내면 실라는 사실이 아니라고 강하게 거부합니다. "나는 받아들일 수 없어. 내가 알고 있는 한 바비는 여전히 내 남편이야. 바비가 그 여자와 그런 사이라는 말은 안 믿어. 그냥 성관계를 맺는 사이일 뿐이야. 확실해." 실라는 마치 함께 사는 사람에게 대하듯 밤낮으로 바비에게 전화할 뿐 아니라 헬렌을 세상에 존재하지 않는 사람으로 여기고 그렇게 행동하죠.

바비는 앞으로 어떻게 해야 할지 막막해하고 있어요. 점잖게 행동하면서 실라가 진실을 받아들이기를 기다리고는 있지만 실라에게는 전혀 그럴 기색이 보이지 않아요. 남편이 지금이라도 돌아올 것처럼 행동하고 제가 빼라고 그렇게 타이르는데도 아직도 결혼반지를 끼고 있죠.

저희는 상담을 받아 보자고 실라를 설득하고 있지만 정작 본인은 아무 문제가 없다며 거절합니다. 실라는 완전히 꿈속에서 살고 있어요. 하지만 저까지 그럴 수는 없어요. 요즘 실라를 보고 있자면 가슴이 찢어질 듯 아픕니다. 제 동생을 위해 해 줄 수 있는 일이 없을까요?

⌘

슬픈 이야기다. 동생이 끊임없이 진실을 부정한다고 고민하는 소냐의 이 글을 읽으면서, 사람이 상상할 수 없을 정도로 완고하다는 사실을 다시 한 번 깨달았다. 날이 가고 해가 지나면서 반대 증거가 속속 드러났지만 실라는 의지와 힘을 총동원해서 끊임없이 진실을 부정하고 현실을 차단했다. 물론 이렇게 행동하면 자기 삶을 파괴할 뿐 자부심을 느낄 만한 성취는 전혀 이룰 수 없다. 다만 그 같은 집요한 결의를 파괴적이 아니라 긍정적인 방향으로 모으면 정말 엄청난 성취를 이룰 수 있으리라는 생각이 든다.

⌘

진실은 마음을 할퀸다. 진실을 쫓아가지 않고 진실에서 달아난다면 말이다. _존 아이버그(John Eyberg)

진실에서 달아나는 일은 헛수고일 뿐이다. 어떤 방식으로 하든 어떤 이유에서 하든 얼마나 오래 하든 결론은 마찬가지다. 결국 진실은 우리를 따라잡기 마련이고 그때쯤이면 우리는 지칠 대로 지친다.

진실을 쫓아내려면 엄청나게 많은 에너지를 쏟아야 한다. 진실에서 도망치려고 시간과 의지와 노력을 쏟는다면 육체적으로, 정신적으로, 감정적으로, 영적으로 탈진하고 만다.

부정하는 행동을 멈춰야 그동안 보지 않고 느끼지 않고 알지 않으려고 자신의 생명력을 얼마나 쏟아부었는지 깨닫게 된다. 더 이상 부정하지 않으면 갑자기 힘이 솟아나고 활력과 낙관적 생각이 넘친다. 기운이 되살아나고 기분이 새로워지고 여러 영역에서 다시 태어난 것만 같다. 이는 당연한 현상이다. 부정하는 태도를 버리면 자신의 일부분, 즉 진실에 맞서 몸부림치고 눈을 가리고 저항했던 모습들이 사라지기 때문이다.

내면의 진실을 보라

우리는 생각조차 못한 일에 대해 주의 깊게 생각해야 한다.
생각조차 못한 일이 벌어지면 생각이 멈추고 행동이 어리석어지기
때문이다. _제임스 풀브라이트(James W. Fulbright, 미국의 정치가-옮긴이)

이제 어렴풋이 모습을 드러내기 시작한 사실이 있다. 자기 내면과 주변에 존재하는 진실에 눈을 뜨는 것이 무엇보다 중요하다는 점이다. 진실을 외면하는 사람은 주변에 있는 진실을 보지 않은 채로 마치 몽유병 환자처럼 삶을 스쳐 지나간다. 선견지명을 갖췄던 위대한 정치가 제임스 풀브라이트가 말했던 것처럼, 깨닫는 삶을 살려는 사람은 살며시 찾아오는 진실을 똑바로 쳐다보고, 자신의 예상을 짓밟는 야생 코끼리를 알아차리고, '생각조차 못한 일'에 대해 생각하는 용기를 지녀야 한다.

이렇게 상상해 보라. 우리가 삶에서 도망칠 때만큼이나 능숙하게 삶을 향해 달려간다면 삶이 어떻게 달라질까?

또한 이렇게 상상해 보라. 우리가 잠에 빠지지 않고 눈을 부릅 뜨려 애쓴다면 깨달음을 안겨 줄 통찰력과 경이로움과 계시가 얼마나 많이 찾아올까?

나는 최근 우연한 기회에 놀라운 얘기를 들었다. 1890년에 출생한 미국 작가 캐서린 버틀러 해서웨이(Catharine Butler Hathaway)에 얽힌 얘기였다. 캐서린은 어릴 때 척추결핵이라는 진단을 받았다. 의사들은 척추 기형을 치료하겠다면서 열다섯 살이 될 때까지 캐서린을 판자에 묶어 움직이지 못하게 했다. 캐서린은 끔찍한 고통을 겪었지만 치료법은 전혀 효과가 없었다. 누구도 나서서 말하지는 않았지만 캐서린의 가족과 사회 모두 등이 굽은 캐서린을 '기형'이라 생각했고 캐서린이 스스로 세상과 단절하고 미혼으로 살아가리라 예상했다.

하지만 캐서린은 용감한 선택을 했다. 자신의 장애를 그대로 받아들이고 삶을 있는 그대로 포용하기로 결정한 것이다. 그래서 주위 사람들의 예상을 뒤엎고 가족을 떠나 화가가 되었고 유럽 전역을 여행했으며 메인 주에 집을 사서 새로 단장하는 동시에 결혼도 했다. 캐서린이 쉰두 살을 일기로 사망한 후 그녀가 벌여 온 삶의 투쟁을 기록한 자서전 《어린 자물쇠장수(The Little Locksmith)》가 발표되었다.

캐서린은 자서전에 이렇게 썼다.

갈림길에 서 있는 자신을 만나, 죽기 전에 스스로에게 솔직할 것
인지 아닌지를 결정할 때 삶은 바뀐다.

우리가 맞이할 유일하게 진정한 갈림길은 캐서린의 말처럼 내
면의 자세를 결정하는 길이다. 우리는 외면의 직업, 관계, 문제를
어떻게 처리할지 결정하는 것이 아닌, 진실에서 도망칠지 아니면
진실을 향해 나아갈지를 갈림길에 서서 결정할 수 있어야 한다.

우리는 용감하게 이런 선택을 해야 한다.
내면을 깊이 파고들어, 끊임없이 문 두드리는 진실의 소리를 들
어야 한다. 그리고 그 소리에 응답해야 한다.

5
진실을 차단하고 얼어붙다

의식 없이 살고 행동하는 사람은
사나마나한 삶에 갇힐 수 있다.

— 제프 콕스(Jeff Cox, 비즈니스 소설의 세계적 대가-옮긴이)

우리는 고통을 피하려다 더욱 고통스러워지기도 한다. 피하고 싶
어 도망치다 결국 더 나쁜 상황에 부딪히기도 한다. 자신을 무자비
하게 쫓아다니는 불쾌한 현실을 피하려고 무작정 반대 방향으로
달려가다가 결국 의문에 대한 해답을 찾지 못하고 그저 그런 자기
삶에 실망하기도 한다.

이런 얘기가 있다.

산 아래 자그마한 마을에 석공 한 사람이 살고 있었다. 석공은 우
직한 사람으로 열심히 일해 아내와 세 자녀를 먹여 살렸다. 성품

또한 나무랄 데 없었다. 하지만 단 한 가지 유별난 점이 있었으니, 시끄러운 소리에 작업을 방해 받는 것을 끔찍이도 싫어했다. 그래서 식구들은 석공이 바위를 어떻게 자를지 깊이 생각하는 동안에는 조용히 지내야 했다. 하지만 이웃집 개는 그렇지 못했다. 일할 때마다 난폭한 개 세 마리가 일제히 큰 소리로 짖어 대는 바람에 석공은 정신을 집중할 수 없었다. 아무리 이웃에게 불평하고 조용히 하라고 소리를 질러도 개들은 끊임없이 짖어 댔다.

마침내 석공은 기발한 생각을 떠올렸다. 개들의 입을 다물게 할 수는 없어도 소리를 차단할 수는 있을 것 같았다. 그래서 밀랍을 공 모양으로 만들어 귀를 막았다. 조용했다! 석공은 뛸 듯이 기뻤다. 다른 소리도 들리지 않았지만 석공은 개의치 않았다. 그는 몇 년 만에 처음으로 평화롭게 작업에 몰두할 수 있었다.

석공의 아내는 남편이 유달리 쾌활해 보이는 이유를 도통 알 수 없었다. 몇 주 동안은 마음이 편안했다. 남편이 개 짖는 소리에 대해 더 이상 불평하지 않고 느긋하게 지내는 것처럼 보였기 때문이다. 하지만 얼마 지나자 화가 나기 시작했다. 자기가 하는 말을 남편이 완전히 무시했던 것이다. "잘 잤어요?" 아침 식사를 하러 온 남편에게 이렇게 인사를 건네도 남편은 묵묵부답이었다. "말이 절룩거려요. 편자에 돌이 박혔나 봐요." 그래도 남편은 아무 소리도 안 들린다는 듯 그냥 지나쳐 갔다. "양동이 봤어요?"라고 물어도 그저 씩 웃으며 자리를 떴다. "어째서 나를 이렇게 무시하는 거지?" 아내는 절망감을 느끼며 남편이 이상해졌다고 생각했다.

석공에게 화가 난 사람은 아내만이 아니었다. 석공을 찾아온 손님들도 그랬다. 부유한 지주가 석공의 작업실에 들러 자기 집 정원에 분수를 세우고 싶다고 말했다. 보수를 넉넉히 주겠다고 하고 돌아왔는데도 석공은 지주의 집을 찾아오지 않았다. 석공과 어릴 때부터 알고 지내 온, 길 아래편에 사는 농부가 석공의 집에 들러 자기 밭을 빙 둘러 돌벽을 쌓아 달라고 부탁했지만 석공은 아무런 대꾸도 하지 않았고 농부는 화를 내며 가 버렸다. 얼마 못 가 석공은 할 일이 없어졌고 돈도 떨어졌다.

석공은 주위 사람들이 예전보다 불안해 보인다고 생각했지만, 오랜만에 찾은 평온과 정적에 만족한 나머지 다른 생각은 전혀 하지 않았다. "이렇게 행복하고 평화롭기는 난생 처음이야." 그는 속으로 이렇게 말했다.

하지만 석공의 아내는 벼랑 끝에 몰린 것처럼 느꼈다. 남편이 자기에게 말을 걸지 않은 지가 너무 오래되었던 것이다. 아내는 대체 무슨 문제가 있는지 말해 달라고 남편에게 간청하고, 예전에 둘이 서로 얼마나 사랑했는지 기억해 달라고 매달리며, 자신에게 다시 마음을 열어 달라고 애원했다. 이러한 방법이 통하지 않자 아내는 남편에게 소리를 지르며 떠나겠다고 위협했지만 역시 아무 소용이 없었다. 더 이상 참을 수 없던 아내는 마차에 아이들과 짐을 몽땅 싣고 옆 마을에 사는 부모님에게 가겠다고 이웃에게 말했다. 이제 아내가 할 수 있는 일이라고는 남편에게 작별 인사를 하는 것뿐이었다.

사실 석공은 자신이 귀에 밀랍을 꽂았다는 사실조차 까마득하게 잊고 있었다. 그러던 어느 날 몹시 무더운 날씨에 밀랍이 녹아

내리기 시작했다. 석공은 귀에서 뜨거운 액체가 흘러내리는 것을 느꼈다. 바로 그때 아내가 작업실에 나타났다. "잘 있어요." 아내가 냉랭한 목소리로 말했다. "아이들을 데리고 떠날 거예요."

순간적으로 석공은 머리가 하얘졌다. 아내의 목소리 아니 사람의 목소리를 똑똑히 들어본 지가 얼마 만인지 몰랐다. "떠나다니?" 그가 어리둥절해하며 물었다. "어디로 간다는 말이오?"

"날 놀릴 셈인가요? 정말 어이가 없군요! 지금 떠날 테니 그렇게 아세요. 영원히 돌아오지 않을 거예요! 더 이상 참을 수 없다고요!" 아내가 소리를 질렀다.

"하지만… 하지만… 도대체 무슨 말인지 모르겠소! 무엇이 문제요? 기분이 상했소?"

"기분이 상했냐고요?" 아내가 소리쳤다. "퍽도 일찍 물어보는군요. 내가 3년 동안이나 당신에게 말을 걸려 애쓰면서 얼마나 기분이 비참한지 설명하려 했지만 당신은 꿈쩍도 하지 않았어요. 그런데 이제는 그런 말을 들어 본 적도 없다는 표정을 짓고 있군요. 이제는 정말 끝이에요!" 아내는 이렇게 말을 내뱉고는 그의 곁을 떠나 버렸다.

석공의 귀에 3년 동안 들리지 않았던 소리가 다시 들리기 시작했다. 이웃집 개가 요란스럽게 짖어 댔던 것이다. 그 순간 석공은 자신이 어리석게 행동했다는 사실을 깨닫고 망연자실했다. 개 짖는 소리를 듣지 않으려고 모든 소리를 스스로 차단해 버렸던 것이다.

※

진실을 외면하느라 얼마나 커다란 대가를 치르고 있는지 깨달을 때쯤이면 이미 너무 늦은 경우가 많다. 처음에는 석공처럼 자신이 두려워하는 진실을 더 이상 마주하지 않아도 된다는 사실에 안도의 한숨을 쉴지 모른다. 서로의 문제에 대해 말하지 않으니 관계는 그다지 나쁘지 않고 상황은 평온하다. 직장에서 승진하지 못하리라는 사실을 받아들였기 때문에 직업에 더 이상 연연하지 않고 자신에게 더 많은 시간을 쏟을 수 있다. 자신을 화나게 만드는 친구를 굳이 사귈 필요가 없다고 생각해서 연락을 끊었으므로 친구에게 무슨 말을 할지 궁리하지 않아도 된다.

하지만 '선택적으로 외면할 수 없다'는 불행한 진실을 곧 깨닫는다. 어느 한 대상을 보는 능력을 차단하면 다른 대상을 보는 능력 또한 차단하게 된다. 기꺼이 진실을 들으려는 태도를 취하지 않으면, 불만에 싸인 내면의 소리도, 배우자의 불평도, 타인이 전하는 말도 모두 차단하게 된다. 이러한 현상이 일어나고 있다는 사실을 알아차리지 못하더라도, 이러한 현상을 일으킬 의도가 없었더라도, 지속적으로 진실을 외면하면 그 결과는 같다.

진실을 너무 오래 외면하면 결국 진실을 완전히 차단하게 된다.

진실을 완전히 차단하면 어떤 느낌일까? 느낄 수라도 있다면 아마도 멍하고, 맥이 빠지고, 고립되고, 싸늘하고, 활기가 없는 기분일 것이다.

하지만 대부분의 시간 동안에는 아무것도 느끼지 못한다. 진실을 차단한 상태이기 때문이다. 석공은 자신이 세계로 향한 문을 닫았다는 사실조차 의식하지 못했다. 석공의 얘기가 비현실적으로 들려도 의미는 마찬가지다. 자기 내면과 주변에서 일어나는 현상을 외면하기 시작하면 눈에 띄지 않게 아주 서서히 세상에서 물러서게 된다. 게다가 다른 사람은 그 사실을 알아도 정작 본인은 알지 못할 때가 많다. 오히려 진실에서 멀어진다고 책망하는 사람에게 분노하고 그러면서 진실에서 더욱 멀어진다.

스스로 진실을 차단하는 과정을 열네 살 여학생은 이렇게 묘사했다.

들리는 얘기가 마음에 들지 않으면 신경을 끄면 돼요. 다 읽기도 전에 책을 덮어 버리거나 텔레비전을 끄거나 시디의 작동을 멈추는 것처럼 말이죠.

서른네 살 유부남은 이렇게 썼다.

아내와 벽을 쌓겠다고 작정한 적은 없다. 아내의 비난과 냉정한 태도에 맞서기보다 신경을 끄는 편이 훨씬 쉬웠을 뿐이다. 그저 이번 주말에 딱 한 번만 나만의 작은 세계로 물러나 미움을 가라앉힐 뿐이라고 나 자신을 타일렀다. 그러다가 그런 상황이 한 번의 주말에서 주말마다로, 다시 몇 년으로 늘어났다. 이제는 마음이 아내에게서 저 멀리 떠난 것 같다. 어떻게 다시 마음을 열어야 할지 모르겠다.

마흔여덟 살 이혼녀는 이렇게 썼다.

오랜 세월 동안 남편에게 신경을 끊고 기계처럼 살았다. 그렇지 않고서는 계속되는 남편의 폭음을 견딜 수 없었다. 어린 자녀 셋을 두고 내가 무엇을 할 수 있었겠는가? 남편은 술에 취하면 철부지 아들처럼 굴었다. 나는 식구들이 뿔뿔이 흩어지고 있다는 사실을 알면서도 어떻게든 상황을 수습해 보려고 모두를 돌보았다. 마침내 남편과 이혼하고 자녀들이 고등학교에 진학하자 친구들은 이제 새 출발을 하라고 내게 말했다. 그때 내 머릿속에는 이런 생각이 떠올랐다. "또다시 다른 사람을 돌보기 시작하라고? 나더러 그 짓을 또 하란 말이야?" 그만큼 내 속은 썩고 또 썩었다.

텔레비전이나 디브이디 플레이어, 휴대전화를 끈다 해서 심각하게 지속적으로 영향을 받지는 않는다. 다시 보거나 다시 듣거나 다시 통화할 준비가 되면 그냥 스위치를 켜면 된다. 그러나 스스로 신경을 끊고 진실을 차단해 버리는 문제는 그렇게 간단하지 않다.

다시 켜려고 애쓰다가 결국 스위치를 찾을 수 없다는 사실을 발견하고 나서야 비로소 자신이 얼마나 심각하게 진실을 차단해 왔는지 깨닫는다.

진실을 차단하는 삶

중요한 일에 입을 다무는 순간, 삶은 끝나기 시작한다.

_마틴 루터 킹(Martin Luther King)

나는 나름대로 용감하게 살아왔지만 두려움 때문에 침묵을 지켰던 순간도 많았다. 나 자신을 사랑하지만 다른 사람이 나를 함부로 대하도록 방치했던 순간도 많았다. 명쾌한 비전을 품었지만 갈등과 상실을 피하고 싶어 진실에 눈감았던 때도 많았다. 마음을 열려고 늘 무던히 애써 왔지만 진실에 신경을 끊고 지냈던 시절, 희생과 자기기만이라는 두꺼운 안개에 갇혀 보냈던 시간도 있었다.

요즈음 안정되고 편안한 위치에서 생각해 보니 내가 가장 몸부림치며 괴로워했던 문제의 뿌리는 모두 내 안에 있었다. 가슴으로 알았던 진실을 소중하게 여기지 않고 자초해서 내면의 어두운 세력에 일시적으로 휘말려 내면을 두려움으로 가득 채우고 비틀거렸기 때문에, 내게 필요하고 당연히 누려야 할 권리를 자진해서 포기했기 때문에 나는 타인으로 인해 힘들었을 때보다 훨씬 더 많은 것을 잃고 고통 받아야 했다.

이렇듯 힘든 과정을 거치면서 깨달음을 얻은 나는 전혀 예상하지 못했던 방식으로 치유 받고, 자유로워졌고, 힘을 얻었다.

우리 모두는 도둑맞았다고 생각하는 우리 자신의 조각들, 감정과 꿈, 갈망, 자존감, 신념을 되찾으려 싸우며 자기 발굴 과정에 참여하고 있다. 그러나 누군가가 훔쳐 간 것이라고만 여겼던 그 조각들은 사실 우리 스스로 묻어 버리거나 묶어 버린 것이다.

퓰리처상을 수상하고 20세기 초반에 이름을 날렸던 미국 단편 소설 작가 캐서린 앤 포터(Katherine Anne Porter)는 자신의 유명한 작품 《도둑(Theft)》에서, 필요하지만 고통스러운 깨달음의 순간에 대해 썼다. 소설 속 주인공은 평생 동안 자기 욕구를 철저하게 차단하고 사귀는 남자마다 자신을 헌신한다. 소설의 끝부분에서 도둑맞았던 지갑을 찾으면서 주인공은 자기 삶과 그동안 잃어버린 것들을 곰곰이 생각하고는 자신이 강탈당했다고 느낀다. 지갑 날치기가 아닌, 내면의 갈망을 외면하겠다는 자신의 결정 때문에 말이다. 주인공은 이렇게 고백한다.

"도둑이 아니라 나 자신을 두려워해야 했어. 결국 나를 알거지로 만드는 존재는 바로 나라는 사실을 여태 몰랐어."

나는 매우 강력한 진실이 담긴 이 대목을 읽을 때마다 깊이 감탄한다. 소설의 주인공처럼 우리는 대부분 너무 늦게 진실을 깨닫는다. 상처받지 않고 잃지 않으려고 너무 많은 시간을 허비한다. 다른 사람에게 해코지 당할까 봐 걱정하고, 무엇을 빼앗길까 봐 전전긍긍한다. 하지만 사실 우리를 강탈할 가능성이 큰 '도둑'은 바로 자기 자신이다.

진실을 외면하고 차단하면 자신에게 가장 소중한 대상 즉 자신의 꿈과 감정, 사랑과 생명력을 스스로 빼앗게 된다. 이렇듯 자신

을 강탈하는 도둑 때문에 우리는 상상하기 힘들 정도로 커다란 대가를 치러야 한다. 타인에게 빼앗긴다고 생각하는 것보다 훨씬 소중하고 중요한 대상을 자신에게 빼앗기기 때문이다.

얼어 버리다

자기 가슴보다 어두운 감옥이 있을까?
자기보다 냉혹한 간수가 있을까?

_너대니얼 호손(Nathaniel Hawthorne)

진실에 마음을 닫은 삶 뒤에는 절망이란 감옥이 숨어 있다. 때로는 스스로 진실을 차단했기 때문에 밀려오는 조용한 절망이 감옥을 이룬다. 때로는 냉소적 절망이 감옥이 되어 행복을 좇거나 스스로 변화하기에는 너무 늦었다고 자신을 꾸짖는다. 때로는 분노나 비난을 가장한 절망이, 때로는 날것 그대로의 절망이 감옥을 이루어 절대 사라질 것 같지 않은 깊은 슬픔과 우울을 겪게 한다.

절망이란 감옥에 갇힌 우리는 투명 사슬에 묶여 옴짝달싹 못하는 것처럼 자신이 마비되었다는 사실을 깨닫는다. 결정을 내리지 못하고, 의욕이 나지 않고, 영향력을 발휘하지 못하고, 행동하고 변화하기 어렵다. 꼼짝 못하고 얼어 버린다. 우리를 더욱 당황하게 만드는 원인은 무엇일까? 지금 경험하는 무력감일까? 아니면 정신을 차리고 무력감에서 벗어날 능력이 없다는 사실일까?

최근에 잡지에서 고(故) 크리스토퍼 리브(Christopher Reeve)의 인터뷰 기사를 읽었다. 유명한 영화배우였던 리브는 1995년 끔찍한 승마 사고를 당해 목 아랫부분이 마비되었다. 나는 리브의 용감하고 꿋꿋한 정신에 깊이 감탄하고 있었다. 리브는 온갖 불리한 조건과 싸우면서 보조 장치 없이 호흡하고 몸을 회복하기 위해 애썼다. 또한 척수 손상 연구에 대한 시민들의 인식을 높이고 장려하는 운동을 쉬지 않고 펼쳤다. 인터뷰할 때 리브가 했던 솔직한 말이 아직까지도 기억에 남는다.

"정상적인 신체를 최대한 사용해서 활동하면서도 실제로는 저보다 더 마비되어 있는 사람들이 있습니다."

엄청난 고통과 희생을 치른 끝에 얻은 이렇듯 담담하고 심오한 지혜는 리브와 같은 상황에 처한 사람한테서만 들을 수 있다.

우리는 자유롭게 움직일 수 있지만 그러지 못할 때가 너무 많다. 우리는 자유롭게 손을 뻗어 사랑하는 사람을 만질 수 있지만 손을 뺄 때가 너무 많다. 우리는 자유롭게 말할 수 있지만 침묵을 지킬 때가 너무 많다. 우리는 자유롭지만 얼어붙어 있다.

⌘

나와 가깝게 지내는 친구가 부부 관계가 소원해져 몇 년 동안 괴로워하고 있었다. 내 친구이기도 한 남편은 아빠로서도 훌륭하고 어느 면으로나 좋은 사람이지만 아내와의 거리는 점점 멀어지기만 했다. 아내는 남편이 직장 일로 엄청난 압박감을 느끼고 있고 이 때문에 부부 사이가 멀어졌다고 불평했다. 상황이 악화될 뿐 나아질 기미를 전혀 보이지 않자 아내는 남편에게 관계 회복을 위해 상담을 받아 보자고 간청했다. 자신이 비참하고 사랑받지 못하며 외면당하고 있다는 느낌이 든다고 남편에게 말하면서 이런 상태가 지속되면 둘 사이가 완전히 틀어질 것이라고 경고했다. "우리가 어쩌다 여기에 이르렀죠?" 아내가 애원했다. "무슨 수를 써서라도 회복해 봐요."

아내는 남편과 대화하려고 끊임없이 시도했지만 남편은 아내의 요청에 꿈쩍도 하지 않았다. 남편은 아내의 의견에 반대하지도 않았고 누구의 잘못이라고 말하지도 않았다. 화도 내지 않고 그냥 아무 행동도 취하지 않았다.

친구의 남편이 그녀를 무척 사랑한다는 사실을 알고 있던 나는 그가 결혼 생활을 지키기 위해 애쓰지 않는다는 말을 듣고 깜짝 놀랐다. 나와 대화할 때면 그는 가정에 아무 일도 없는 것처럼 자랑스럽게 아이들 소식을 전해 주고 부부 문제에 대해서는 한 마디도 언급하지 않았다. 아내가 마지막 경고를 했을 때도 그는 잠자코 이를 외면하면서 태연한 태도를 유지했다. 어째서 그가 그렇게 행동한다고 생각하는지 묻자 친구는 매우 의미 깊고 슬픈 얘기를 들려주었다.

"내 생각에 그는 우리 부부에게 문제가 있다는 사실을 직시하는 걸 두려워하는 것 같아. 진실에 부딪치기보다는 그저 얼어 버려 아무것도 할 수 없게 된 거지."

결국 친구는 더 이상 참을 수 없는 지경에 이르렀고 결혼 생활을 끝내야겠다고 결심했다. 아내로부터 이혼을 통보 받고 몇 시간이 지나 친구의 남편이 넋 나간 목소리로 내게 전화했다. "아내가 이혼하고 싶대." 그는 말하는 내내 흐느꼈다. "밑도 끝도 없이 이제 정말 끝이라고 말했어. 아내가 내 곁을 떠나겠다니 믿을 수가 없어. 집이며 친구며 우리가 그동안 함께 일구었던 전부가 물거품처럼 사라지고 말 거야. 어떻게 이런 일이 일어날 수 있지?"

나는 마음이 아팠다. 두 사람이 이별해서도 그랬지만 친구가 짐작한 대로 그가 완전히 진실을 차단하고 얼어붙어 있었기에 더욱 그랬다. 떠나겠다는 아내의 통보를 듣고 받은 충격이 격렬한 경고음이 되어 그의 마음은 산산이 찢어졌다. 그는 너무 오랫동안 진실을 차단해 왔지만 이제 모든 진실을 있는 그대로 가슴으로 느끼고 있었다. 충격과 슬픔, 죄책감과 자신에 대한 분노, 미래에 대한 두려움과 끔찍한 후회가 물밀듯 밀려왔다. 마침내 정신을 차렸지만 이미 때는 늦었다.

❦

나는 미해결 문제, 불확실한 두려움, 해소되지 않은 감정이 우리가 걷는 길 한가운데에 버티고 있는 거대한 얼음덩어리라 상상한다. 얼음덩어리가 그리 많지 않다면 요리조리 피해 어떻게든 앞으로 나아갈 수 있다. 하지만 살아가고 관계를 맺으면서 즉시 처리하지 않으면 얼음덩어리의 수는 점점 불어나 어느 순간 온통 얼어붙은 문제와 감정의 얼음벽에 둘러싸이고 만다. 그러면 제자리에 간혀 꼼짝할 수 없다고 느낀다.

친구의 남편도 그랬다. 그는 일과 경제적 문제로 받는 심리적 압박감과 결혼 생활에 실패할지 모른다는 두려움에 뒤범벅되어 자신 안의 얼음덩어리 수를 불려 나갔다. 그리고 자신을 점점 더 얼어붙게 만드는 이 방법만을 고수했기 때문에 결국 얼음벽에 간혀 옴짝달싹할 수 없게 되었다.

"나는 이 문제를 다루기 싫어."라고 자신에게 말하는 순간, 타인과 분리되고 자기 생명력과 단절하고 사랑의 근원에서 떨어져 나가고 내면의 힘과 지혜에서 멀어진다. 불쾌한 사실을 회피하면 자신을 보호할 수 있다고 생각할지 모르나 그건 오산이다.

진실을 차단해도 상처받지 않게 자신을 보호할 수는 없다.
진실 앞에 얼어붙어 있어도 고통을 느끼지 않을 수는 없다.
오히려 자기 주위에 무감각의 얼음벽을 세우게 됨으로써 스스로 간절히 원하는 애정과 열정 그리고 진정한 관계와 단절되고 만다.

마음속 얼음 감옥에서 탈출하는 방법은 단 한 가지뿐이다. 얼음을 한 덩어리씩 녹여야 한다. 얼어붙은 감정 덩어리, 진실 덩어리, 꿈 덩어리를 하나씩 녹여야 한다.

열정은 어디로 사라졌을까

> 사랑은 자연사하는 법이 없다. 사랑이 죽는 것은
> 우리가 샘을 채워 주지 못해서이다.
> 우리가 눈멀고, 실수하고, 배신해서이다. 사랑은
> 아프고 상처받아 죽는다. 사랑은
> 피곤에 지치고, 시들고, 녹슬어 죽는다.
>
> _아나이스 닌(Anais Nin, 프랑스의 소설가-옮긴이)

진실을 차단하고 얼어붙는 일은 살아 숨 쉬는 삶의 적이다. 열정의 적이요, 사랑의 적이다. 진실을 차단하고 얼어붙어 있으면 부부나 연인 사이에 깊고 친밀한 관계를 유지하기는 불가능하다. 열정과 사랑의 흐름이 막혀 얼음 강으로 변하기 때문이다.

최근 신문과 잡지는 "성관계 없는 결혼 생활"에 관한 기사로 넘쳐 난다. 요즘 부부들은 성관계를 가진 지 몇 달 심지어는 몇 년 되었다고 고백한다. 바쁘고 복잡하고 스트레스에 시달리는 현대인에게는 정상적인 현상이라고 말하는 전문가도 많다.

이는 성관계를 갖지 않을 뿐 결혼 생활에는 전혀 문제가 없다고 주장하는 것과 같다. 결혼한 부부들도 신체적 애정 표현이 부족한 이유로 이러한 주장을 내세운다. 캐슬린 데버니(Kathleen Deveny)는 〈뉴스위크〉 특집 기사 '그럴 기분이 아니에요(We're Not in the Mood, 2003년 6월 30일자)'에서 "성관계를 맺지 않는 결혼 생활을, 교통 체증이나 이메일처럼 현대 생활의 일부로 받아들이는 부부들이 있는 것 같다."고 썼다.

나는 이러한 현상에 대해 물어 오는 전화와 편지, 웹사이트 문의를 수도 없이 받고 있다.

이런 말을 하기는 거북하지만 우리 부부는 거의 일 년 동안 성관계를 갖지 않았어요. 저는 서른두 살이고 남편은 서른넷이에요. 아직 어린 아이가 둘 있고요. 저는 예전에 풀타임으로 일했지만 지금은 전업주부로 쉴 새 없이 집안일을 해야 해요. 남편도 열심히 일하고, 우리 부부는 교회와 주말 활동에도 상당히 활발하게 참여합니다. 결혼 생활은 화목해 보여요.

우리 부부는 서로 사랑하고 있지만 성관계는 사라져 버렸어요. 결혼한 지는 10년 되었습니다. 결혼하고 어느 정도 시간이 흐르면 자연스럽게 열정이 사라진다는 기사를 읽은 적이 있어요. 결혼한 지 오래된 친구도 성관계를 거의 갖지 않는다고 말하더군요. 옛날처럼 친밀한 관계가 그립지만 어떻게 해야 할지 모르겠어요. 이게 정상인가요?

나는 이 질문에 정상이라 생각한다고 대답했다. 부부 사이에 성욕이 감소하고 친밀감이 부족한 것은 현대 사회에 흔한 현상이므로 정상이다. 하지만 나는 자연스럽지 않을 뿐 아니라 우리가 당연하게 받아들여서는 안 되는 현상이라 생각한다.

세상의 지혜대로라면 성관계를 맺지 않는 결혼 생활은 21세기라는 떠들썩하고 분주한 시대를 살아가면서 어쩔 수 없이 나타나는 결과이다. 하지만 좀 더 깊이 들어가 보면, 신체적인 장애나 질병 탓에 성관계를 맺기 어려운 경우도 있겠지만, 부부의 성관계 상실은 인간 존재의 가장 깊은 소리를 '차단'한 결과이며 결혼 생활을 하는 모두가 익숙해져야 하는 현상은 절대 아니다. 외면하고, 얼어붙어 있고, 자신의 열정을 차단하고 있는 부부들은 결국 서로의 관계까지 차단하고 만다.

내면의 소리를 차단하며 살면 결국 차단된 결혼 생활을 하게 된다.

✻

섹스는 우리가 속한 상황을 최대로 압축한 행위이다. 그 충돌에 모든 것이 담겨 있다. _아서 밀러(Arthur Miller, 미국의 극작가-옮긴이)

나는 위대한 극작가 아서 밀러가 남긴 이 인용구를 좋아한다. 밀러의 말은 옳다. 연인 사이의 성적 역학은 각자가 속한 상황을 압축한 것이어서 그 안에서 모든 문제가 충돌한다. 사무실이나 거실에서, 부엌에서, 마음에서 일어나는 일들은 성관계에 영향을 미칠 수밖에 없다. 성관계가 차단되면 의식도 무감각해지거나 차단되고 만다.

우리의 성적인 자아와 정신적·감정적 자아는 본질적으로 연결되어 있다. 따라서 한쪽의 요구를 차단하면 다른 한쪽 또한 차

단하는 결과를 빚게 된다.

우리가 맺고 있는 관계에서 관능적이고 성적인 욕구를 억누르거나 무시하면 내면에 긴장감이 생기게 되고 일뿐만 아니라 삶의 여러 영역에서 균형이 깨지게 된다. 이와 마찬가지로 자기 내면의 소리를 차단하면 배우자와 성적으로 차단될 가능성이 높다.

지난해에 나는 다국적 통신 회사의 고위직 중역들을 대상으로 강연을 한 적이 있었다. 참석자의 대다수는 남성이었다. 나는 늘 그렇듯이 비즈니스 분야에서 강연자가 일반적으로 다루는 주제를 거론하지 않고, 참석자들이 인간으로 살아가는 데 가장 도움이 되리라 생각하는 주제를 다뤘다. 강연 제목은 '열정을 품고 살고 사랑하자 : 열정을 되살리는 방법'이었다. 내가 연단에 올라서자 참석자들은 호기심에 들떠 웅성거렸다.

나는 매우 친밀하고 사적인 주제를 다루었고, 참석자들이 예전에 한 번도 들어 본 적이 없는 화두를 꺼냈다. 강연 중간에 나는 이렇게 말했다.

"원하는 양만큼 비아그라를 복용할 수는 있습니다. 하지만 여러분이 삶이나 관계에서 진실을 차단했다면 비아그라로 일어서게 할 수 있는 것은 음경뿐입니다. 열정은 일으킬 수 없을 테니까요."

핀이 떨어져도 들릴 정도로 강연장은 일순간 조용해졌다. 나는 현실적인 주제를 직접적으로 강의하는 사람이라고 이름나 있었지만 이번만큼은 지나쳤나 하는 생각이 들 정도였다. 어쨌거나 나는 강연을 계속했고 끝에 가서는 기립 박수까지 받았다. 하지만 책에 사인을 하고 참석자들과 만나는 동안, 한 번도 본 적이 없는 이 회사의 대표가 강연 내용에 어떤 반응을 보일지 걱정이 되었다.

소지품을 챙기고 있을 때 대표의 비서가 다가왔다. "대표님께서 강사님을 잠시 만나고 싶어 하십니다."

'느낌이 좋지 않은걸.' 나는 비서를 따라 호텔 로비를 거쳐 펜트하우스로 올라가는 엘리베이터에 오르며 생각했다. "여기서 기다리세요." 비서는 이렇게 말하고는 자리를 떴다.

무척 신경질적이고 조급하기로 악명 높은 권력가와 어떤 대화가 오갈지 생각하자 심장이 마구 뛰기 시작했다. '사과해야 하나? 아니, 그럴 필요 없어. 강연도 잘했고, 강연 내용도, 방식도 타당했어. 직원들에게 그러한 주제로 강연한 이유를 설명해야 할까? 아냐, 그렇게 변명하는 건 나답지 않아. 게다가 강연 기획자는 참석자들에게 적절하다고 생각하는 주제를 내게 직접 고르라고 말했잖아?' 대표와 만나 어떻게 반응해야 할지 곰곰이 생각하고 있는데, 카우보이모자를 쓰고 번쩍이는 악어 부츠를 신은 대표가 성큼성큼 걸어 들어왔다.

"안녕하세요, 바바라 씨." 대표가 말을 꺼냈다. "40년 넘게 이 바닥에서 일했지만 이런 강연은 처음이었어요."

'드디어 올 것이 왔군.' 나는 이렇게 생각하며 최악의 경우에 대비해 마음을 다잡고 있었다.

"그… 그래서 말인데요." 대표가 말을 이었다. "그렇게 까다롭고 제멋대로인 중역들이 그렇게… 그렇게… 뭐랄까, 맙소사. 내가 말하려는 단어가 뭐였더라. 이렇게 단어가 생각나지 않아서야!"

대표는 환하게 웃어 보였다. "여하튼 당신은 그들을 귀 기울이게 만들었어요. 그뿐인가요, 어디. 생각하지 않으려고 무던히 애쓰고 있는 주제에 대해 어쩔 수 없이 생각하게 만들었어요. 정말 훌륭했습니다!"

"그렇게 말씀하시니 기쁩니다." 나는 안도의 한숨을 내쉬며 대답했다.

"하지만 내가 당신을 만나고 싶어 한 이유는 따로 있습니다." 대표가 목소리를 낮췄다. "사실 고백할 게 있어서요. 아내와 나는 결혼한 지 35년 됐어요. 처음 10년은 정말 좋았는데 나머지 25년은 뭐랄까, 이상적인 수준에 한참 못 미쳐요. 아내가 내게 불만을 품고 있다는 것을 알아요. 물론 내가 함께 살기 편안한 상대는 아니죠. 그런데 나를 가장 괴롭히는 문제는 바로 성욕의 상실이에요. 보시다시피 나는 구식 남자예요. 아내를 진심으로 사랑하고 바람을 피지도 않았죠. 하지만 우리 부부는 오랫동안 성관계를 갖지 않고 친구처럼 지내고 있어요. 문제는 내게 있어요. 성욕을 잃어버렸거든요. 의사가 약을 처방해 주었지만 당신 말대로 약이 몸에는 영향을 줘도 마음에는 도통 효과가 없더군요. 차라리 아무 짓도 하지 않으니만 못했죠. 어쨌거나 감각을 잃고 단절됐다고는 느끼는데 그 이유를 도무지 알 수가 없었어요. 오늘 오후에 당신 강연을 들을 때까지는 말입니다. 내 말을 믿지 않겠지만, 하기야 누군들 믿겠어요. 하지만 당신이 말한 대로 나는 나를 차단하며 살았어요. 거대한 기업을 운영하느라 하루 열두 시간 이상 일하며 녹초가 되고, 고리타분한 권력 다툼을 벌이느라 심신이 지칠 대로 지쳐서 말이죠. 사람들은 지금 내가 소유한 것을 이루겠다고 평생 아등바등 애쓰지만 솔직히 나는 모두 지긋지긋해요. 이렇게 느낀 지 몇 년 됐어요. 하지만 내 손으로 회사를 이만큼 키웠는데 사임하는 것은 무책임하다고 생각했죠."

"그렇다면 자동 조종 장치를 가동 중이군요?" 내가 운을 뗐다.

"맞아요." 그가 내 말에 수긍했다. "기계적이고 무심하게 살고 있는 거죠. 그런 태도가 얼마나 나쁜지 오늘에야 깨달았어요. 나는 텍사스 남자예요. 열정이 넘치는 남자라고요! 내가 하는 일에도, 함께 사는 사람에게도 열정을 품어야 해요! 그동안 나는 너무 지 쳐서 주어진 일도 제대로 못하고 축 늘어진 늙은 황소보다 조금도 나을 것이 없었어요. 하지만 이제는 그렇게 살지 않을 겁니다. 우 선 짬을 내서 앞으로 어떻게 살지 생각해야겠어요. 아내가 유럽에 가고 싶어 하니까 정말 환상적인 여행을 시켜 줘야겠어요. 그러면 아내가 좋아하겠죠?"

대표의 열정이 내게도 전염되는 것 같았다. "물론 좋아하실 거 예요." 내가 말했다. "하지만 무엇보다 대표님이 지금 제게 하신 말을 직접 듣게 된다면 훨씬 좋아하시리라 생각해요. 지나치게 자 존심을 내세워서 그런 사실을 인정하지 못하는 남자들이 많거든 요. 그렇게 솔직하게 말씀하시다니 정말 존경스럽네요."

"잘못한 건 잘못한 거죠." 대표가 밝게 웃었다. "아버지는 '시건 방진 놈은 말안장에 맞지 않는다.'라고 늘 말씀하셨어요."

작별 인사를 나누는데 대표가 껄껄 웃으며 이런 말을 건넸다. "게다가 오늘 처음 경험한 것이 또 있네요. 지금까지 회의나 강연에 수없이 많이 참석했어도 실제로 누군가가 '음경'이라는 단어를 입 밖으로 내는 장면은 처음 봤답니다."

몇 달 후 대표가 엽서를 보내왔다. 엽서에는 1950년대 카우보이가 말의 뒷다리 쪽에 걸터앉아 있는 낡은 사진이 붙어 있고 '텍사스에서!'라고 적혀 있었다. 엽서의 뒷면에는 대표의 성격대로 간단하지만 의미심장한 글이 쓰여 있었다.

"말안장에 다시 올랐다"는 소식을 전하려고 엽서를 보냅니다.

엽서에는 프랑스 파리 소인이 찍혀 있었다. 당시 일을 생각하면 지금도 저절로 미소가 떠오른다. 그때 일이 재미있었기 때문이기도 하지만 "내가 어쩌다 여기에 이르렀을까?"라는 질문을 서슴없이 던지고 여기에 대답하려 애썼던 대표의 감탄할 만한 용기 덕분이기도 하다.

유령 연인

그는 일상 세계에서 눈에 띄지 않았고, 나에게서 너무 분리되어 있었으며, 우리 사랑에서 너무 멀리 떨어져 있어서 마치 유령 같았다.
_바바라의 일기에서, 1973년

함께 살면서도 마주하는 일이 드물고 신체적 접촉도 거의 없고 몸은 가까이 있지만 뚫을 수 없는 벽으로 마음이 갈라져 있는 사람들을 가리켜 유령 연인이라 부른다. 어느 전통문화에서 유령은 서로 다른 세계의 중간에 붙들린 존재로, 혼란스럽거나 분노하거나 매듭짓지 못한 일이 있어서 죽은 다음에도 저 세상으로 가지 못한다. 유령은 이승에 있지만 있는 것이 아니다. 존재하지만 어떤 것을 만질 수도 느낄 수도 없다. 접촉을 원하지만 누구와도 의사소통할 수 없다. 삶을 도둑맞았다고 느끼지만 진정으로 살아 있을 수 없다.

육체적으로 존재하지만 감정이 차단되어 있는 사람도 그렇다. 그들은 존재하지만 살아 있지 않다. 느끼기를 갈망하지만 고립되어 있고 무감각하다. 그래서 그들은 유령 같다.

유령 연인과 함께 사는 사람만큼 외로운 사람은 없다. 내가 경험해 봐서 안다. 당신이 말을 해도 상대방은 듣는 것 같지 않다. 당신은 손을 뻗지만 상대방은 그러지 않는다. 당신은 다정한 감정을 내보이지만 상대방은 마치 투명 인간처럼 감정을 통과시킨다. 당신은 바로 눈앞에 있는 것을 움켜쥐지만 손아귀에는 아무것도, 아무도 없다.

둘 중 한 명만 유령 연인일 때, 상대방은 유령을 쫓아다니며 다시 살리려고 애쓴다. 그러면서 고통과 실망을 느낀다. 연인의 무관심과 냉랭함에 부딪혀 거부당한다고 느낀다. 어떻게 행동해도 연인의 무관심을 뚫을 수 없어 보인다. 유령 연인이 대외적으로 좋은 아빠이거나 훌륭한 엄마이거나 꾸준히 가족의 생계를 책임지는 가장이거나 성품이 온화한 사람이라면, 상대방은 심각하게 혼란스러워하면서 자신의 판단력을 의심하고 자신이 느끼는 불행에 자책한다. "성관계도 없고 아무 열정도 없는 결혼 생활을 하게 되다니. 내가 그 사람에게 너무 깐깐하게 굴었나 봐. 현실적이지 못하고 말이야." 들어 달라 소리치는 가슴의 부름을 외면하고 친밀한 관계를 원하는 갈망을 차단한다면 우리는 이내 유령 연인이 되고 만다.

친밀하고 성적인 연결이 한동안 사라지면 부부는 유령 연인으로 살아가겠다는 말없는 약속을 맺는다. 이러한 관계는 사랑이 아닌 논리, 감정이 아닌 기능을 토대로 이루어지는 경우가 많다.

나는 이렇게 생활하는 부부를 일할 때뿐 아니라 음식점에서 식사하다가, 백화점에서 쇼핑하다가, 비행기로 여행하다가 자주 목격한다. 그들은 친근한 이방인처럼 보인다. 물리적으로는 같은 공간에 있지만 에너지가 연결되어 있지 않다. 한때 두 사람을 엮었던 감정적인 끈은 대부분 아니 모두 끊어져 나간 것 같다. 그들은 각자의 세계에 속하면서, 형식적으로나 습관적으로 아니면 상대방을 배려해서 서로를 인정해 줄 뿐이다.

유령 연인을 한데 묶는 유일한 끈이 자녀일 때가 많다. 이때 상황은 매우 묘해진다. 성관계를 갖지 않는 부부는 자신의 감가저이고 감정적인 필요를 자기도 모르는 사이에 자녀에게 전환한다. 특히 자녀가 어리거나 여전히 부모와 밀접한 관계를 유지하는 데 관심을 보인다면 더욱 그렇다. 부모는 더 이상 서로에게 얻지 못하는 포옹이나 키스 등 신체 접촉을 자녀들에게 구한다.

물론 자녀와 따뜻하고 애정 어린 관계를 유지하는 것은 자녀의 발달에 건전하고 필요하다. 그러나 부모가 배우자를 젖혀 놓고 자녀와 친밀하게 지내는 데 집착하면 문제가 생긴다. 이러한 행동은 고통스럽고 복잡하면서 회복할 수 없는 결과를 낳는다.

- 남편이나 아내는 배우자가 자녀에게 애정을 보일 때 속으로 질투할 수 있다.
- 아빠나 엄마의 감정적 관심과 애정을 받는 데 익숙해진 자녀는 자기도 모르게 대체 배우자의 역할을 하게 될 수 있다.
- 남편이나 아내는 자신을 이상형으로 생각하는 자녀와 지내면서 이상적인 무조건적 사랑에 익숙해진다. 그러면 조건부 사랑을 참지 못하고 점점 더 배우자와 성인다운 친밀감을 쌓을 수 없게 된다.

❦

내 친구 마가렛은 남편 테드와 헤어지기로 결심하기까지, 부모의 이혼으로 두 자녀가 마음에 상처를 입을까 봐 몇 년 동안 고민에 고민을 거듭했다. 두 사람은 첫 아이가 태어난 후로 줄곧 유령 연인으로 살았다. 마가렛은 부부 사이가 너무나 멀어져서 오히려 이혼을 하면 행복해지리라는 사실을 알고 있었지만 자신에게만 좋을 뿐 아이들에게는 좋지 않을까 봐 걱정을 했다.

마가렛 부부는 부모가 옆에 있을 때만 텔레비전을 보도록 아이들을 엄격하게 통제해 왔다. 이혼하고 몇 달이 지났을 때였다. 마가렛은 큰딸 캔디스가 여덟 살이 되었으므로 가족 영화를 봐도 좋겠다고 생각해서 처음으로 영화관에 데려갔다. 아프리카에서 생활하는 한 가족의 모험을 다룬 영화였는데, 한 장면에서 주인공 부부가 언덕 꼭대기에 서서 아름다운 풍경을 내려다보다가 남편이 아내를 두 팔로 포옹하며 열정적으로 키스했다.

캔디스는 엄마 쪽으로 몸을 돌려 이렇게 속삭였다. "엄마, 저 사람이 입에다 뭐하는 거예요?"

"아내에게 뽀뽀하는 거야." 마가렛이 대답했다.

"그런데 왜 뺨에다 하지 않고 입에다 해요?" 캔디스는 끈질기게 물어보았다.

"응, 그건 말이지." 마가렛이 조심스럽게 대답했다. "아빠와 엄마가 서로 사랑하면 입에다 뽀뽀한단다."

캔디스는 잠시 잠자코 있다고 말을 꺼냈다.

"그런데 왜 난 한 번도 아빠랑 엄마가 입에다 뽀뽀하는 걸 본 적이 없지요?"

마가렛은 여덟 살짜리 딸의 솔직한 질문에 한동안 할 말을 잃었다. 마가렛의 결혼 생활에 신체적이고 감정적인 친밀감이 없다는 사실을 날카롭게 지적한 질문이었기 때문이다. 부모가 서로 사랑하는 사람처럼 행동하지 않았고, 아빠가 엄마에게 애정을 표현하는 장면을 아이에게 한 번도 보여 주지 않았다고 생각하자 마가렛의 두 눈에 눈물이 그렁그렁 고였다.

마가렛은 밀려오는 후회로 마음이 아팠지만 한편으로는 크게 안도했다. 딸의 말을 들으면서 이혼이 옳은 결정이었다고 확신할 수 있었기 때문이다.

"나는 아이들이 성장해서 열정적으로 살았으면 좋겠어." 마가 렛은 자기 얘기를 들려주며 이렇게 말했다. "아이들에게 영화에서 처럼 키스를 주고받는 행동이 정상이라고 가르쳐 주고 싶어. 아이 들이 열렬하게 사랑하고 그렇게 사랑받았으면 좋겠어. 내가 마지 못해 결혼 생활을 유지하면서 무감각하게 산다면 아이들에게 본 보기가 될 수 있겠어? 이제 내 열정을 다시 한 번 찾아볼 거야."

※

진정으로 성장하면 자유로워지리라.

_엠마누엘(Emmanuel)

본래 진정한 열정의 근원은 육체가 아니라 마음에 있다. 스스로 진실을 차단하고 있다고 깨달으면 자신을 되돌릴 방법을 찾으려 고 무던히 노력해야 한다.

변화하고 성장하고 개선하고 배우겠다고 결심할 때마다 자기 내 면에 살아 있는 열정이 우러난다. 내면을 깊숙이 파고 들어가 지 혜를 구하고 어려운 의문을 던지고 고통스럽지만 반드시 들어야 하는 대답에 귀 기울이게 만드는 것은, 진리와 행복과 자유를 향한 열정이다.

우리의 열정은 사라지지 않았다. 그저 내면 깊숙이 묻혀 있거나 잠겨 있을 뿐이고 우리만이 끌어낼 수 있다. 19세기 시인이자 구도자 로버트 브라우닝(Robert Browning)은 자신의 신비주의 작품 〈파라셀수스(Paracelsus)〉에서 이렇게 노래했다.

모두의 마음속 깊은 곳에
진리가 충만하게 머문다. …
진리는
길을 활짝 연다.
갇혔던 호화스러운 광채가 발산하도록
그렇다고 없어야 하는
빛을 받아들이는 게 아니다.
조심스레 귀 기울이면 들을 수 있으리라,
마음속 깊은 곳에서 당신을 부르는 소리를.
그것은 당신 마음에 갇힌 호화스러운 광채의 목소리
잊힌 지혜의 목소리,
묻혀 있는 기쁨의 목소리,
잃어버린 열정의 목소리
해방을 갈구하는.

6

진짜 '나', 일어서 주십시오

"넌 누구냐?" 애벌레가 말을 던졌다.
선뜻 대답할 만한 분위기가 아니었다.
앨리스는 주눅이 들어 답했다. "자, 잘, 잘 모르겠어요, 지금은.
오늘 아침에 잠을 깼을 때는 적어도 내가 누구인지 알았어요.
그런데 그때부터 몇 번이나 내가 바뀌었어요."
— 루이스 캐롤(Lewis Carroll), 《이상한 나라의 앨리스(Alice in Wonderland)》에서

이 세상에 사는 동안 내면의 평화를 느끼고 전체성을 경험하는 데
있어 자신을 알고 이해하는 일보다 더 중요한 것이 있을까? 깨달음
의 길을 걷는 내내 "나는 누구일까?"라는 의문이 끊임없이 떠오른
다. 한 번 대답하고 끝나는 의문이 아니다. 자신이 누구인지 생각하
고 나면 마음 편하게 나머지 여정을 유유히 걸을 수 있으리라 여기
지만 상황은 그렇게 돌아가지 않는다. 자신이 바뀌고, 상황이 바뀌
고, 주위 사람이 바뀐다. 게다가 이러한 변화를 겪으면서 자신이 더
욱 바뀐다. 때로는 자신이 너무 많이 변해서 "나는 누구일까?"라는
의문에 대답하기는커녕 그런 의문을 던질 여유조차 없다. 앨리스가

애벌레에게 대답했듯 우리는 과거에 자신이 누구였는지 알지만 지금 자신이 누구인지는 또 다른 문제이다.

감당하기 힘든 문제를 겪거나 전환점에 이르렀거나 경고음을 들을 때는 자신을 알려 할수록 마음이 더 복잡해지고 좌절을 경험하게 된다.

자신의 일부가 묻혀 있거나 잊히고 있다는 사실을 깨달았을 때 어떻게 자신을 되찾을 수 있을까?

길을 잃었거나 잘못된 방향에서 헤매고 있거나 새 길을 찾아야 한다는 사실을 깨달을 때, 희망과 행복, 자신감을 회복하는 길을 어떻게 찾을 수 있을까?

자기 모습이 너무 많이 허물어지고 남은 모습조차 흔들리고 희미할 때, 자신이 누구인지 어떻게 알 수 있을까?

⌘

1950년대와 60년대에 걸쳐 큰 인기를 누렸던 '진실 말하기(To Tell the Truth)'라는 텔레비전 퀴즈 쇼가 있다. 세 명의 참가자가 등장해 독특한 직업에 종사하거나 유별난 취미를 가진 주인공이 바로 자기라고 주장하고, 유명 인사로 구성된 심사위원 네 명이 누가 진실을 말하고 누가 거짓을 말하는지 밝혀내기 위해 참가자들에게 질문을 던진다. 참가자 세 명은 자신이 진짜라고 심사위원들이 믿도록 갖은 노력을 기울인다. 마지막으로 심사위원들은 진실을 말한다고 생각하는 참가자의 이름을 적는다.

심사위원과 함께 추측하는 과정이 재밌었던 나는 엄마에게 이렇게 말하곤 했다. "내 생각에는 3번이 진짜 오페라 가수 같아요."
그러고는 내 추측이 옳았는지 확인하려고 방청객과 함께 마음 졸
이며 발표를 기다렸다. 마침내 진행자가 "진짜 _____은 일어나
주시겠습니까?"라는 유명한 대사를 읊었다. 참가자가 사람들을
완전히 속이기도 하고, 사람들이 정확하게 맞히기도 했다. 결과야
어떻든 나는 수백만 시청자와 함께 '진실 말하기' 프로에 정신이
팔렸고, "진짜 _____은 일어나 주시겠습니까?"라는 말은 전국
적으로 크게 유행했다.

자신을 발견하는 여정을 걸을 때도 "진짜 나, 일어나 주시겠어
요?"라는 말을 하게 되기 마련이다. 이렇게 하려면 감정적으로 용
기를 내야 하고 그때 거쳐야 하는 과정은 퀴즈 쇼와는 달리 그다
지 즐겁지만은 않다. '진실 말하기'에 출연하는 가짜 참가자 두 명
처럼 자신을 계속 혼란하게 하는 속임수를 뚫고 냉철할 정도로 솔
직하고 끈질기게 의문에 맞서야 한다. 스스로 줄곧 외면해 온 자
신의 일부를 포용해야 하고, 계속 회피해 온 삶의 진실을 직시해야
하고, 끊임없이 등을 돌렸던 갈망, 꿈, 비전을 마주 보아야 한다.

그렇다면 어디서 시작할까? 답은 생각보다 간단하다.

진실은 멀리 있지 않다.
진실은 쫓아가는 대상이 아니다.
진실은 내가 있는 바로 여기 있다.
진실은 항상 여기 있었고, 앞으로도 그럴 것이다.
다른 곳에는 없다.

이는 우리 모두가 이해하도록 애써야 하는, 예상 밖이기는 하지만 눈부신 개념이다. 진실은 숨겨진 조각을 찾아 맞추는 복잡한 퍼즐이 아니다. 진실은 이미 내 안에 있다. 아니 바로 나 자신이다. 그러므로 진실을 찾기 시작하면 절대 놓칠 수 없다.

따라서 진실을 추구하는 여정은 진실을 찾아나서는 것이 아니라 밝혀내는 과정이다. 찾았는지 의아해하지 않고 흔쾌히 진실을 보려는 마음을 키우는 과정이다. 자신에게 올바른 의문을 던지고, 퀴즈 쇼 시청자처럼 이미 있지만 확인되지 않은 진실이 조만간 모습을 드러내리라는 사실을 확신하는 과정이다.

커서 이런 사람이 되고 싶어요

자신을 갈라놓는 심연을 건널 수 없다면 달까지 여행한다 한들 무슨 소용일까? 심연을 건너는 것은 가장 중요한 자기 발견 여행이다. 나머지는 모두 쓸모없고 참담하다.

_토마스 머튼(Thomas Merton, 프랑스의 시인이자 영성가-옮긴이)

"나중에 커서 무엇이 되고 싶니?" 아이였을 때 이런 질문을 여러 번 받은 것을 기억하는가? 어릴 적 우리는 자신을 상상 속 미래에 투영하고 자신이 갖고 싶은 직업을 선택했다. 소방관, 가수, 의사, 농구 선수, 동물원 사육사, 화가 등등. 이후 어른으로 성장해 가는 몇몇 시점에서 재능과 흥미를 새롭게 발견하여 꿈을 수정하기도 하고, 성인의 삶에 따르는 현실적인 요구를 받아들이면서 다시 한 번 꿈을 선택하기도 한다. 경찰관이 되고 싶었던 아홉 살 남자아이가 열여섯 살 때는 인류학자가 되겠다고 하고, 스물한 살이 되면 경영학 박사가 되고 싶다고 한다. 누가 뭐라고 해도 인기 스타가 되고 싶었던 일곱 살 여자아이는 열다섯 살에 모델이 되겠다고 하고, 스무 살이 되면 빨리 결혼해서 아이를 낳겠다고 한다.

청소년기와 성년 초반기에는 이러한 재선택의 과정에 누구도 토를 달지 않는다. 오히려 여러 가능성을 가늠해 보라고 격려한다. 하지만 어느 사이에 모든 것이 바뀐다. 무엇을 하며 살아갈지 알아야 하는 나이에 도달하는 것이다. 그 나이는 스물한 살일 수도 있고, 대학에 간다면 졸업하는 나이일 수도 있다. 삶에 '정착'해야 하는 스물다섯 살까지는 자신이 하고 싶은 일을 '실험'해 볼 여지가 있다고 느낄 수도 있다.

마법의 숫자가 몇이든 간에 일단 그 나이에 이르면 누구나 진지해져야 한다. 어떻게 살아갈지, 누구를 사랑할지, 어떤 직업에 종사할지 선택해야 하고 나머지 삶을 사는 동안 이 선택을 충실하게 실천해야 한다. 이때부터는 안정되고, 꾸준하고, 예측 가능하고, 조건이 갖춰져 보이는 사람이 찬사를 받는다. 모두들 변화를 멈추고 선택을 그만두기를 기대한다.

그래서 우리는 '적절한' 역할을 찾고 그 역할에 충실하려고 매우 열심히 일한다. 정치나 사회에서 정확한 태도를 취해야 하고, 내 편과 반대편을 분간해야 하고, 무엇이 허용되고 무엇이 금지되는지 알아야 한다. 우리는 자신이 누구인지 깨닫기보다 사회가 요구하는 틀에 맞추도록 키워졌다. 타인과 다르고 사회의 틀에 맞지 않는 사람은 스스로 열등하거나 못났다고 느끼며 고통 받는 경우가 많다.

십 대와 이십 대 시절을 돌아보며 이렇게 되뇌었던 경험이 누구에게나 있다. "내가 그렇게 생각했다니. 그렇게 행동했다니. 그 문제 때문에 걱정했다니. 그 사람을 사랑했다니. 그 상황에서 화를 냈다니. 그런 옷을 입고 돌아다녔다니. 그것을 사들였다니. 그것이 멋지다고 생각했다니. 그런 사실을 깨닫지 못했다니. 그런 음식을 먹었다니. 그렇게 말했다니."라고 말이다.

우리는 과거를 회상하며 웃기도 하고 몸을 움츠리기도 하지만 대부분 과거의 모습에서 벗어났다는 사실에 위안을 느낀다. "그때는 내가 어렸어."라는 말로, 과거에 저지른 현명하지 못했던 선택이나 어리석은 행동을 해명한다. 그러고는 만족스러운 미소를 지으며 지금은 자신이 무엇을 하고 있는지 안다고 확신한다. 젊은 시절의 온갖 불확실성과 실험을 모두 마치고 드디어 성장한 것이다.

하지만 이러한 개념은 틀림없이 잘못되었다. 사실과 전혀 다르다. 이유는 간단하다. 우리 인간은 안정된 존재도 고정된 존재도 아니기 때문이다. 가끔 변화를 거부하기도 하지만 우리는 계속 변화하며 성장하고, 삶의 여정을 걷다가 발로 차고 소리 지르면서 새로 깨달음을 얻는다.

자신의 가치와 관심사, 꿈과 필요가 수십 년 동안 바뀌지 않으리라 생각하는 것은 비현실적이다. 자신이 변화하지 않으리라 기대

하는 것 또한 비현실적이다.

수세기 전 세상 만물이 지금보다 훨씬 천천히 움직였을 때는 사람들이 그다지 급격하게 변하지 않았다. 수명이 다하지 않는다면 이십 대에 내린 결정이 3, 40년이 지나도 유효하리라 기대할 수 있었다.

하지만 21세기가 된 지금 삶의 순간순간이 빨라지고 모든 것이 혼을 빼는 속도로 움직이면서 우리의 개인적인 여정도 빨라지고 있다. 마치 살고 사랑하고 배우는 여러 인생을 한꺼번에 모두 살고 있는 듯하다. 좀 더 많이 살고 배운다는 말은 결국 더욱 많이 변한다는 뜻이다.

진정한 자아를 찾아서

성장해서 진정한 자신이 되려면 용기가 필요하다.
_에드워드 커밍스(Edward E. Cummings, 미국의 시인이자 소설가-옮긴이)

자신을 인식하는 과정에서 때로 우리는 오래된 가치와 과거의 선택이라는 거울에 비친 자기 모습을 불편해하고 불신하는 동시에 인정하지 않기도 한다. 과거에 필요하다고 생각했던 조건이 더 이상 필요하지 않다는 사실을 깨닫기도 하고, 스물한 살이나 서른한 살에 내렸던 결정에 따라 살아왔지만 그 결정이 오늘날 더 이상 맞지 않는다는 사실을 깨닫기도 한다. 이렇듯 강력한 깨달음의 순간에 우리는 밖으로 드러나는 자신의 모습을 더욱 솔직하고 정확하게 내면의 자아를 반영하는 것으로 만들어야 한다고 느낀다. 더욱 진정한 삶을 살기를 갈망하는 것이다.

진정성을 품고 산다면 남에게 보이는 모습이 자신의 진정한 자아여야 한다. 자신의 신념과 가치, 내면의 실제가 세상을 살아가는 방식에 그대로 반영되어야 한다. 진정성을 품고 살아갈수록 자신의 진정한 모습이 드러나 더 평화로워질 수 있다.

진정성을 품고 사는 사람은

- 개인적인 가치와 조화를 이루며 행동한다.
- 타인의 신념이 아닌 자신의 신념에 따라 선택한다.
- 타인에게 용인되리라 여겨지는 방식대로 행동하지 않더라도 자기 자신일 수 있고 사랑받을 수 있다고 느낀다.
- 자신의 온갖 모습을 숨기지도 거짓으로 꾸미지도 않고, 온전하게 받아들이고 존중한다.
- 갈등이나 긴장을 일으키더라도 필요하다면 진실을 말한다.
- 타인과 맺는 관계에서 자신이 합당한 대우를 받지 못하는 타협은 하지 않는다.
- 스스로 원하고 필요한 사항을 타인에게 요청한다.

누구나 이렇게 살기를 원하지만 말만큼 쉽지는 않다. 진정한 자아가 부를 때 고집스럽게 저항하면서 익숙한 과거의 역할에 매달릴 때가 많다. 과거의 역할이 불편하고 자신을 제한하기도 하지만 너무 많이 바뀌면 자기 정체성을 잃을까 두렵기 때문이다.

"더 이상 아내나 어머니가 아니라면, 착한 아들이나 순종적인 며느리가 아니라면, 충직하거나 유능한 사람이 아니라면, 믿을 만하거나 자기희생적인 친구가 아니라면 나는 누가 될까?"

이 말에는 역설이 숨어 있다. 스스로 알든 모르든 우리는 변화를 거부하고 과거에는 통했지만 더 이상 통하지 않는 선택에 시간과 에너지를 쏟아 부으면서, 정체되거나 열정이 사라진 관계를 이어가고 만족스럽지 못한 직업에 질질 끌려가고 최고선(最高善)으로 향하는 선택을 외면하는 등 자신의 많은 부분을 이미 포기하며 산다.

과거의 역할과 새 역할이 충돌하면

한 독자가 내게 이메일을 보내왔다.

저는 아들 둘을 둔 엄마예요. 올해 마흔네 살이 되었고 결혼한 지는 21년이 되어 가네요. 지난 5년 동안 저는 심각한 우울증과 싸워 왔어요. 전 대학을 졸업하자마자 결혼했고 남편과 남편의 직업에 제 정체성을 걸었죠. 남편은 목사이고 교인들은 목사의 아내로서 제가 어떻게 말하고 행동하고 느껴야 하는지 외모는 어떻게 갖취야 하는지에 대해 나름대로 틀을 정해 놓았어요. 그래서 그 틀에 맞지 않으면 저를 피하고 말도 걸지 않아서 스스로 무능하다고 느끼게 만들죠. 남편도 매정하기는 마찬가지여서 저를 변호해 주거나 보호해 주지 않아요. 저는 정작 제 울타리가 돼 주어야 하는 사람들과 싸우고 있답니다.

그동안 정말 우울했고 울기도 많이 울었어요. 모든 사람을 만족시키기 위해, 제게 맡겨진 일을 모조리 하려고 애도 써 봤어요. 하지만 끝에 가서는 화가 나고 비참하기만 했어요. 지금은 몸도 마음도 감정도 완전히 고갈되고 말았어요. 아이들을 데리고 떠나려고 이런저런 사업에 손을 댔지만 심신이 너무 피곤하고 지쳐 있어서인지 애초에 원했던 만큼 순조롭게 굴러가지 않았습니다. 당신의 책 《여성이라면 알아야 하는 삶의 비밀(Secrets About Life Every Woman Should Know)》을 읽고 나서야 비로소 제가 왜 이렇게나 탈진했고 사업을 제대로 운영할 수 없을 정도로 지쳐 있는지 깨달았어요. 저는 남편이 저를 사랑해 주고 올바른 말을 해 주기만을 기다렸어요. 제 아이들이 저를 잘 따라 주기만을 기다렸어요. 저 자신이 완벽한 아내이자 목사의 배우자가 되기만을 기다렸어요. 그러면 저는 행복해지리라 믿었어요.

이제 저는 저 자신이 되지 않으면 결코 행복할 수 없다는 진실을 깨달았어요. 하지만 문제는 목사 부인이라는 역할에 너무 익숙해서 제가 누구인지 더 이상 알 수 없다는 거예요.

도망쳐서 삶을 새로 시작하고 싶어요. 분노와 괴로운 감정을 모두 털어 내고 체중도 줄이고 과거의 경험을 모두 진정한 교훈으로 돌리고 백지 상태로 만들고 싶어요. 언젠가 제 소유의 아파트를 장만하고 사업을 시작해서, 사회에 희망이 있다는 사실을 깨닫도록 문제 아동들을 돕겠다는 꿈을 꾸고 있습니다. 심각한 피로로 지쳐 있지만 이 세상에서 삶이 끝나기 전에 다시 생산적인 사람이 되기를 기도하고 있답니다. 무엇을 해야 하고, 자신이 진짜 어떤 사람인지 깨닫기까지 다시 20년을 허비하지 않기를 바랄 뿐입니다. 감사합니다. 당신이 한 일은 헛되지 않았어요!

열정을 찾고 있는 사람으로부터

이 여성이 느끼는 고통이 무거운 역기처럼 내 가슴을 짓눌렀다. 그녀는 자신에게 "내가 어쩌다 여기에 이르렀을까?"라는 의문을 던지고 여기에 대한 답을 찾아가는 과정에서 자신이 진정한 자아로부터 차단되어 있다는 진실을 깨달았다. 변화해야 한다는 필요와 선택이 목사 아내라는 역할과 충돌했고, 그에 따른 갈등으로 이 여성은 탈진했다.

이러한 비극적 투쟁, 다시 말해 과거의 역할과 새로 선택한 역할 사이에 충돌을 겪는 일은 많은 이들에게 일어나고 있다.

✂

쌍둥이를 키우는 한 전업주부는 따로 직업을 가진 어머니들에게 강한 거부감을 느껴 왔다. 그런데 어느 순간 자기 자신이 예전에 일했던 여행업계로 복귀하고 싶어 한다는 사실을 깨달았다. 주부라면 집에서 살림을 하면서 자녀를 직접 양육해야 한다는 신념을 가지고 있고 남편도 이에 전적으로 동의하지만, 삶이 지루해서 다시 직업을 갖고 싶다는 간절한 마음 또한 비밀스레 지니고 있었던 것이다. 그녀는 상반된 두 관점 사이에 끼어 빼도 박도 못하고 자신의 곤란한 입장을 타인에게 말하기조차 두려워 심각하게 우울해졌다.

한 젊은이는 마침내 자신이 알코올중독자라는 사실을 인정하고 금주를 결심했고 자신이 한 선택에 책임을 지도록 도와줄 12단계 프로그램을 시작했다. 하지만 부모나 친구들에게는 자신의 금주 계획을 말하지 않았다. 그들은 여전히 술고래여서 자기들의 생활 방식에 맞지 않는 사람을 비난하기 때문이었다. 부모나 친구들은 술을 즐겼던 과거의 모습으로 젊은이를 알고 있기 때문에 금주하기로 결정한 이후로는 그들과 보내는 시간이 끔찍했다. 젊은이는 마음이 상하고 혼란스러워 타인과의 접촉을 모두 끊고 음식으로 불안을 해소하려 한 탓에 두 달 만에 체중이 9킬로그램이나 늘었다.

주위 사람들이 입을 모아 '세상에서 제일 다정한 사람'으로 인정하는 한 중년 여성은 자신이 젊었을 때부터 남을 돕는 역할에 갇혀 지냈다는 사실을 깨달았다. 큰딸인 데다가 어머니의 건강이 좋지 않았던 탓에 일찍부터 보호자 역할을 떠맡았고 성인이 되어서는 남편과 자녀, 친구와 친척을 돌보는 역할을 도맡았다.

이 여성은 스트레스를 자초하기 때문에 고혈압이 악화되고 있다는 의사의 경고를 들은 후부터 자기 마음을 직선적으로 표현했고, 도와 달라는 타인의 요청을 거절했으며, 타인을 만족시키기보다 자신의 욕구를 먼저 채우는 방향으로 행동했다. 결과는 황당했다. 남편은 "당신 대체 왜 이래?"라는 반응을 보였고, 몇몇 친구들은 그녀가 '이기적'이 되었다며 비난했다. 여성은 새로운 자아를 과거의 자아에 통합시키는 방법을 알지 못해 우울증에 빠졌다.

위에 인용한 사람들은 모두 같은 문제를 겪고 있다. 실제로는 보통 사람과 마찬가지로 다차원적인 사람인데도 일차원적인 삶을 살려 애써 왔다. 그들은 성장하고 발달했기 때문에 더 이상 과거의 고정된 역할에 맞지 않았다. 과거에 자신이 그은 경계를 넘어섰던 것이다. 하지만 친구와 가족, 사회의 인정과 신뢰를 잃을까 두려워 새로 떠오르는 자아를 숨겨 왔다.

사랑받으려고 타인의 가치에 맞춰 생활하는 것은 슬픈 역설이다. 결국 자기 본모습이 아니었다는 사실을 깨달으면 타인에게 받는 사랑과 인정을 신뢰하지 못한다. 어떻게 신뢰할 수 있겠는가? 자신의 진정한 자아를 보여 주면 타인이 더 이상 자신을 인정하지 않으리라는 사실을 알고 있는데 말이다.

진정한 자아가 아니라면 사람들과 진솔한 관계를 맺었다고 느끼지 못한다. 어떤 역할을 맡아서 얻은 사랑과 인정은 가짜이고 공허하다. 그런 역할로는 절대 성취감을 느끼지 못할 것이다. 역할

이 진정한 자아와 연결되어 있지 않다는 사실을 가슴 깊이 알기 때문이다.

⌘

우리가 나이 들면서 변한 것이 아니다.
더욱 분명하게 우리 자신이 되었을 뿐이다.

_린 홀(Lynn Hall), 《호랑이는 모두 어디로 가 버렸을까?(*Where Have All the Tigers Gone?*)》에서

나는 러시아 둥지인형 마트료시카를 볼 때마다 매력을 느낀다. 마트료시카는 밝게 채색된 나무 인형으로 바깥 인형을 열면 좀 더 작은 인형이 나오고 작은 인형 안에 더 작은 인형이 둥지를 틀고 있다. 마트료시카는 러시아에서 수세기에 걸쳐 전통으로 전해 내려왔다. 러시아어로 '마트(mat)'는 엄마라는 뜻이다. 따라서 마트료시카는 번식과 모성을 상징해서 러시아에서는 행운을 빌어 주고 싶은 사람에게 이 인형을 선물했다.

마트료시카는 자기 발견 과정을 나타내는 은유이다. 진정한 자아를 향한 여정은, 한 역할에서 다른 역할로 이동하거나 과거 역할을 버리고 새 역할을 선택하는 것이 아니라, 좀 더 정확하게 말해서 층을 벗겨 내는 과정이다. 우리는 성장하면서 자신의 숨은 모습을 더욱 많이 드러내기 마련이다. 마트료시카가 인형을 하나씩 '낳듯' 우리도 새로운 모습을 거듭 낳는다.

이는 상반된 역할이 전체를 이뤄 자아가 온전해진다는 개념이다.

우리 인간은 정적인 자아 하나로 이루어지지 않고, 새로 생겨나는 많은 자아로 이루어진다. 이는 배타적이지 않고 포괄적인 관점이다. 다시 말해서 우리의 일부는 다음 일부를 탄생시키는 데 필요하다. 자아는 하나가 아니라 복잡하다. 우리는 많은 모습으로 공존하는 자아로 이루어지고 입체적으로 존재한다.

아마도 앞서 인용한 작가 린 홀의 말은 우리가 변하지 않고 더욱 분명하게 자기 자신이 되어 간다는 뜻일 것이다. 우리는 제일 안쪽에 꼭꼭 숨겨진 가장 작은 인형처럼 자신에게 발견되기를 기다리고 있는 자아를 펼쳐 보이고, 꽃피우고, 드러낸다.

자기 그림자를 알라

모든 사람은 달과 같아서,
누구에게도 절대 보여 주지 않는 어두운 면이 있다.
_마크 트웨인(Mark Twain), 《바보 윌슨(Pudd'nhead Wilson)》에서

마트료시카 인형을 만드는 장인은 솜씨를 발휘해서 바깥 인형 안에 숨겨질 새 인형을 더욱 아름답게 채색한다. 바깥 인형을 열어 안에 들어 있던 새 인형을 꺼내면 감탄사가 튀어나온다. "세상에, 이것봐!" 그러고는 소리를 지른다. "바깥 인형보다 훨씬 예뻐!"

하지만 우리의 자아 발견 과정이 이처럼 항상 기쁜 것만은 아니

다. 똑바로 보고 싶지 않은 숨겨진 조각이 드러날 때도 있다. 이렇듯 숨겨진 내면의 영역을 가리켜 정신과 의사 칼 융은 '자아의 그림자'라고 불렀다. 자아의 그림자는 타인에게 받아들여질 만하고 이상적으로 포장된 자아 뒤에 숨은 감정과 충동의 집합이다. 우리 내면에 존재하는 무의식적이고, 발달하지 못하고, 거절당하고, 억눌리고, 부정된 모든 것이다.

자아의 그림자를 '어두운 면'이라 부르기도 한다. 하지만 어두운 면은 자아의 그림자라는 개념을 지나치게 단순화한 잘못된 용어이다. 그림자에 담긴 자아의 성질이 '나쁜 것'은 아니다. 그저 자신의 현재 모습이나 원하는 모습, 타인이 우리에게 기대하는 모습과 달라서 숨기고 있을 뿐이다.

우리는 스스로 인정이 많다고 생각하지만 좀 더 이기적이고 때로 거만하고 성급한 면이 있다. 우리는 자기 수양이 잘되어 있다고 자부하지만 비밀스러운 중독 성향을 고집스럽게 유지한다. 우리는 타인에게 도덕성과 순수성을 가르치지만 온갖 방법을 동원해서라도 자신의 감각을 마음껏 즐기려는 갈망이 끓어올라 계속 몸부림친다. 우리는 타인으로부터 자신의 독립성을 맹렬하게 지키면서 타인에게는 아무것도 원하지 않는다고 주장하지만 마음 한편에서는 자기 대신 책임을 지고 자기를 이끌어 줄 누군가를 필사적으로 찾고 싶어 하다. 우리는 자신의 그림자 조각을 사람들이 보면 더 이상 자신을 사랑하지 않거나 받아들이지 않으리라 두려워한다. 그래서 자신에게 그림자가 있다는 사실을 스스로에게조차 인정하지 않는다.

그렇다면 자신의 그림자 자아를 어떻게 분간할 수 있을까? 손쉬운 방법은 자신이 싫어하는 타인의 속성을 찾아내는 것이다. 우리는 자기 그림자 자아의 일부를 드러내 보이는 사람 주위에 있을 때 언제나 마음이 흔들리고 불편하다. 섬뜩한 말이기는 하지만 자신의 억눌린 그림자 속성을 밖으로 드러내는 사람을 가장 심하게 비판한다. 심리학자들은 이러한 무의식적인 기제를 가리켜 투영이라 부른다. 우리는 자신과 무관하다며 전적으로 거부하는 속성을 타인에게 투영하고 그러한 속성을 목격하면 분노한다. 예를 들어 보자.

- 자녀를 위해 모든 욕구를 희생하는 어느 독선적인 어머니는, 동생 내외가 아이들을 친구에게 맡기고 일주일 동안 여행을 다녀온다고 하자 그들이 이기적이고 자녀 양육에 소홀하고 무책임하다고 생각하면서도 자신도 그렇게 하고 싶은 마음이 간절하다.

- 한 아버지는 자녀에게 모진 독재자처럼 벌을 주고 엄하게 굴면서 어떤 재미도 자유도 허락하지 않는다. 무분별하게 행동했던 십 대 때 자동차 사고를 내서 친구를 거의 죽일 뻔한 이후로 줄곧 억눌러 온 자신의 자유분방한 자아를 남몰래 두려워하기 때문이다.

- 파티에 미친 한 이십 대 여성은 최근에 유행하는 옷을 입고 가장 인기 있는 클럽에 다니느라 혈안이 되어 있고, '특권 그룹'과 무리지어 다니면서 따분하고 매력 없고 무능한 사람들을 비웃는다. 하지만 자기 내면을 들여다보면 텅 비어 있고, 열심히 노력해서 정상을 지키지 않으면 사람들의 기억에서 쉽게 지워질까

봐 두려워한다.

- '규칙대로만 행동'하는 강박적 성격의 완벽주의자 직원은 실수해서 실패자가 될까 봐 두려워한다. 자기보다 성공한 관리자를 오만하고 뻔뻔할 뿐 아니라 단정하지 못하고 지나치게 공격적이라고 비난하지만 마음속으로는 그들의 용기와 성취를 은근히 부러워한다.

우리의 그림자 자아는 또한 완성하지 못한 일이고, 채우지 못한 필요이고, 해결하지 못한 감정 문제이고, 깨닫지 못한 갈망이고 꿈이다. 그림자 자아는 우리가 온갖 수단을 동원해서 외면하는데도 주의를 끌면서 우리를 힘껏 잡아당긴다. 칼 융은 그림자 자아를 억누르려는 인간의 몸부림에 대해 이렇게 경고했다. "자신이 사랑하지 않는 성격이 일제히 자신에게 맞설 것이다."

그렇다. 어느 날 꼭꼭 억누르고 숨겨 왔던 그림자 자아가 빠져나오면서 우리는 위기를 맞는다. "어떻게 된 일이지? 내가 어쩌다 여기에 이르렀을까?" 우리는 이렇게 의문을 던지며 그동안 자신의 자아상으로 인정하지 않았던 대로 느끼고 행동하는 스스로를 어리둥절해한다. "이건 나답지 않아."

"이렇게 불행하다니 나답지 않아."
"이렇게 거침없고 틀에 얽매이지 않으려 하다니 나답지 않아."
"다른 사람의 생각을 개의치 않다니 나답지 않아."
"이렇게 갈등을 일으키다니 나답지 않아."

"이렇게 이기적으로 행동하다니 나답지 않아."

하지만 사실 그것이 바로 당신다운 모습이다. 그저 과거에 세상에 내보였던, 심지어 자신에게 보였던 모습이 아닐 뿐이다. 그것은 갇혀 있다가 풀려난 '당신'이고 당신 그림자이다.

✼

자기 그림자라 믿는 모습이 사실상 살아가면서 잃어버린 빛인 경우가 있다.

마흔다섯 살인 윈스턴은 가정에서 훌륭하고 무던한 아들이 되려고 늘 열심히 일한다. 형 피터는 격정적이고 화려하면서 인습을 완전히 벗어던지고 생활하는 음악인이다. 윈스턴이 밤낮으로 공부해서 대학에 들어가 화학공학자가 되는 사이에 형은 유럽을 무전여행하며 눈에 띄는 아가씨들을 마음 내키는 대로 사귀었다. 윈스턴은 오래 사귄 여자 친구와 전통적인 결혼식을 치르고 몇 년 터울로 자녀 셋을 낳았지만, 형은 세 번 결혼하고 이혼했다.

윈스턴은 수수하고 실용적인 자동차를 몰지만 형은 포르쉐를 몬다. 윈스턴은 인생 계획을 매우 상세하게 세우지만, 형은 즉흥적이어서 불현듯 비행기에 올라타기도 하고 기분이 내키면 일을 시작했다가 갑자기 그만두기도 한다. "윈스턴은 말썽을 피운 적이 없어요. 아기였을 때도 정말 얌전했죠." 윈스턴의 어머니는 만나는 사람마다 아들 자랑을 늘어놓았다. 하지만 큰아들에 대해서는 "그 아이는 뭐랄까… 여하튼 조금 달랐어요."라는 식으로 말했다.

어느 날 상상도 못 했던 사건이 윈스턴에게 일어났다. 마이애미에서 열리는 회의에 참석하는 동안 같은 호텔에 투숙한 폴린을 만나 한눈에 사랑에 빠진 것이다. 폴린은 쿠바 출신 미용사로 섹시하고 재미있고 냉철하면서도 매우 정열적이었다. 윈스턴은 폴린과 함께 있으면 자신이 온전히 살아있고 깨어 있다고 느꼈다. 아내와는 한 번도 편안하게 하지 못했던 얘기를 폴린에게는 털어놓을 수 있었다. 폴린도 윈스턴과 마음을 나눌 수 있다고 느꼈다. 두 사람은 자신들이 함께해야 할 운명이라고 생각했다.

집으로 돌아가기 전날 밤 윈스턴은 폴린과 바닷가를 거닐면서 괴로워했다. 속으로는 아내와 이혼하고 직장을 그만두고 마이애미로 달려오고 싶었다. 자신이 어릴 때부터 너무 오랫동안 불행했다는 사실을 깨달았다. 과거의 삶은 꿈이었고 지금 그 꿈에서 깨어난 것만 같았다. 하지만 그토록 열심히 일해서 쌓았던 전부를 어떻게 무너뜨릴 수 있을까? 윈스턴은 마음이 둘로 나뉘는 것을 느꼈다. 마음 아프게 작별 인사를 나누면서 그는 옳은 결정을 내리려면 시간이 필요하다고 폴린에게 말했다.

나와 전화 상담을 하면서 윈스턴은 자신이 처한 곤란한 상황을 이렇게 설명했다.

저 자신을 모르겠어요. 생전 처음이거든요. 이런 일은 형이 저질렀죠. 저는 이기적이고 무책임하게 행동하는 형이 싫었어요. 그래요. 부정하지는 않겠어요. 제 삶은 매우 정돈되어 있었기 때문에 늘 형보다 우월하다고 생각했어요. 그런데 지금 제 모습은 어떤가요? 형이 여태껏 터뜨린 것보다 훨씬 나쁜 일을 저지르려 하잖아요. 형에게서 가장 못된 모습만 골라 닮으려는 것 같아요. 모두 제가 미쳤다고 생각할 테죠. 어머니의 마음도 갈가리 찢길 거예요. 저는 늘 어머니의 완벽한 아들이었거든요. 그리고 형은… 고소해하겠죠. 마침내 동생이 엉망진창이 되었으니까요.

어떻게 해야 하는지 알아요. 다시 과거의 나로 돌아갈 수는 없어요. 지금까지의 삶과 결혼 생활 모두가 과거의 나를 토대로 하고 있죠. 이제 진정한 사랑을 경험하게 됐는데 폴린을 놓칠 수는 없어요. 하지만 어떻게 이런 일이 느닷없이 일어났을까요? 어째서 짐작조차 못했을까요?

윈스턴은 자신의 그림자 자아에 맞닥뜨렸다. 윈스턴에게 그림자 자아는 열정적이고 생기발랄한 자신의 일부였다. 살아가면서 묻어 두려고 무던히 애를 썼지만 결국 속박을 뚫고 나타났다. 그림자 자아가 등장하자 윈스턴의 의식 세계는 충격을 받았고 윈스턴은 혼란스러워하며 갈팡질팡했다. 어찌 해야 할지 몰라서가 아니라 자신이 그런다는 사실을 믿을 수가 없었기 때문이다.

윈스턴은 용기를 내서 불행한 결혼 생활을 접고 폴린과 새 삶을 시작했다. 놀랍게도 윈스턴의 아내 또한 결혼 생활에 오랫동안 불만을 품었다고 털어놓았고 이혼하고 나서 새 짝을 만났다. 하지만 윈스턴이 가장 의외라 생각하고 놀랐던 것은 바로 가족들이 보내주는 지지였다. 어머니는 완벽한 아들보다는 행복한 아들을 원한다며 아들을 격려해 주었다. 형은 동생이 겪는 고통을 보고 고소해하기는커녕 윈스턴이 생각하지 못했던 방식으로 동생을 도와주었다. 역할에 갇혀 진정한 열정과 활력을 차단한 것은 가족이 아니라 바로 윈스턴 자신이었던 것이다. 결국 윈스턴은 자기 자신을 해방시켰다.

> 그림자 자아가 모습을 드러내면 질서정연하다고 스스로 믿었던 세계에 일시적으로 대혼란이 일어날 수 있다. 하지만 결국 진정한 행복과 새로운 자신감, 깊은 만족을 느끼는 방향으로 상황이 정리될 것이다.

❀

> 문을 미는 대신 당겨야겠다는 생각을 하지 않으면, 문이 안으로 열리는 방에 꼼짝없이 갇힐 것이다.
>
> _루트비히 비트겐슈타인(Ludwig Wittgenstein)

《버자이너 모놀로그(The Vagina Monologues)》라는 작품으로 유명한 극작가 이브 엔슬러(Eve Ensler)가 1998년 베드포드 힐스 교도소를 방문했다. 이곳은 뉴욕 주에서 최고 보안 시설을 갖춘 여성 교도소로 엔슬러는 이곳에서 대부분 살인범인 죄수들에게 글쓰기를 가르쳤다. 또한 수업에 참가한 죄수들이 글을 쓰고 대화하면서 자신이 품고 있는 슬픔과 죄책감을 파고들어 자신을 치유하는 내면의 여정을 시간 순서대로 녹화해서 '내가 하는 말을 통해 당신이 깨달았으면 하는 것'이라는 제목으로 80분짜리 다큐멘터리를 제작했다. 나는 이 다큐멘터리를 보면서 감옥뿐 아니라 고통과 자기 판단에 갇힌 스스로의 삶을 묘사하는 여죄수들의 말에 충격을 받았다.

엔슬러는 여죄수들에게 다큐멘터리가 시청자에게 어떤 영향을 미치기를 원하는지, 본인은 시청자에게 어떤 말을 해 주고 싶은지 쓰라고 요청했다. 2급살인 세 건을 저질러서 75년 징역형을 선고받고 복역하고 있는 주디스 클라크는 이렇게 썼다.

> 내가 하는 말을 통해 당신이 깨달았으면 하는 것은… 나는 내 말을 들은 당신이 스스로 만든 감옥에 대해 의문을 갖게 되기를 바란다. 왜냐고 물어보게 되기를 바란다.

나는 여죄수가 고통스럽게 얻은 이 지혜의 글을 읽으며 깊은 감명을 받았다. 우리들은 자기 조각을 가두어서 마음과 심장의 어둡고 후미진 곳에 살게 했다는 의미에서 모두 죄수이다. 자신을 해방할 수 있는 유일한 길은 감옥에 의문을 품고 스스로 인정하기 두려워하는 자신의 어두운 부분을 껴안는 일이다.

자기 그림자 받아들이기

이제 자기 그림자에 얽힌 내 얘기를 하려 한다.

9년 전 내가 삶을 다시 돌아보기 시작했을 때 내 영적 스승은

"얼마동안 자신이 아무것도, 아무도 아니면 좋을 것이다."라는 가르침을 주었다. 뒤돌아보니 스승은 위대한 스승들이 지닌 신비스러운 지혜의 눈으로, 내가 스승의 가르침을 받아들이면 있는지조차 몰랐던 자신의 일부, 내가 가장 두려워하며 마음 깊이 묻어 둔 그림자를 곧 만나리라는 사실을 이미 알고 있었다.

스승의 가르침을 듣자마자 나는 그것이 무슨 뜻인지 알겠다고 생각했다. 그리고 스승이 내게 그런 가르침을 준 이유를 이해한다고 생각했다. 나는 그동안 지나치리만치 열심히 일했기에 일의 속도를 늦출 필요가 있었다. 여러 측면에서 힘들기는 하겠지만 결코 불가능하지는 않으리라는 결론을 내렸다. "스승은 내가 실패에 대해 품고 있는 두려움을 해결하기를 바라는 거야." 나는 확신에 차서 이렇게 생각했다. "얼마 동안 일을 줄이면 명성도 수입도 줄어들겠지만 예전에도 해 본 적이 있으니 그다지 큰일은 아니야."

그리고 사실 그랬다. 나는 평생 실패와 고난을 겪었고 일도 몇 번이나 맨손으로 시작해서 하나씩 이루어 나갔다. 처음 쓴 책을 출간하려 출판사 수십 군데를 접촉했지만 거절당해 좌절했다가 가까스로 출판사를 잡을 수 있었다. 여러 해 동안 영성 훈련을 했고, 인도자와 멘토의 지지에 힘을 얻어 심리 치료에 심혈을 기울였다. 그래서인지 문제가 아직 많이 남아 있기는 하지만 일하는 속도를 늦추고 시간을 만들 때 생기는 문제는 그다지 크게 걱정하지 않아도 된다고 여겼다. "적게 일하는 것이 뭐 그리 대수겠어?" 나는 자신을 이렇게 다독였다.

볼 수 없을 때는, 보이지 않는 것은 볼 수 없다. 내 경우가 그랬다. 나는 자신의 무의식에 무엇이 자리하고 있는지 안다고 생각했다. 하지만 어떻게 알 수 있었겠는가? 그림자 자아의 실체는 우리가 기꺼이 마주하겠다고 마음먹기 전까지는 꽁꽁 숨어 있어 전혀 볼 수 없는 것인데 말이다. 수십 년 동안 자아를 탐구하고 심리적인 이해를 얻으려고 노력해 온 것과는 상관없이 놀라운 일이 내게 일어났다.

스승에게 가르침을 받고 몇 달이 지났다. 진행하던 업무를 모두 마치고 일정표에서 새로운 업무를 지우고 나자 나는 전혀 예상하지 못했던, 내 성격에서 완전히 벗어난 경험을 하기 시작했다. 아무것도 하지 않는 상태를 좋아하게 되었던 것이다. 책을 읽고 꽃꽂이를 하고 장을 보고 요리하고 집을 정돈하고 개를 운동시키며 하루를 보내는 일이 무척 즐거웠다. 아무 계획도 세우지 않고 소일하는 것이 홀가분했고, 급하게 서두르며 일을 하지 않아 좋았다. 거추장스럽게 옷을 차려 입지 않고 반바지에 티셔츠 정도만 걸칠 수 있어 좋았다. 출장 가서 연단에 올라 청중들에게 영감을 줄 필요가 없어서 좋았다. 누군가에게 현명한 말을 해 줄 필요가 없어서 좋았다. 인류에 공헌해야 한다고 느낄 필요가 없어서 좋았다. 사람들을 도와야 한다는 의무감에 어깨가 눌리지 않아서 좋았다. 내가 변화를 일으켜야 한다고 생각할 필요가 없어서 좋았다.

이러한 깨달음을 얻고 나는 정말 놀랐다. 무슨 일이든 늘 남보다 열심히 오래 할 수 있다고 자부해 왔기 때문이다. 나는 남의 도움 없이 거의 맨주먹으로 지금의 위치까지 올라왔다. 무엇이든 노력해서 힘들게 얻었다. 내가 하는 일은 무엇이든 의미심장하고, 중요하고, 목적이 있어야 한다고 마음속 깊이 믿었다. 열심히 일하고 타인이 나를 위해 무언가 해 주기를 기대하지 않고 힘껏 세상에 기여하자는 것이 내 신조였다.

하지만 나는 평소에 따랐던 신조에 거슬러 행동하고 있었다. 그렇게 행동하는 것이 좋았다. 물론 '나답지' 않았기 때문에 싫을 때도 있었다. 내가 늘 못마땅하게 생각했던 사람들과 너무나 비슷하게 행동했기 때문이다. 따라서 다음처럼 행동하는 사람들에게 미리 앞서 사과하고 싶다.

- 타인을 돕지도, 세상을 돕지도 않고 자기 쾌락에만 신경 쓰는 사람
- 애써 일하지 않고 가족, 운명, 행운, 좋은 타이밍, 성공, 돈, 명예를 획득하고서도 거만하게 행동하는 사람
- 자녀가 없는데도 일하지 않고 남편에게 생계를 의존하는 아내. 남편을 도울 생각은 하지 않고 편하게 앉아 소파에 어울릴 천을 새로 고르고, 세 시간 동안 친구들과 수다 떨며 점심을 먹고, 자주 피부 마사지를 받는 아내
- 돈 있는 남성만 찾아다니고, 설사 마음이 맞지 않더라도 경제적으로 남성의 보살핌을 받고 싶다고 당당하게 말하는 뻔뻔한 여성
- 독창성이나 깊이 없이 돈벌이만 되는 아이디어를 이용해서 이익을 창출함으로써 모험을 하지 않고 가만히 앉아 재산을 불리고 즐기는 전문가

이러한 사람들을 보면서 나는 언제나 흥분하고 분노했으며 가차 없이 비난했다. "개념 없고 방종하고 무지한 인간들!" 물론 가르침을 받은 이후 내가 그들처럼 살았던 것은 아니고 그저 일하는 시간을 많이 줄였을 뿐이지만, 숨겨진 내 그림자 다시 말해서 그들을 비난하면서도 부러워했던 내 일부가 밖으로 모습을 드러냈다.

나는 마음속 깊숙한 곳을 들여다보면서, 시간과 재능과 에너지를 총동원해 세상에 공헌하겠다는 차고 넘치는 책임감에 항상 짓눌려 왔다는 사실을 깨닫기 시작했다. 하지만 아무 일도 하지 않는 자신을 사랑할 수 있을까? 사회에 공헌하지 않고 살아가는 자신을 존중할 수 있을까? 나는 세상에 대해 아무런 의무감도 느끼지 않는 사람들을 정말 부러워하는 걸까? 그저 보통 인간으로 단순하게 살아도 될까?

나는 중요한 일을 진행하고 열심히 일하고 많이 성취하려는 내 추진력이, 자기 능력을 증명해 보이고 다른 사람의 사랑과 존경을 받으려는 욕구에서 나온다고 믿어 왔다. 하지만 이제 깨달았다. 나는 일하는 속도를 늦추면 결국 영원히 멈춰 버리게 될까 두려웠기 때문에 끊임없이 스스로를 몰아붙였던 것이다.

내 그림자 자아의 진정한 모습은 강한 성취욕을 발휘하고 인류를 위해 희생하는 삶과는 정반대였다. 그저 단순하게 살면서 자기 생활을 즐기고 싶어 했다. 그다지 열심히 일하고 싶어 하지 않았다. 늘 다른 사람에게 선생으로서 책임을 다하는 일이 부담스러웠다. 다른 사람의 조사와 비난을 받고 투영의 대상이 되기 싫었다. 변화를 일으키는 책임을 지기 싫었다. 다만 다른 사람의 눈에 띄지 않았으면 했다.

몇 년 전에 스승은 내가 보통 사람이 될까 봐, 평범한 삶을 살까 봐 두려워하고 있다고 말했다. 그 말이 무슨 뜻인지 이제야 이해했다. 내 안에서는 항상 두 세력이 비밀스럽게 싸움을 벌이고 있었다. 추진력 있는 자아는 그림자 자아를 믿지 않았다. "한 번 멈춰서면 게으름을 피워서 아무것도 하지 않을 거야. 그러면 대체 무엇을 성취할 수 있겠어?" 그래서 나는 훨씬 열심히 일하려 애썼다.

이제 나는 평생 동안 내 안에서 싸움을 벌이는 두 세력을 분명하게 볼 수 있다. 언덕 꼭대기에 우뚝 서서 전장에 흩어져 있는 적군을 내려다보는 장군처럼 말이다.

한 세력: 세상의 여러 구도자를 돕기 위해 헌신하는 영적 스승이자 선지자. 추진력과 비전과 성취의 에너지
반대 세력: 사랑과 우정을 갈망하고 살아가면서 매일 누리는 단순한 행복을 추구하는 인간 여성. 조화와 휴식과 만족의 에너지

나를 형성하는 데 꼭 필요한 두 가지 세력은 사이가 좋지 않아 서로 다투고 있었지만 나는 그러한 사실을 까마득히 모르고 있었다. 나의 그림자 자아 찾기는 언제 끝날까? 당연히 끝나지 않고 계속된다. 나를 형성하는 많은 부분이 그림자로 머물다 환한 곳으로 나오면서 내 모습에 드러나게 될 때마다 나는 깜짝 놀란다.

한동안 만나지 못했던 직관력이 풍부한 친구와 오랜만에 저녁 식사를 함께 했다. "너, 뭔가 달라졌어." 친구가 의심스러운 눈길

로 말했다. 나는 어떻게 달라졌느냐고 물었다. 친구는 잠시 뜸을 들이다가 대답했다. "더 보기 좋아." 그러고는 씩 웃더니 말을 이었다. "훨씬 평온해졌어."

친구의 말이 옳았다. 내 안의 조각들을 존중하고 포용하는 쪽으로 방향을 틀자, 서로 다퉜던 그 조각들이 나날이 조화롭게 균형을 찾아가면서 내 존재에 특별한 선물을 선사했다. 나는 어느 때보다 더욱 나다워졌고 훨씬 평온해졌다.

⌘

스스로 "진짜 나, 일어나 주시겠어요?"라고 초대할 때 우리는 자아 전체가 모습을 드러낼 수 있도록 준비해야 한다. 자신의 모든 부분, 즉 자신이 잘 알고 있는 부분과 그림자로 숨어 있는 부분을 흔쾌히 자각하고 받아들이는 것이 진정한 삶의 모습이다. 그러려면 좋고 나쁘다는 인습적이고 제한적인 삶의 개념을 뛰어넘어야 한다.

이브 엔슬러는 "사람들을 나쁘거나 좋은 사람이라는 틀에 가둘 때, 자기 안에 살고 있는 복잡성과 모호성을 인정하지 않을 때 위험이 찾아온다."고 말했다.

진짜 적은 자기 안에 도사리고 있는 어둠이 아니라 어둠을 거부하는 태도이다. 평화를 찾으려면 자아의 그림자에 등 돌리지 말고 마주 보면서 오랫동안 잃어버렸던 자신의 일부로 그것을 받아들여야 한다.

진짜 나는 누구일까?

당신이 존재하는 순간에 당신은 누구도 아닌 자기 자신이다.
당신을 다른 사람으로 만들려고 기를 쓰는 세상에서,
누구도 아닌 자기 자신이 되는 일이야말로 세상에서 가장 멋진 삶
이다. _에드워드 커밍스

진짜 나, 바바라 디 앤젤리스의 모습은 이렇다.

때로 나는 사람들과 함께 있기를 좋아한다.
때로 나는 사람들에서 벗어나 침묵에 잠기고 싶다.

때로 나는 사람들이 내 재능과 지혜, 내가 발하는 빛을 본다고
굳게 믿는다.
때로 나는 사람들이 진짜 내가 누구인지 짐작조차 못한다고 생
각한다.

때로 나는 누가 무슨 짓을 하든지 용서하고, 용서하고, 또 용서
할 것이다.
때로 나는 누군가가 정도를 넘으면 마음의 문을 닫아 버린다.

때로 나는 우주의 힘이 통과하며 흐르는 고대 여신이다.
때로 나는 전화 걸기조차 무서워하는 불안정하고 상처 입은 어

린 여자아이이다.

때로 나는 누가 어떤 선택을 하든지 무한정 견디고 연민을 품는다.

때로 나는 사람들이 살고 행동하는 방식을 보며 언짢아한다.

때로 나는 삶이 완벽해질 수 있고 모든 사람과 사물에는 목적이 있다고 생각한다.

때로 나는 세상이 엉망진창이라고 생각한다.

때로 나는 살아 숨 쉬는 동안 세상에 기여하고 싶다.

때로 나는 은퇴 자금을 모두 현금으로 찾아 자그마한 열대 섬에 자리 잡고는 책임질 일도 없고 누구에게 얽매이지도 않고 목적도 없는 상태로 그저 유쾌하게 하루하루를 즐기며 살고 싶다.

모두가 진짜 나의 모습이다. 이 중에는 내가 아주 좋아하는 모습도 있고, 내게 고통만 안겨 주는 모습도 있다. 사람들이 감탄하는 모습도 있고, 고개를 갸우뚱하게 만드는 모습도 있다. 진짜 나라고 확신이 드는 모습도 있고, 의심이 가는 모습도 있다. 어쨌거나 진솔하지 않다면 나는 아무것도 아니다!

자신의 조각을 받아들이고 소중하게 여기기 시작하면서 나는 스스로 평생 찾아왔던 완벽한 전체성을 경험하고 있다.

과거에 나는 어떤 사람이 되게 해 달라고, 무엇을 갖게 해 달라고, 무엇을 성취하게 해 달라고 기도했다.

"성공하게 해 주세요."

"열심히 일할 수 있는 에너지를 주세요."

"짝을 만나게 해 주세요."

"멋진 책을 쓰게 도와주세요."

하지만 이제는 한 가지만을 기도한다.

"나와 타인을 있는 그대로 껴안을 수 있도록 풍부한 사랑으로 마음을 채워 주세요."

그리고 그렇게 할 수 있는 용기를 찾아서 내면 깊이 파고든다. 열정이 넘치는 모순 덩어리로 거침없이 즐겁게 생활할 수 있는 용기를 찾아서.

진짜 당신, 완전한 당신, 진솔한 당신은 다른 사람이 기대하는 틀에 쉽게 맞지 않는다.

당신에게는 모난 부분이 너무 많기 때문이다.

당신의 모양이 흔하지 않기 때문이다.

당신은 단 하나뿐인 특유한 보물이기 때문이다.

당신은 끊임없이 성장하므로 모습이 계속 바뀔 것이다.

희귀하고 눈부신 다이아몬드처럼

매끄러우면서도 날카로워질 때까지

어두우면서도 환해질 때까지.

2부

예상하지 않았던
길을
헤쳐 나가며

7

내면의 소리를 행동으로

상상할 수 있는 갖가지 상황의 벼랑 끝에 다다르면
두 가지 중 하나는 믿어야 한다.
앞에 딛고 일어설 땅이 있으리라.
아니면 날아갈 날개가 돋아나리라.

– 미상

1장에서 지혜를 얻는 과정은 의문을 던지는 것에서 시작한다고 했다. 처음에 의문을 던지면서 자신이 어디에 있는지 깨닫고 나면 의문은 중요한 변화 과정을 거쳐 새 의문으로 태어난다. 이쪽 길로 갈까, 저쪽 길로 갈까? 이쪽 문을 열까, 저쪽 문을 열까? 나의 어떤 모습을 버릴까, 어떤 생활 방식을 버릴까, 아니면 모두 지킬까? 내가 속한 현실을 개선할까, 아니면 툴툴 털고 떠나서 새 출발할까?

"내가 어쩌다 여기에 이르렀을까?"라는 의문이
"이제 어떻게 할까?"로 바뀐다.

이렇듯 마음에 새로 떠오르는 의문에 대해 지금부터 중점적으로 다루려 한다.

현재의 자리에서 다음에 가야 할 자리로 어떻게 옮길까?
찾을 수 없는 길, 목적지로 향할 법하지 않은 길을 어떻게 따라갈까?
어둠에서 벗어나 길을 찾으려 할 때 종종 만나는 두려움과 후회, 슬픔, 혼란의 협곡을 어떻게 건널까?
어떻게 막다른 길을 출입구로 바꿀까?
예상하지 못했던 시기를 어떻게 헤쳐 나갈까?

❀

내가 여러 차례 들었던 유명한 불교 얘기가 있다.

옛날에 불교 사찰에 거하는 젊은 수련승이 선배 승려 둘과 함께 명상 수련을 하게 되었다. 세 사람은 사찰에서 나와 호수 반대편까지 한참 걸어 호숫가에 자리를 잡고 명상을 시작할 참이었다. 이때 첫째 선배 승려가 갑자기 벌떡 일어섰다. "이걸 어째, 명상 깔개를 깜빡 잊고 안 가져왔네. 제대로 명상하려면 깔개가 필요하거든." 그러더니 호수 가장자리로 가서 쉽게 물 위를 걸어 반대편에 있는 사찰로 갔다가 깔개를 가지고 역시 물 위를 걸어 돌아왔다. 젊은 수련승은 기적 같은 일에 깜짝 놀랐지만 본분을 지키며 잠자코 있었다.

세 사람이 다시 명상을 시작하려고 자리를 잡자, 이번에는 둘째 선배 승려가 갑자기 벌떡 일어섰다. "지금 보니 햇빛 가리개를 두고 왔네." 그는 미안해하며 말했다. "얼른 뛰어가서 가져올게. 오래 걸리지 않을 거야." 그러고는 첫째 승려처럼 물 위를 가로질러 건너편에 있는 사찰로 뛰어갔다가 몇 분 만에 햇빛 가리개를 가지고 돌아왔다.

자기 눈을 믿을 수가 없었던 수련승은 선배 승려들이 자기에게 깊은 인상을 주려고 허세를 부린 것이 틀림없다고 생각했다. "나이가 어리다고 해서 영적 도술을 부리지 말란 법은 없어." 수련승은 씩씩거리며 중얼거렸다. "나도 이 두 노승들만큼이나 도를 깨우쳤다는 것을 증명해 보이겠어." 수련승은 호수 가장자리로 가서 물 위에 발을 디뎠다가 그만 깊은 호수에 빠지고 말았다.

수련승은 입에 고인 물을 토하면서 물 밖으로 나와서 다시 시도했다. 하지만 그때마다 물에 빠졌다. 포기하고 싶지 않아서 선배 승려들을 흉내 내며 물 위를 걸으려 했지만 허사였다.

수련승이 실패를 거듭하며 좌절하는 모습을 한동안 지켜보던 첫째 승려가 침착한 목소리로 둘째 승려를 보며 말했다. "디딤돌이 어디 있는지 말해 주어야 할까?"

우리의 일부는 누군가가 자신에게 삶의 문제에 대해 답을 주고 올바른 방향을 일러 주고 '디딤돌이 어디 있는지' 말해 주기를 바란다. 위기와 도전과 자아 탐구라는 어두운 물을 헤쳐 나갈 때 특히 그렇다. "이제 어떻게 할까?" 우리는 스스로 이렇게 묻는다. 이제 우리는 지혜를 찾아서 내면 깊숙이 들어가고 전환점에 도달해야 한다. 진실을 부정하는 태도를 버리고 자신의 잃어버린 조각을 되찾고 자기 그림자를 끌어안고 진실을 받아들여야 한다.

성공적으로 변화하며 항해하는 일은 운이나 우연에 기댈 수 없다. 호수를 건너는 데 실패한 승려에게 배웠듯이 목적지에 이르는 길은 하나가 아니다. 길 한 곳에서 녹초가 되도록 애쓰다가 완전히 실패하는 대신 기본적이고 우주적인 변화의 원칙을 배우면 좀 더 기품 있게 변화와 도전의 길을 헤쳐 나갈 수 있다. 나도 '호수'에 여러 번 빠졌지만 결코 포기하지 않고 호수를 건너는 길을 찾으려 애썼다. 그러자 디딤돌이 어디에 많은지 차츰 알 수 있었다. 이러한 디딤돌은 지혜와 이해의 돌로 당신이 지금 서 있는 곳을 떠나 스스로 갈망하고 마땅히 갈 만한 곳으로 움직일 수 있도록 도와준다.

내면에서 솟구치는 힘

나의 내면아! 내 말을 들어라! 가장 위대한 영혼인
스승이 가까이 있다. 잠에서 깨어라, 깨어나라!
두 발로 뛰어라. 지금 스승이 그대 머리맡에 서 있다.
그대는 끝도 없이 오랜 세월 잠을 잤다.
오늘 아침, 일어나야 하지 않겠나?

_카비르(Kabir, 15세기 말 힌두교 개혁자-옮긴이)

아침이다. 당신은 침대에 누워 있다. 아직 몸을 일으키지 않았지만 갑작스레 확 잠을 깬다. 조금 더 자고 싶지만 마음이 너무 불안하다. 오늘 해야 할 일들이 떠올라 눈을 뜬다. 신경 써 달라고 기다리는 많은 일을 생각하면 숨이 막힐 것 같다. '제일 먼저 뭘 해야 하지?' '잊지 말고 전화해야 할 사람은 누구지?' '그 사람과 통화하면 상당히 불쾌하겠지.' '조금만 미룰까?' '크게 골머리 앓지 않고 무사히 오늘을 버틸 수 있을까?' 잠자리에서 몸을 뒤척이자 이러한 생각이 머리를 스쳐 지나간다. 그냥 다시 꿈나라로 빠져들었으면 좋겠다. 하지만 불안해서 더는 느긋하게 누워 있을 수가 없다. 좋든 싫든 일어나야 한다.

내면의 깨달음도 마찬가지다. 내면의 깨달음은 외면할 수 없는 일종의 불안을 동반한다.

스스로의 진실에서 차단당할 때, 지혜에서 분리될 때, 마음이 닫혀 있을 때, 힘과 우주적 에너지는 당신 삶으로 흘러들어 오지 못한다. 하지만 진실과 진정성에 다시 연결되면 방해물이 없어지고 힘이 다시 솟구친다.

우주적 에너지는 생명력이고, 성령이고, 그리스도 의식이자, 중국인이 말하는 기(氣)이며, 힌두 전통에서 뜻하는 샤크티(Shakti)다. 영적 전통이나 종교에 따라 우주적 에너지를 다른 명칭으로 부르지만 정의는 같다. 우주적 에너지는 전선에 흘러 전구를 밝히는 전기처럼 만물에 생명을 불어넣는 힘이다. 이 에너지에 연결되면 무한한 힘과 지혜, 창의성과 사랑의 근원을 공급받는다. 하지만 내면의 자아와 이어진 끈을 끊으면 그 근원에서 분리된다.

감정적으로 잠자고 있다가 깨어나면, 진실을 부정하다가 받아들이면, 오랫동안 자신을 상실했다가 되찾으면, 엄청나게 격렬한 에너지가 자신을 통과하며 다시 흐르기 시작한다. 이렇게 생명력이 솟구치면 마음이 흔들리고 불안해지기도 한다. 특히 이러한 상태를 오랫동안 아니 평생에 걸쳐 느끼지 못했다면 더욱 그렇다. 침대에 누워 있어도 마음이 요동쳐 다시 잠들 수 없는 사람처럼, 우리는 깨달음이 가져다주는 힘을 느끼고 불안해하면서 갑자기 혼란스러워지는 이유가 무엇인지 의아해한다. "틀림없이 뭔가 잘못되었어." 우리는 이렇게 결론 내린다.

얄궂게도 진실은 정반대이다. 무언가가 잘못되지 않고 제대로 돌아가고 있는 것이다. 새로운 차원의 지혜, 명쾌함, 진정성에 눈을 뜨고 있는 것이다. 하지만 그런 사실을 알지 못하면, 자아의 조각이 합쳐지고 있는데도 오히려 산산조각 나고 있다고 오해하기 쉽다.

※

나는 우주적 에너지가 솟구친다는 사실을 아주 힘들게 배웠다. 정신건강 전문가나 영적 스승들도 이러한 개념에 대해 명쾌하게 설명해 준 적이 없다. 살아가면서 중요한 깨달음을 얻고 그동안 막혔던 에너지가 뚫릴 때마다 나는 거의 예외 없이 처음에는 불안하고 어색했으며 나 자신이 걱정스러웠다. 조금 지나 불안이 찾아들면 새로운 차원의 성취감과 창의성, 만족을 느꼈지만 말이다. 몇 년이 지나서야 내게 불안장애로 찾아왔던 느낌의 정체를 알 수 있었다. 익숙하지 않아서 몰랐지만 우주적 힘이 솟구쳤던 것이다. 적어도 내게는 그랬다.

스승이 되면서 나는 제자들에게 우주적 힘이 솟구치는 현상을 설명했다. 내가 겪은 경험을 얘기해 주고, 이때의 불안 현상을 잘못 이해하면 일종의 정신장애나 매우 심각한 병증이라는 잘못된 꼬리표를 붙이기가 매우 쉽다고 일러주었다. 이 말을 들은 제자들의 얼굴에 안도의 표정이 떠오르곤 했다.

"저는 이혼을 하고 나서 그런 경험을 했어요. 그때는 성인 주의력결핍장애에 걸린 줄로만 알았어요." 한 사람이 털어놓았다. "직업을 바꾸겠다고 결정하자마자 몹시 불안해지고 걱정이 몰려왔어요. 의사에게 말했더니 진정제를 처방해 주더군요." 앞 사람의 말에 공감하며 또 한 사람이 말했다. 이들은 모두 개인적으로 다시 태어나는 강력한 과정을 거치면서 한편으로는 자신이 겪는 경험을 정의하지 못해 불안해했다.

무엇에 이름을 붙일 때 비로소 힘이 생기는 법이다. 카비르가 시에서 정열적으로 쏟아 내듯 노래한 것처럼 우리는 끝도 없이 오랫동안 잠을 자고 있었다. 그런데 이제 기적 같은 일이 벌어졌다. 눈을 뜨게 된 것이다. 팽창된 의식에서 솟구치는 새롭고 고양된 에너지에 적응할 때 우리는 자신에게 이렇게 외쳐야 한다. "나는 미쳐 가는 게 아니야. 잠에서 깨어나고 있는 거야!"

깨달음을 행동으로

딱히 갈 장소가 없더라도 출발해야 할 때가 있다.

_테네시 윌리엄스(Tennessee Williams, 미국의 대표적인 극작가—옮긴이)

주변 사람을 쥐고 흔들며 화를 내는 남편에게 도저히 애정을 느낄 수 없다는 글을 한 독자가 보내왔다. 전문가의 도움을 받으라고 애원했지만 남편은 도통 자기 문제를 해결할 생각을 하지 않는다고 했다. 그녀는 오래전부터 남편과 이혼하고 싶어서 가족과 친구, 변호사에게까지 자기 계획을 말했지만 정작 남편에게는 비밀로 했다. 이제 계획을 행동으로 옮기기가 두렵지만 더 이상 물러서지 않겠다고 전해 왔다.

정말 오랫동안 물속에 선 채로 헤엄치며 살아왔다는 사실을 결국 인정하게 됐어요. 어디로 가야 할지, 내가 닿을 해안이 어딘지 알지 못하고 내내 허우적거리기만 했죠. 방향을 결정하고 헤엄치기 시작하면 다시는 해안을 찾지 못할까 봐 두려워요. 구조선이 나타나 나를 구조해 주기를 기다리고 있는지도 모르죠.

　내가 똑바로 바라봐야 할 진실은, 이렇게 허우적거리며 사느라 마음이 아프고 지칠 대로 지쳤다는 거예요. 근육이 타 들어가는 것 같아요. 물에 떠 있으려고 버둥거리느라 힘이 하나도 없어요. 이런 상태로는 아무 데도 갈 수 없다는 것을 알아요. 이제 두 가지 선택에 직면해 있죠. 하나는 쉬지 않고 헤엄쳐서 해안을

찾는 거예요. 아마 그리 멀지는 않을 거예요. 아니면 빠져 죽을
수밖에요.

이 독자는 자기 탐색의 과정에서 결정적으로 중요한 점을 우리
에게 보여 준다.

진리를 마주하는 순간, 돌파구가 열리는 순간, 계시를 깨닫는 순
간이 찾아오면 행동해야 한다. 계속 아무 행동도 취하지 않으면
마음이 불편해질 뿐이다. 해안을 향해 헤엄치지 못하고 서서 허
우적거리느라 에너지를 모두 써 버리는 것처럼.

변화는 일시적이다. 변화는 그 자체로 목적지가 아니라 하나의
통로이다. 행동하지 않고 과거를 계속 분석만 하고 있으면 안 된
다. 그저 계시를 깨닫거나, 세미나에 참석하거나, 심리 치료를 받
기만 해서는 안 된다. 친구와 비밀 대화를 나누거나, 일기를 빼곡
히 채우거나, 다른 사람이 변화한 모습을 텔레비전으로 시청만 해
서는 안 된다. 우리는 배운 내용을 통합해야 한다. 변화하고 앞으
로 나아가기 시작해야 한다. 무언가를 해야 한다.

내면에서 일어난 변화는 행동으로 나타나야 한다.

우리는 깨어 있다. 하지만 이제 침대에서 일어날 시간이다.
깨우치는 힘든 일에서 벗어나면 자기 자리에 멈춰 서서 더 이상

나아가지 않으려는 충동에 휩싸인다. 불쾌한 진실에 맞서기도 어렵지만 불쾌한 진실에 거슬러 행동하기는 더더욱 어렵다.

이때 자신에게 잔인할 정도로 솔직해야 한다. 내가 정말 변화했는가, 아니면 변화한 것처럼 말할 뿐인가? 내가 행동 방식을 바꿨는가, 아니면 말만 번지르르한 전문가가 되었는가? 사는 곳을 옮겼는가, 아니면 가구만 재배치했는가?

자신이 변화한 것처럼 보이는 상황과 진정으로 변화한 상황의 차이를 두 가지 사례로 살펴보자.

인생 상담 코치로 활동하는 네이던은 힘차고 설득력 있는 강사로, 남아메리카 기업의 최고 경영진을 훈련하고 있다. 네이던은 자기 업무에 뛰어난 능력을 발휘해서, 사람들이 살아가며 부딪치는 문제를 인상적으로 묘사하고 새롭게 변화할 수 있는 기술을 단계별로 가르친다. 또한 자신에게 배운 원칙을 적용해서 삶을 변화시킨 사람들의 이야기를 감동적으로 전달한다.

하지만 사람들에게 변화 기술을 가르치면서도 정작 자신은 실천하지 않는다. 해당 업계에서 네이던은 직원에게 무관심하고 고약한 상사일 뿐 아니라 아내 몰래 상습적으로 바람을 피우는 등 밖으로 보이는 모습과는 전혀 다른 사람으로 알려져 있다. 네이던은 진실이 무엇인지 알고 매우 숙련된 솜씨로 진실에 대해 말하지만 실제로는 그렇게 살지 않는다.

셀레스티는 인형이나 우표를 모으듯 온갖 변화 관련 경험을 수

집한다. 갖가지 개인 성장 세미나에 참석하고, 국내 일류 심령술
사들이 쓴 책이란 책은 모조리 찾아 읽는다. 일주일에 두 번 심
리 치료를 받으러 가고, 일주일에 한 번 명상 모임에 출석하고,
평일 저녁에는 협력 단체에 얼굴을 내밀고, 주말마다 힌두교 지
도자, 불교 수도승, 티베트 승려, 미국 원주민 무당 등을 눈에 띄
는 대로 찾아다닌다.

셀레스티는 화려한 말솜씨로 영적 스승들에 대해 말하고, 살
면서 일어나는 감정 문제와 자신의 심리 상태를 설명한다. 하지
만 모두 말뿐이다. 그녀는 남자 친구를 함부로 대하고 자기 몸을
돌보지 않으며 끔찍하리만치 신경질적이다. 자신이 배운 지혜를
전혀 실천하지 못하고 그저 행사를 좇아다니기에 급급하다.

우리는 주변에서 네이던이나 셀레스티 같은 사람들을 얼마든
지 볼 수 있다. 그런 사람들의 모습에서 우리 자신의 모습을 부분
적으로 볼 수 있을지도 모르겠다. 변화했다고 여기는 것과 실제 변
화하는 것은 완전히 다르다. 무례한 코미디언 스티븐 라이트(Steven
Wright)의 말이 퉁명스럽기는 하지만 핵심을 제대로 찌른다. "낚시
하는 것과 해안에 멍청히 서 있는 것은 종이 한 장 차이다." 자신
은 낚시를 한다고 생각하지만, 낚시하는 사람처럼 옷을 입고 최첨
단 낚시 장비를 갖추고 물고기를 잡을 수 있는 최고 지점에 서서
낚시 기술에 대해 아무리 떠들어도 실제로 낚싯대를 던지지 않으
면 낚시하는 것이 아니다.

꙳

삶은 거꾸로만 이해할 수 있다.
하지만 전진하며 살아가야 한다.
_쇠렌 키르케고르

내가 깨달음에 대해 가르치려고 썼던 글 한 편을 소개한다.

옛날에 한 농부가 집을 비우고 나가 밤늦게까지 술을 마셨다. 술을 너무 많이 마시는 바람에, 뾰족한 가시덤불에 엎어진 줄도 모르고 잠이 들고 말았다. 잠을 자고 있는 동안에는 가시가 몸을 파고드는 통증을 느끼지 못했다. 하지만 술이 깨면서 눈을 뜨자 끔찍하게 따가운 감각이 머리부터 발끝까지 파고들었다. 농부는 일어나서 덤불을 벗어나야 한다는 것을 알았지만 조금만 움직여도 통증이 더 심해질 터였다. 그래서 가시 위에 가만히 누워 있었다.

당신을 속이지는 않겠다. 진실을 부정하는 상태에서 벗어나려면 당연히 고통이 따른다. 예상하지 못했던 상실과 고난으로 상처를 입는다. 때로 잠자고 있다가 눈을 뜨면 쉽게 도망칠 수 없는 가시덤불 위에 누워 있는 느낌이 든다. 자신이 어떤 상황에 놓여 있는지 알기만 해도 고통스러운데, 움직일 방법을 찾는 일은 불가능하고 자기 능력 밖이라는 생각이 든다.

깨달음은 얻기 힘들지만, 실천하기는 더욱 힘들다.

그래서 앞으로 나아가는 것은 그토록 어렵다. 우리는 진실을 알고 깨달음을 얻으면서 겪는 고통으로 여전히 허우적거리고, 깨달음을 실천에 옮기는 일은 지나치게 어렵고 고통스러우리라 생각한다. 우리는 위의 농부마냥 자신이 놓인 상황에서 움직이기가 두려워 불편한 채로 그냥 누워 있다.

내가 당신에게 밟게 하고 싶은 디딤돌이 있다.

깨달음을 실천해서 앞으로 나아가려 할 때는, 자신이 겪는 고통을 무언가 잘못하고 있다는 표시로 이해해 반대편 길로 돌아가서는 안 된다. '옳은 길이라면 이렇게 아플 리가 없어.'라는 생각이 들 수도 있다. 하지만 고통은 자신이 무언가를 잘못하고 있다는 표시만은 아니다. 자신이 무언가를 옳게 하고 있다는 뜻일 때도 있다.

몇 년 전 나는 치아에 문제가 있어서 수술을 받아야 했다. 내 친구이자 훌륭한 신경치료 전문 치과의사인 라미 에테사미 박사에게 수술을 받았고 수술 과정은 순탄했다. 수술이 끝나자 약간 불편하기는 했지만 통증이 사라져서 한시름 놓았고, 이틀이 지나니 수술 부위는 말끔하게 가라앉았다.

몇 주가 지난 어느 금요일 밤, 수술을 받았던 부위가 갑자기 아프기 시작했다. "어쩌나!" 나는 난감했다. "무언가 잘못된 거야. 재수술을 받아야 하면 어쩌지." 나는 머릿속으로 온갖 상상을 하면서 주말 내내 불안에 떨었다.

월요일에 출근하자마자 라미 박사에게 전화를 걸었다. 그는 내

증상을 잠자코 듣더니 몇 가지 질문을 던지고는 기쁜 소식을 들려 줬다. "아무 문제 없어요. 지금 느끼는 통증과 욱신거리는 느낌은 힘든 수술을 받고 나서 생길 수 있는 매우 정상적인 반응이에요. 신경섬유가 경로를 새로 만들고 있다는 증거죠. 통증이 있다는 것은 나쁜 증상이 아닐 뿐더러 오히려 말끔히 회복하고 있다는 표시랍니다."

라미 박사의 설명을 듣고 나자 마음이 놓였다. 통증의 근원을 알고 나니 이따금씩 찾아오는 고통에도 그다지 부대끼지 않았다. 수술 부위가 욱신거릴 때마다 내 치아는 회복되고 있었다.

우리는 깨달음을 실천하기 시작할 때 불편과 불확실성으로 욱신거리는 순간을 맞이한다. 이때 "우주적 힘이 솟구친다." 불길 같은 불안과 신성한 동요가 끓어오르면서 치유와 전체성을 향해 우리를 전진하게 한다.

틈새에 직면하다

언제나 절벽에서 뛰어내려야 하고
아래로 떨어지면서 날개를 만들어야 한다.
_레이 브래드버리(Ray Bradbury, 미국 소설가-옮긴이)

살아가면서 전진하고 싶더라도, 오랫동안 의문을 던지고, 깊이 생각하고, 마음을 파고들고, 자세히 살펴보는 시간을 가졌더라도, 전진하기는 결코 쉽지 않다. 틈새를 정면으로 마주할 때 특히 그렇다.

　우뚝 솟은 벼랑 끝에 당신이 서 있다. 저 너머에는 당신이 오르고 싶은 또 다른 벼랑이 있다. 그 벼랑을 마음으로는 똑똑히 볼 수 있고 마침내 그곳에 섰을 때 어떤 기분이 들지도 상상할 수 있다. 그 벼랑은 구름이나 안개에 싸여 있어, 반대편에 있다고 스스로 믿고 있으나 실제로 전혀 볼 수가 없다. 하지만 지금 서 있는 곳에 더 오래 머물고 싶지는 않다. 이제 뛰어내릴 때가 되었다.

　이제 두 절벽 사이에 입을 벌리고 있는 거대한 틈새를 내려다본다. 순간적으로 두려움이 밀려온다. 떨어질까 겁이 난다. 반대편 벼랑에 도달하는 데 필요한 것이 없을까 봐 두렵다. 반대편에 도달하고 나서 마음이 변해 다시 돌아오고 싶을 때 방법이 없을까 봐 두렵다. 뛰어내리면 자신과 친밀한 사람들과 영영 헤어질까 봐 두렵다.

　반대편 벼랑에서 꿈이 외치는 소리가 들린다. 당신이 그곳에 얼마나 간절하게 가고 싶어 하는지 상기시킨다. 당신이 지금 서 있는 자리에 머물면 결코 행복할 수 없다고, 이미 너무 오랫동안 행동을 미뤄 왔다고 외친다. 하지만 당신 주변에 서 있는 사람들의 목소리도 들린다. 반대편으로 뛰지 말라고 설득하거나 자신들을 떠난다고 화를 내는 목소리도 들린다. 크게 잘못하고 있다고 경고하는 목소리도 들린다. 그래서 당신은 제자리에 선 채로 앞을 바라보고 뒤를 돌아보며 뛰어내릴 엄두를 내지 못한다.

변화의 길을 걸을 때, 상징적인 벼랑의 끝에 선 자신을 발견하고 어떻게 하든 용감하게 뛰어내려 반대편에 도달해야 한다고 깨닫는 순간이 찾아온다. 우리는 현재 서 있는 곳과 가고 싶은 곳 사이에 입을 벌리고 있는 틈을 뚫어져라 노려보지만 건널 방법을 모른다.

안전한 분위기에서 상황을 통제하고 싶고, 주변의 친숙한 사람과 장소, 분위기로 자기 자리를 파악하고 싶은 것이 인간의 본성이다. 우리는 아무것도 보이지 않는 공간이 눈앞에 펼쳐져 있으면 겁을 먹고, 놓아 버려야 하는 대상에 더욱 집요하게 매달릴 때가 많다.

이러한 두려움 때문에 우리는 침대에서 일어나지 못하고, 해안까지 헤엄치지 못하고 계속 허우적거리며, 행동하지 못하고 얼어 있다.

안전지대를 뒤로 하고 일시적이라도 미지의 세계로 뛰어들 때는, 한 벼랑에서 다음 벼랑으로, 자신의 현재 모습에서 희망하는 모습으로 뛸 때는, 놓아 버리는 용기를 발휘해야 성장할 수 있다.

성취감을 느끼지 못하는 직업이나 열정이 식은 관계는 우리에게 불행을 안기지만 자신에게 친숙하기 때문에 안전하다고 느낀다. 우리는 "적어도 내가 지금 어디 서 있는지는 알아."라고 자신에게 말한다. "최소한 내가 겪는 고통과 불행에는 익숙해. 하지만 이렇듯 친숙한 것을 남겨두고 뛰어내린다면 어디에 닿을지 알게 뭐야?"

혼란에 갇히다

방향을 바꾸지 않으면 결국 향하는 곳에 도달한다. _중국 속담

"너무 혼란스러워요." 나는 이러한 탄식을 고객에게, 친구에게, 나의 내면으로부터 수도 없이 들었다. 우리는 갈림길에 서서 어느 길로 가야 할지 모르고 두리번거릴 때 이렇게 탄식한다. 아니면 벼랑 끝에 서서 뛰어내려야 할지 말아야 할지 판단하려 애쓸 때 이렇게 말한다. 무엇을 해야 할지 무엇을 느껴야 할지 무엇을 믿어야 할지 고민하더라도 결과는 매한가지다. 우리는 스스로 선택해야 한다는 사실을 알지만 너무 혼란스러워 그렇게 할 수 없다고 말한다.

혼란한 감정은 우리가 깨달음을 실천하려 할 때 가장 흔히 만나는 장애물이고 꼼짝하지 않으려고 즐겨 둘러대는 핑계이다. 여러 해 전에 처음으로 강연을 시작했을 때 나는 학생들이 자주 혼란스러워한다는 사실을 알고 '혼란은 눈가림이다'라는 표현을 만들어냈다.

혼란스러워하면 항상 무언가를 가릴 수 있기 마련이다. 우리가 느끼고 싶지 않은 감정을 가릴 수 있고, 응하고 싶지 않은 도전을 가릴 수 있고, 마주치고 싶지 않은 현실을 가릴 수 있다. 그래서 우리는 스스로 혼란스럽다고 말한다.

"결혼 생활을 생각하면 혼란스러워요." 한 여성이 내게 말했다.

"혼란스러운 감정이 아니라면," 내가 물었다. "지금 어떤 기분이 들까요?"

"그렇게 마음 문을 닫아 버린 남편에게 화가 나겠죠. 남편이 절대 변하지 않아서 결국 이혼하게 될까 봐 두려울 거예요. 너무 오랫동안 남편의 무관심을 참아 온 내게 분노할 테고요. 하지만… 지금은 너무 혼란스러워요."

이 여성은 전혀 혼란스럽지 않다. 그저 화가 났을 뿐이다! 그러나 화내기보다는 혼란스러워하는 편이 자신에게 더 안전하다. 특히나 불쾌한 감정을 인정하기 힘들어하는 사람에게 혼란은 좋지 않은 느낌을 대신 표현하는 좋은 방법일 수 있다. 혼란스럽다고 말하는 편이 화가 난다고 말하기보다 쉽기 때문이다.

혼란은 결정을 내리기 두려울 때 숨기 좋은 편리한 핑계이다. 혼란스럽다고 말하면, 사랑하는 사람을 다치게 할 수 있는 결정을 내리지 않고, 자신을 아프게 하는 실수도 하지 않을 수 있다. 다른 사람을 실망시키거나 자신이 실패할까 봐 두려워하지 않고 그저 끝없이 혼란스러워할 수 있다.

⌘

조디에게는 홀로 사는 연로한 어머니가 있다. 조디의 어머니는 집에서 자주 사고를 당할 정도로 자신을 돌보기 어려운 상황이다. 지난주만 해도 깜빡 잊고 난로를 끄지 않아서 부엌에 불이 났다. 마침 이웃이 냄새를 맡고 달려와 도와주지 않았더라면 불이 크게 번졌을 것이다.

몇 달 동안 조디는 자신이 혼란스럽다고 남편과 친구들에게 투덜대면서 "어떻게 해야 할지 모르겠어."라는 말만 되풀이했다. 사람들은 동정심을 나타내면서 조디의 말을 들어줬지만 진실은 분명해 보였다. 조디는 혼란스러운 것이 아니라 슬픔에 잠겨 있었다. 그녀는 어머니를 양로원에 보내야 한다고 생각하지만 그렇게 결정 내리기가 두려웠다. 이미 양로원에 친구들이 많이 살고 있기는 하지만 어머니에게는 40년 넘게 살아온 집을 떠나야 하고 더 이상 독립해서 생활할 수 없다는 사실을 받아들이는 일이 엄청난 충격으로 다가올 터였다.

조디가 느끼는 혼란스러운 느낌 뒤에는 좀 더 진실하고 고통스러운 감정이 숨어 있다. 어머니의 건강이 무너지는 모습을 지켜보며 느끼는 비통, 전통적인 모녀의 역할이 뒤집히는 상황을 맞이한 슬픔, 조만간 어머니가 돌아가실지도 모른다는 두려움, 늘 돌아다녀야 하는 항공사 승무원이기 때문에 어머니를 집에서 모시지 못하고 양로원에 보내야 한다는 죄책감이 숨어 있다.

조디는 이러한 감정에 맞서지 못하고 혼란스럽고 마비된 채 머뭇거렸다. 마음 깊숙한 곳에서는 어쩔 수 없이 받아들여야 한다고 생각하면서도 행동을 자꾸 미뤘다. 이렇듯 벼랑에서 곧 뛰어내려야 하는 상황에서 혼란스럽다고만 말하는 동안에는 자신이 두려워하는 일을 피할 수 있다.

어떤 이들은 자신과 자신의 행동에 책임을 지지 않으려고 평생 만성적인 혼란 상태에 머물기도 한다. 주위에서 이러한 사람을 많이 목격할 수 있다. 한 50대 남성은 자신에게 맞는 직업을 찾으려 계속 시도하고 있지만 절대 위험을 무릅쓰지 않는다. 한 30대 여성은 직업을 결정하지 못하고, 경제적으로 자신을 부양해 줄 부유하고 나이 많은 남성을 찾는다. 다시 한 번 강조하지만 혼란은 그저 눈가림일 뿐이다. 혼란은 두려움을 가리고, 자신감 결핍을 가리고, 타인의 보살핌을 받고자 하는 욕구를 가린다.

혼란이 가져오는 네 가지 결과

자신이 혼란을 겪고 있기 때문에 무력해지고 있다는 주장을 한다면 스스로를 속이는 것이다. 자신이 혼란스러움의 피해자인 양하지만 실제로는 혼란스러움을 이용하는 것일 수 있다.

혼란스러움은 매우 강력한 힘을 지니고 있는데 이는 부정적인 방향으로의 힘이다. 혼란스러움은 사람에 따라 결실을 맺는 듯 보이지만 그 열매가 개인의 성장에 반드시 유익하지는 않다. 혼란스러운 상태를 유지함으로써 얻게 되는 결과는 다음과 같다.

1. 관심

혼란은 관심을 집중시킨다. 우리가 혼란스러워하면 주위 사람들은 우리에게 동정심을 느끼고 관심을 쏟는다. "쯧쯧, 정말 힘든 시기를 겪고 있구나." 타인의 사랑과 관심을 얻기 위해 늘 혼란스러운 무력한 희생자처럼 행동하는 사람도 있다.

혼란스러운 상태를 오랫동안 유지하려면 순교자처럼 행동해야 한다. '내가 얼마나 많은 어려움을 겪고 있는지 봐.' 고통스럽게 한숨을 내쉬면서 우리는 주위 사람에게 이렇게 말한다. '하지만 이렇게 역경을 겪는 와중에도 꿋꿋이 버티고 있어.'

2. 조언

우리는 혼란스러울 때 주위 사람에게 조언을 많이 구한다. 자신이 무엇을 해야 할지 물어본다. 이것은 자신의 무책임을 숨기는 행동이다. 타인에게 조언을 구하면 스스로 결정을 내릴 필요가 없을 뿐 아니라 결과가 좋지 않을 때 언제나 조언자 탓을 할 수 있기 때문이다.

혼란스럽다는 이유로 끊임없이 주위 사람에게 조언을 구하면, 어린아이의 상태에 머물면서 성장을 회피하는 결과를 낳는다. 우리는 비밀스럽게 또는 그다지 비밀스럽지 않게, 자신 안에는 없는 '엄마, 아빠'의 구조를 받고 싶어 한다.

3. 중독

혼란한 상태를 유지하면 중독을 합리화하기에 딱 좋다. 우리는 지금 힘들고 혼란스러운 시기를 겪고 있기 때문에 마약이나 알코올, 특정 음식, 담배 등에 빠져들어도 당당하게 변명할 수 있다. "끊어야 한다는 것은 알아요." 우리는 이렇게 말한다. "그리고 끊을 거예요.

하지만 지금은 때가 아니에요. 너무 혼란스럽거든요."

이러한 마음가짐은 악순환을 불러온다. 약물로 자신의 의식을 흐리면 명쾌함을 빼앗겨 혼란스러운 상태에서 벗어날 수 없게 된다. 그러면 기분이 더 나빠져서 중독의 힘을 빌리지 않고서는 힘든 시기를 겪어 낼 수 없다고 생각한다. 이런 식으로 악순환이 계속된다.

4. 회피

회피는 혼란스러운 상태가 초래하는 가장 부정적인 결과이다. 혼란스러울 때는 혼란에 허덕이느라 온통 시간을 보내면서 자신이 실제로 무언가를 하느라 바쁘다는 환상을 만들어 낸다. 이렇게 혼란스러운 상태에 빠져서, 직면하고 싶지 않은 상황을 어떡하든 회피하려 한다.

우리는 진실을 회피한다.
우리는 변화를 회피한다.
우리는 두려움에 맞서기를 회피한다.
우리는 사랑하는 사람을 실망시키는 일을 회피한다.
우리는 위험을 무릅쓰기를 회피한다.
우리는 다른 사람과 대결하기를 회피한다.
우리는 현실을 회피한다.
우리는 벼랑에서 뛰어내리기를 회피한다.

혼란 제거 훈련

나는 세미나를 할 때 참가자들이 혼란스러운 감정을 없앨 수 있도록 글쓰기 훈련을 하게 한다. 여기에 그 방법을 소개한다.

종이 가운데 세로로 선을 그어 두 칸을 만든다. 왼쪽 칸의 꼭대기에 '혼란스러움을 느끼는 문제'라 쓰고 오른쪽 칸의 꼭대기에는 '생각이 명쾌하다면 해야 할 일'이라고 적는다.

주위에 아무도 없는 장소에 조용히 앉아 자신에게 두 가지 질문을 던지고 되도록 솔직하게 대답한다. 옆의 예처럼 한 번에 한 칸씩 양쪽 빈칸을 채워 나간다. 아무리 마음이 불편하더라도 솔직하게 진실을 써 내려간다.

이런 쓰기 훈련은 매우 강력한 효과를 발휘한다. 자신의 혼란스러운 감정을 들춰 보면 우리의 생각은 대부분 명쾌하다. 따라서 '생각이 명쾌하다면 해야 할 일'이라는 주제로 글을 쓰면 자신의 의식을 들춰서 내면의 자아에게 말할 기회를 줄 수 있다.

마음을 털어놓아도 괜찮은 친구가 있다면 함께 소리 내어 훈련을 해 보자. 말로 하기보다 글로 쓰기가 편하다면 쓰고 나서 함께 검토해도 좋다. 나는 이 훈련을 십 대와 어린아이들을 대상으로도 실시하고 있다. 그들은 이 훈련을 좋아하고 매우 솔직하게 대답한다.

혼란스러움을 느끼는 문제	생각이 명쾌하다면 해야 할 일
건강에 가장 좋은 다이어트 방법	다이어트 방법 하나를 선택해 집중적으로 실천한다. 정크 푸드를 먹지 않는다. 운동을 한다.
오래 사귄 여자 친구에게 청혼해야 할까, 말아야 할까	여자 친구를 사랑하기는 하지만 자신에게 맞는 짝이 아니라는 사실을 받아들인다. 여자 친구가 아무리 화를 내더라도 진실을 말한다.
직장에서 느끼는 좌절을 어떻게 해결할까	상사가 내 프로젝트의 진행을 방해한다는 사실을 인정한다. 상사나 그의 상사와 대면한다. 직장을 그만둔다.
집을 팔아야 할까, 말아야 할까	이웃이 마음에 들지 않는다는 사실을 인정한다. 그러리라 생각했더라도 실제로 집값이 오르지 않았다는 사실을 직시한다. 생활 규모를 줄인다.

혼란 제거 의식

살다 보면 유독 자신을 꼼짝 못하게 만드는 문제를 만나기 마련이다. 스스로 명쾌하게 생각할 수 없는 문제에 부딪히면 다음에 소개하는 혼란 제거 의식을 시도해 보자.

종이에 자신이 겪고 있는 문제를 적는다. 문제 밑에 해결하고

싶은 구체적인 기한을 적는다. 예를 들어,

> 문제: 대학에 복학해서 학위를 따야 할까, 아니면 현재 직업을
> 유지해야 할까?
> 오늘부터 한 달 후인 ＿＿년 ＿월 ＿일까지 이 문제에 대해 명쾌
> 한 결론을 내리고 싶다.

이제 문제와 해결 기한을 적은 종이를 집에서 가장 강력한 에너지를 품고 있는 소중한 장소에 둔다. 영적 스승이나 돌아가신 부모님, 예수, 부처 등 영감을 주거나 자신을 도와주리라 생각하는 존재의 사진 가까이에, 또는 자신에게 특별한 장소 등에 놓아둔다.

종이를 놓고 눈을 감은 상태로, 자신을 도와주고 인도해 줄 대상에게 특정 기한까지 명쾌한 생각이 들게 해 달라고 부탁한다. 도와줄 것에 감사하고 적절한 의식을 행한다.

내 제안을 적용해서 많은 사람이 도움을 받았고 나 또한 기적처럼 놀라운 결과를 얻고 있다. 다만 문제 목록을 너무 길게 작성해서 높은 존재에게 떠안기지는 말자. 우선 스스로 명쾌한 해답을 찾으려 애쓰고, 도저히 명쾌하게 생각할 수 없는 문제를 해결해 달라고 요청한다. 높은 존재를 존중하는 뜻에서 부탁은 한 번에 한 가지로 제한한다.

뉴질랜드 원주민 마오리족에는 이런 속담이 내려온다.

태양 쪽으로 고개를 돌리면 당신 뒤로 그림자가 내려앉는다.

혼란의 그림자에서 눈을 돌리면 진실은 태양처럼 우리 앞에 모습을 드러내려고 항상 기다리고 있다. 우리는 혼란의 장막을 걷어 내고, 삶에서 전진하기 위해 반드시 알거나 배우거나 느껴야 할 모든 것을 찾아 나설 용기를 지녀야 한다. 그러면 진실의 빛이 나아갈 길을 밝혀 주고, 깨달음의 반대편 해안까지 우리를 안전하게 이끌어 줄 것이다.

사랑에서 비롯된 음모

친구는 당신의 꿈을 넓혀 주기도 하고 억누르기도 한다.

_존 맥스웰(John Maxwell, 미국의 리더십 전문가-옮긴이)

살아가면서 진실을 깨닫거나 새로운 차원의 진실과 진정성을 향해 나아가려 할 때 그에 맞서 저항하려는 움직임은 우리 내면에서만 생기지 않는다. 가족, 친구, 직장 동료, 배우자를 비롯한 주위 사람들의 저항도 만만치 않다. 나는 이러한 저항을 가리켜 '사랑에서 비롯된 음모'라고 표현한다. 이는 우리가 성장하거나 변화하려 노력할 때, 가장 가까운 사람들이 의식하든 의식하지 못하든 우리를 방해하는 현상이다.

우리는 우리가 최선의 상황에 놓이기를, 빛을 발하고 성장하고 최고의 인물이 되기를 친구와 친척, 배우자, 부모, 자녀들이 바란다고 믿고 싶어 한다. 그렇기에 좀 더 나은 사람이 되려고 변화하려 할 때 사랑하는 사람들이 좋아하지 않거나 저항하거나 불만을 표시하거나 심지어 화까지 내면 우리는 주춤한다. "나를 그렇게 사랑하면서 어떻게 내가 성장하는 것을 못마땅해할 수 있을까?" 우리는 믿지 못해 의아해한다. 우리를 염려한다는 사람들이, 분명히 행복하지 않은 상황에 우리를 붙잡아 두려는 이유는 무엇일까?

인형 안에 다른 인형이 숨어 있는 러시아 인형 마트료시카를 기억하는가? 인형 하나를 열 때마다 새로운 모습을 볼 수 있어 어떤 사람에게는 멋진 선물이 되곤 한다. 하지만 모든 사람이 마트료시카를 좋아하는 것은 아니다. 속이 꽉 찬 인형 하나를 기대했다가 인형 안에서 몇 개의 인형이 나올 때 느낄 실망감을 상상해 보라. "이건 내가 원했던 인형이 아니야." 그 사람은 이렇게 투덜거릴지 모른다. "너무 복잡해, 난 그냥 단순한 인형이 좋아."

겉모습으로만 우리를 아는 사람은 우리 내면에 들어 있는 다른 모습에 깜짝 놀라기도 한다. 새로 드러난 모습이 자신들이 원하는 모습과 맞지 않을 때 특히 그렇다. "이게 뭐야?" 우리가 내면에 숨어 있는 또 다른 모습을 드러내면 그들은 달가워하지 않으며 묻는다. "나는 당신이 이런 사람인 줄, 이렇게 느끼는 줄, 이런 것에 신경 쓰는 줄, 이런 사실을 믿는 줄, 이런 것을 원하는 줄, 이런 일에 흥미가 있는 줄 몰랐어."

당신의 진정한 자아가 드러나는 것을 주위 사람 모두가 축하하지는 않는다. 어떤 사람들은 '진짜 당신'이 나타나지 않기를 바란다. 당신이 지닌 한계, 과거의 역할, 오래 지속해 온 부정이 자

신들과 잘 어울려 마음 편하기 때문이다.

⌘

"지금 이혼 절차를 밟고 있어서 마음이 상당히 착잡합니다." 비행기 옆 좌석에 앉은 남자가 내게 털어놓았다. 그러고는 자기 이야기를 들려주었다. 거스는 소방관으로 30대 초반에 스물네 살인 티나와 결혼한 매우 현실적인 남자이다. 부부는 7년 동안 자녀 세 명을 낳았고 티나는 엄마이자 주부의 역할을 잘 해내는 듯 보였다. 거스는 행복했고 아내도 행복하리라 생각했다.

> 막내가 학교에 입학하자 아내의 행동이 달라지기 시작했어요. 고등학교 동창 두 명과 붙어 다니기 시작했죠. 한 친구는 미혼으로 가게를 운영하고, 또 한 친구는 결혼을 했지만 매우 환상적인 삶을 살고 있었어요. 이곳저곳 여행을 다니고 회의에 참석하면서 말이에요. 어느 날 아내가 갑자기 심리학 책을 여러 권 들고 오더군요. 한 번도 그런 책을 읽은 적이 없고 재미있어하지도 않았는데 말입니다. 그러더니 친구들과 주말에 호텔에 묵으면서 자기 향상 훈련을 하겠다고 선언했어요. 저요? 정말 기분이 언짢았죠. 저는 아내가 낯선 사람들 틈에 끼어 호텔에 묵는 것이 싫다고 말했어요. 결혼하고 가장 큰 부부싸움이 벌어졌죠. 아내가 그렇게 흥분한 모습은 처음 봤어요. 결국 제가 기권하고 아내는 기어이 나갔어요.
>
> 제 생각에 아내는 주말 동안 자아가 향상되기는커녕 오히려

악화된 것 같아요. 집에 돌아와서는 자신이 이렇게 저렇게 변해야 한다고 제게 말하더군요. 전 아내의 지금 모습 그대로가 좋다고 거듭 말했지만 아내는 오히려 화를 버럭 냈어요. 아내는 제가 자기를 제대로 알지 못할 뿐 아니라 자기 말에 귀 기울이지 않는다고 말했어요. 저는 그렇다고 인정했죠. 하지만 아내가 갑자기 난리를 치는 이유를 알 수 없었고 아내에게도 그렇게 말했어요.

이때부터 상황은 급속하게 악화되었죠. 아이들이 어릴 때 엄마가 바깥일을 하는 것이 싫다고 제가 분명히 말했는데도 아내는 밖으로 뛰쳐나가 직장을 구했어요. "왜 이렇게 모든 것을 바꿔야 하는데?" 제가 물었죠. "우리는 잘 지내고 있잖아." 그때마다 아내는 언제나 똑같이 대답했어요. 그것은 과거의 자기였으니 이제 변화했다는 사실을 제가 받아들여야 한다고 말이에요. 하지만 저는 그럴 수가 없어요. 제가 결혼했던 아내가 아니니까요. 과거의 아내 모습이 어디로 갔는지 모르겠어요. 어쨌거나, 결말이 어떤지 짐작이 가시죠? 우리는 이혼 절차를 밟고 있고, 저는 아직도 뭐가 뭔지 모르겠어요.

나는 거스의 얘기를 들으며 마음이 아팠다. 물론 거스 본인은 여전히 모르고 있지만 나는 그의 결혼 생활에서 무엇이 문제였는지 정확히 이해했다. 티나는 자아를 찾아 나섰고 마침내 찾았다. 다만 그 자아가 남편이 좋아하는 모습이 아니었을 뿐이다. 거스는 아내가 마트료시카처럼 새로운 모습을 보이는 대신 결혼 당시의 모습 그대로이기만을 바랐다.

원래 티나는 평범했고 개인적인 야망도 거의 없었다. 그다지 깊이 생각하며 살지도 않았다. 다른 사람을 돌보는 역할에 만족했고 자신에게 그다지 관심을 기울이지 않았다. 거스에게는 딱 맞는 아내였다. 거스는 자아실현에 관심을 쏟는 여성을 좋아하지 않았다. 그러니 거스가 보기에 티나는 변했고 자신을 배신했다고 느낀 것이다. 하지만 티나는 전혀 변하지 않았다. 그저 내면이 더욱 깊어졌고 숨어 있던 모습을 드러냈을 뿐이고 젊었을 때보다 더 풍부하고 훨씬 다채로운 사람으로 태어났을 뿐이다.

우리가 더욱 우리다워지고 크게 깨닫고 의식을 확장할수록 주위 사람들은 우리의 새로운 모습을 보고 뒷걸음칠 것이다. 이런 사태가 벌어지면 우리는 고통스럽고 당황스럽다. 마치 엄마 배 속에서 힘껏 밀며 몸부림치다가 마침내 산도를 빠져나와 세상에 얼굴을 내밀었는데, 정말 놀랍고 실망스럽게도 주위 사람에게 냉대를 받는 것과 같다. "배 속에 있을 때 네 모습이 더 좋았어."

하지만 주위 사람들의 진심은 이렇다.

"새로운 네 모습에 위협을 느껴."

"새로운 네가 과거의 나를 좋아하지 않을까 봐 두려워."

"그토록 변한 너를 보고 있으면 변해야 하는데 그러지 못한 내 모습이 떠올라 불편해."

이는 깨달음을 얻고 변화하기 시작하면서 우리에게 일어나는 현상이다. 우리는 힘들여 성장해서 기뻐하지만, 사랑하는 사람들이 함께 축하해 주지 않고 오히려 우리를 밀어내는 것 같아 승리조차 씁쓸하게 느껴진다.

나는 주위에서 늘 이 같은 이야기를 듣는다.

쉰아홉 살인 실비아는 2년 전 남편이 세상을 떠난 후로 줄곧 슬픔에 젖어 살았다. 실비아는 마침내 정신을 차리기로 마음먹고 교회의 독신자 모임에 가입했다. 뜻밖에도 그곳에서 한 신사를 만나 깊이 사랑에 빠졌다. 몇 달 후 신사가 실비아에게 청혼했다. 실비아는 뛸 듯이 기뻐서 모임 회원들에게 소식을 알렸다. 하지만 몇몇 회원의 쌀쌀한 반응에 실비아는 충격을 받았다. 실비아가 크게 실수하는 것이라고 말하는 사람도 있고, 남자가 틀림없이 실비아의 돈을 노리고 청혼했다고 경고하는 사람도 있고, 죽은 남편과의 추억을 더럽혔다면서 실비아를 비난하는 사람도 있었다.

줄리오는 마침내 탄력 있는 몸을 만들어서 뿌듯했다. 스물일곱 살 때 그는 과체중과 높은 콜레스테롤 수치와 이런저런 건강 문제로 속을 썩이고 있었다. 비만이 가족 내력이라는 사실을 알고는 헬스클럽에 등록하고 식습관을 바꾸면서 6개월 만에 18킬로그램을 감량했다. 그리고 크리스마스에 집에 내려가 가족을 만났다. 자신의 달라진 모습을 보여 줄 생각에 마음이 한껏 부풀었던 줄리오는 예상하지 못했던 가족들의 반응에 깜짝 놀랐다. 자신이 건강을 유지하려고 실천하는 모든 일을 가족들이 방해하는 듯 보였기 때문이다. 어머니는 기름기 있는 음식만 요리했고, 가족들이 모두 먹는 음식을 줄리오만 먹지 않는다고 불평했다. 줄리오가 운동하러 나갈 때마다 동생은 화를 냈다. 아버지는 줄리오가 너무 말라서 사내답지 못하다고 빈정댔다.

서른여섯 살 도나는 한 회사의 인사과에서 8년째 근무하고 있다. 그녀는 상사와 동료 앞에서 자기를 내세우지 않고 너무 소심하게 행동하는 데 신물이 났다. 그래서 어렸을 때부터 몸에 밴 이런 태도를 반드시 고치겠다고 결심했다. 일 년 동안 상담을 받고 성찰을 거듭한 끝에 새로운 차원의 자신감과 힘을 얻어 자기가 속한 부서에서 서서히 두각을 나타내기 시작했다. 또한 회의 시간에 제안을 하면서 사내에서 자신의 존재감을 훨씬 더 드러냈다. 부사장이 도나의 변화를 눈여겨보고 칭찬했다. 하지만 직장에서 도나와 가장 친한 친구인 수잔은 점차 도나에게 냉정해졌다. 도나가 무엇이 문제냐고 물으면 수잔은 도나가 잘난 척하고 다른 직원들을 무능해 보이게 만들면서 자신과의 우정을 배반했다고 비난했다.

위에 인용한 사람들은 사랑에서 비롯된 음모의 불행한 피해자들이다. 그들의 친구와 가족은 자신이 사랑하는 사람의 성장과 진보를 여러 방법으로 방해하거나 가치를 깎아내린다. 우리가 파격적으로 변화하는 모습에 위협감을 느낄 때 주위 사람들은 흔히 다음과 같은 방법을 사용한다.

- 우리에게 심리적으로 잘못된 점이 있다고 납득시키려 한다.
- 우리가 자아를 찾지 못하도록 이야기를 지어내거나 비상상황을 만들어 주의를 분산시킨다.

- 다른 친구나 가족을 개입시켜 현재 우리가 쏟는 관심이나 감정을 거두도록 설득하게 한다.
- 자신을 버렸다거나, 자신보다 우월한 척한다거나, 자신에게 한 약속을 깼다거나, 자신을 속였다고 비난함으로써 성장에 대해 죄책감을 느끼게 만든다.
- 우리가 변화한 모습에 대해 다른 사람들이 직접적으로 말하지 않을 뿐 매우 탐탁지 않게 생각한다고 말해서 겁을 준다.
- 우리가 새로운 결정을 내릴 때마다 부정적인 결과를 예측해서 겁을 준다.
- 우리가 변화를 되돌려 원래 모습으로 되돌아올 때까지 사랑을 거둬서 감정적인 협박을 한다.

현재 처한 상황과 앞으로 처하고 싶은 상황 사이에 입을 벌리고 있는 틈새를 뛰어넘을 용기를 내는 일은 정말 힘들다. 게다가 사랑하는 사람들이 벼랑에서 뛰어내리는 우리의 행동을 못마땅하게 생각하고 반대한다면, 우리는 눈에 보이지 않지만 강력한 줄이 뒤에서 잡아당기는 것처럼 뒤로 물러서곤 한다. 앞으로 나아가고 싶지만 사랑에서 비롯된 음모에 부딪혀 제자리에서 꼼짝할 수 없다고 느낀다.

예상하지 못했던 거센 반발에 부딪히면 우리는 절망감에 휩싸인다. 변화에 저항하는 자신과 싸우는 데도 엄청난 힘과 용기를 내야 하지만, 온전하게 자기 자신이 되려면 이제 친구, 가족, 심지어 우리를 가장 사랑한다고 생각했던 사람들과도 싸워야 한다.

감염에 대한 두려움

> 전통은 예상하지 못하는 상황이 일어나지 않도록 막는 집단적인
> 노력이다. _바바라 토버(Barbara Tober)

주위 사람들은 때로 자신에게 울리는 경고음을 피하려고 우리까지 경고음을 듣지 못하게 한다.

내 친구 게리는 잘못 맺어진 결혼으로 몇 년 동안 고생했다. 그는 마침내 현실을 마주할 용기를 내서, 이혼하는 편이 두 사람에게 최선이라 믿는다고 아내에게 말했다. 게리를 알거나 그가 아내와 함께 있는 모습을 본 사람이라면 게리가 끔찍이도 불행하다는 사실을 분명히 눈치 챌 수 있었다. 그랬기에 이혼을 결정한 후 그리 친하지 않은 사람이 전화를 걸어 와 이혼하지 말라고 설득하려 했을 때 게리는 몹시 놀랐다.

"부부 문제를 놓고 그 사람과 한 마디도 의논한 적이 없었어요." 게리가 내게 설명했다. "게다가 그 사람은 내가 어떤 상황에 놓여 있는지 전혀 몰라요. 그런데도 몇 번이나 전화해서, 이혼하는 것은 일종의 죄를 짓는 행동이고 아마도 내가 정신적으로 불안정하기 때문에 그런 마음을 먹는 거라고 은근히 말하더군요. 내 친구들을 몰래 만나서 내 이혼 문제에 좀 나서 보라고까지 말했대요. 이혼을 결정하기까지 너무나 고통스러웠는데 그 사람 때문에 더 괴로워졌어요. 내 사생활에 그 사람이 그렇게까지 흥분하는 이유를 정말 모르겠어요."

나는 그 남자의 결혼 생활이 어떤지 아느냐고 게리에게 물었다. 게리는 부부 사이가 꽤나 벌어져 있어서 두 사람이 아직도 결혼 생활을 유지하고 있는 것이 신기할 정도라고 답했다. "바로 그 때문이네요." 내가 말했다. "자신도 당신처럼 행동하게 될까 봐 두려운 거예요. 그래서 애초에 싹을 잘라 버리려는 거죠. 두고 봐요." 나는 이렇게 예측했다. "전에도 이런 경우를 본 적이 있어요. 모르긴 몰라도 그 사람 곧 이혼할걸요."

아니나 다를까 이혼한다고 게리를 질책했던 남자가 갑자기 아내를 떠났다. 그 남자의 결혼 생활은 이미 끝날 조짐이 있었으므로 게리에게 직접적인 영향을 받아 이혼하기로 결심한 것은 아니었다. 그런데도 게리가 이혼하기로 마음먹었다고 비난하고, 게리를 저지하려고 정도에서 벗어나게 행동했던 것은, 그 남자가 자신의 두려움과 욕구를 억누르고 자기 그림자 자아와 싸우고 있었기에 나타난 반응이었다.

당신이 보이는 변화를 불치의 전염병으로 여겨 두려워하는 사람들이 있다. 그들은 당신 때문에 자신이 감염될까 봐 무서워한다.

구성원들이 유언과 무언의 규칙을 지켜야 사회가 조화를 이루며 돌아간다. 우리 대부분은 이러한 규칙을 존중하고 타인도 그러기를 기대한다. 타인이 규칙을 어길 때, 특히 우리 자신이 지키려고 애쓰는 규칙을 무시할 때 우리는 마음이 불편해진다.

분명하지는 않지만 매우 중요한 감정상의 규칙을 타인이 어길 때 우리는 특별히 위협을 느낀다. 내가 성취감을 느끼지 못하면서도 직장에 다니고, 성관계를 갖지 않고서도 결혼 생활을 이어가고 있다면 남들도 그래야 한다고 생각한다. 내가 과체중이라면 남들도 그래야 한다. 나에게 숨기고 싶은 비밀이 있다면 남들도 그래야 한다. 내가 문제와 씨름하고 있다면 남들도 그래야 한다. 내가 고통을 받아야 한다면 남들도 그래야 한다.

그런데 누군가가 이러한 감정 규칙에 의문을 달고 그것을 거부한다면 어떤 상황이 벌어질까? 이는 모래 위에 쌓은 집이 송두리째 무너지려는 순간과 같다. 동료는 숨 막힐 듯 따분한 직업을 벗어던지고 참신하고 만족스러운 일을 시작했는데 어째서 나는 여전히 사무실에 앉아 따분함에 몸부림치고 있는 걸까? 친구는 자신과 맞지 않는 관계를 과감하게 끝냈는데 어째서 나는 계속 그 관계에 질질 끌려다닐까? 주변 사람 모두가 자신이 속한 상황에 그대로 머문다면 나도 제자리에서 움직일 필요가 없다. 하지만 이제 변화가 일어나고 있다. 대체 나에게 어떤 일이 벌어질까?

이제 사랑에서 비롯한 음모의 실체를 좀 더 이해할 수 있게 되었다. 타인이 우리를 사랑하기 때문에 우리가 실수하거나 후회할 일을 하지 못하도록 막는 것처럼 보일 수 있지만 실제로는 타인이 자기 자신을 보호하려고 그렇게 행동할 가능성이 크다. '선의'를 가장한 타인의 행동에는 "번지기 전에 막아야 해!"라는 의도가 숨어 있다.

예술가이자 작곡가이며 작가인 존 케이지(John Cage)는 "사람들이 새 아이디어를 겁내는 이유를 모르겠어요. 나는 구닥다리 아이디어가 무서운데 말이죠."라고 말했다. 나는 케이지의 견해에 전적으로 공감한다. 사람들은 새롭고 기존과 다른 생각은 위협적이고 위험해서 억제하거나 제거해야 한다고 생각한다. 우리가 의식을 깨워서 개인적으로 성장하고 변화하더라도 가장 가까운 사람들이 보이는 이러한 태도에서 자유로울 수는 없다.

그렇다고 해서 새로운 차원의 자각과 깨달음의 단계로 뛰어오르는 일을 그만둘 수는 없다. 우리의 변화를 기뻐하거나 축하하지 않는 사람들이 있더라도, 새로운 여정을 함께할 또 다른 사람들이 있음을 기억하면서 끊임없이 날개를 정비하고 날아올라야 한다. 그들도 자신의 날개를 찾아서 달고 우리와 나란히 날아오를 것이다.

다른 목소리를 뒤로하라

삶은 이루어 가는 과정인 동시에 극복해야 하는 상황의 집합이다.
특정 상황을 선택해서 그곳에 안주하려 하면 삶에 실패한다.
이러한 삶은 죽음과 같다. _아나이스 닌

살 수 있는 날이 딱 일 년 남았다면 자기 삶에서 무엇을 바꾸고 싶은가? 마치 교회 설교 시간에 듣거나 개인 성장 세미나에서 자기발견 훈련을 할 때 받는 질문 같다. 이러한 질문이 매우 현실적으로 다가왔던 니콜의 이야기를 소개하려 한다.

여태껏 별다른 풍파 없이 밋밋하게 살아왔다고 농담처럼 말하곤 했어요. 간암이라는 진단을 받을 때까지는 말이죠. 몸이 너무 피곤해서 병원에 가서 건강검진을 받았고 그때까지도 내가 암에 걸려 살 수 있는 날이 기껏해야 앞으로 일 년이라는 소리를 듣게 될 줄은 꿈에도 몰랐어요. 병원 진료실에서 의사의 말을 듣는 순간 이렇게 생각했던 기억이 납니다. '이제 내 나이 겨우 마흔다섯이야. 아무리 짧아도 일흔 살까지는 살아야 하지 않아? 죽기에는 너무 젊잖아.' 의사는 간 기능이 악화되기 전까지는 기운차게 생활할 수 있지만 일단 악화되기 시작하면 걷잡을 수 없다고 설명했어요. 의사의 말을 듣는 내내 끔찍한 꿈을 꾸고 있는 것만 같았죠. 하지만 틀림없는 현실이었어요.

남편과 자리에서 일어나 진료실을 나오려는데 의사가 다가와 나를 포옹하면서 위로를 해 주더군요. 의사의 눈에 눈물이 맺혔어요.

"내가 할 수 있는 일이 있을까요?" 나는 의사에게 물었어요.

그러자 의사가 이렇게 답하더군요. "매 순간 살고 싶은 대로 사세요."

그날 밤 잠을 이룰 수가 없었어요. 어둠 속에 누워 내 삶에 대해, 내가 세상에 두고 떠날 것에 대해 생각하기 시작했죠. 의사의 말이 머릿속에 메아리치면서 나는 나 자신에게 "매 순간 어떻게 살고 싶니?"라고 물었어요. 내 영혼 깊은 곳에서 대답이 들렸습니다. 전혀 예상하지 못했던 대답이었지만 어느 때보다 정직한 대답이라는 것을 알 수 있었어요. "남편을 떠나 진정한 사랑을 찾아보고 싶어."

이 말이 충격적으로 들리리라는 것을 알아요. 하지만 여러 해 동안 생각해 왔던 문제라는 사실을 알아주었으면 좋겠어요. 남편인 랄프와 나는 고등학교 때부터 늘 붙어 다녔고 지난 십 년 동안도 연인이라기보다 친구에 가까웠어요. 서로 생활 방식이 너무 달랐기 때문에 결혼 생활을 순탄하게 이끌어 가려고 많은 부분을 포기하며 살았죠. 랄프를 사랑했지만 열렬히 사랑해 본 적은 없어요. 랄프와 삶의 일부를 함께했다고 말할 수는 있어도 삶을 온전하게 살지는 못했죠.

나는 여태 살아오면서 문제를 일으킨 적도 없었고 다른 사람에게 피해 주는 일은 절대 하지 않았어요. 남들이 나를 어떻게 생각할지 항상 노심초사하며 살았죠. 그런데 불현듯 이런 것들이 더 이상 중요하게 느껴지지 않았어요. 대신 찾을 수만 있다면 죽기 전에 단 한 번만이라도 진정한 사랑을 경험하고 싶었죠. 그동안 미뤄 왔던 경험을 해 보지 않고서는 절대 눈을 감을 수 없을 것만 같았거든요. 그동안 내가 얼마나 많은 시간을 낭비했는지, 남은 시간이 얼마나 적은지 깨닫자 눈물이 뺨을 타고 흘러내리기 시작했어요.

일주일 후에 집을 나와 해변에 자그마한 원룸을 얻었어요. 언젠가 꼭 한 번 그렇게 해 보고 싶었거든요. 주위 사람들이 어떤 소식에 더 충격을 받았는지 모르겠어요. 내가 암으로 죽어 간다는 소식과 랄프와 헤어졌다는 소식 중에서 말이에요. 부모님은 기막혀하시면서 나중에 아플 때 랄프의 도움이 필요할 텐데 지금 그에게 등을 돌리는 행동은 어리석다고 경고하셨어요. 친구들도 당황해하면서 암에 걸렸다는 소식에 내가 감정적으로 반응한 탓이고 정신을 차리면 집으로 돌아가리라 생각했어요. 시댁 식구들은 내게 어떤 태도를 취해야 할지 갈팡질팡했고요. 죽어 가는 사람에게 화를 낼 수 없어 참고 있지만 시누이의 표현처럼 '랄프를 버린 소행' 때문에 내게 분노하고 있다는 사실을 잘 알고 있어요.

그 후에 어떤 일이 벌어졌는지 일일이 말할 수는 없지만, 여하튼 그동안 하고 싶었던 일들을 원하는 방법대로 모조리 찾아서 해 보기 시작했어요. 난생 처음으로 진짜 내가 된 것 같았어요. 물론 죽어 가고 있다는 사실을 생각하면 정말 슬펐지만 여러 면에서 어느 때보다 살아 숨 쉰다는 느낌이 들었답니다. 그러다 정말 놀라운 일이 일어났어요. 해변에서 개를 운동시키다가 한 남자를 만나 열렬히 사랑하게 된 거예요.

애론은 내가 원하는 모든 조건을 갖춘 남자였어요. 마음이 따뜻하고 모험을 좋아하고 순간순간 에너지가 넘쳤죠. 나는 애론이 죽어 가는 여자와 함께 살고 싶어 한다는 사실을 믿을 수가 없었지만 내가 그런 이야기를 꺼내면 애론은 "이봐요, 내가 당신보다 먼저 죽을 수도 있어요!"라고 말했어요. 애론이 세계 여행을 하자고 제안했을 때 나는 "까짓것, 그러지 뭐!"라고 생각했죠. 여태껏 너무나도 신중하게 살아왔지만 이제는 순간순간 충동에 따라 살아도 아무 거리낄 것이 없으니까요.

몇몇 친한 친구와 부모님을 빼고 내가 과거에 알고 지냈던 사람들은 거의 연락을 끊었어요. 그들은 암 세포가 이미 내 머리까지 퍼졌다고 굳게 믿었죠. 그렇게 믿지 않고서는 내 미친 행동을 납득할 길이 없다고 생각했으니까요. 옛날 직장과 교회 사람들도 나에 대해 이러쿵저러쿵 수군댄다고 친구가 귀띔해 주더군요. 그들은 내가 부끄러운 줄도 모르고 행동한다고 말해요. 아무리 죽어 가는 여자라도 남편하고 가족에게 어떻게 그럴 수 있냐는 거겠죠.

애론은 이런 이야기를 들을 때마다 껄껄 웃으며 내게 물어요. "그러면 마흔다섯 살 먹은 여자는 어떻게 해야 고상하게 죽는 거예요?" 나는 "얼굴에 미소를 띠고요."라고 답하지요. 우리 둘은 이런 대화를 수시로 농담처럼 주고받아요.

우리는 오스트레일리아, 뉴질랜드, 발리, 홍콩, 태국, 프랑스, 이탈리아, 아프리카를 비롯해서 그동안 가고 싶었던 곳을 5개월 동안 두루 여행했어요. 애론이 관광업에 종사하기 때문에 항상 일등석을 이용했죠. 하루하루가 완벽했고, 믿기지 않겠지만 내가 암에 걸렸다는 사실조차 잊고 열심히 열렬하게 사랑했어요.

마침내 귀국해서 병원에 가서 검사를 받았어요. 기분은 좋았지만 진단을 처음 받고 나서 10개월이 지났기 때문에 앞으로 살 수 있는 날이 얼마 남지 않았다고 짐작하고 마음을 굳게 먹었죠. 이틀 후에 의사가 집으로 전화를 했어요. 애론이 수화기를 건네 주었을 때 심장이 마구 뛰더군요.

"니콜, 사랑의 치유력을 믿나요?" 의사가 내게 물었어요.

"네? ⋯ 혹시 이제 죽을 때가 되었다는 말을 그렇게 돌려서 하는 건가요?" 나는 떨리는 목소리로 되물었어요.

"아뇨," 의사는 온화한 목소리로 말을 이었어요. "검사 결과 당신 몸 어느 곳에서도 암의 흔적을 찾아볼 수 없다는 말을 돌려서 하고 있는 거랍니다. 당신은 완치되었어요."

"뭐라고요? … 내가 죽지 않는다고요?"

"네, 당신은 죽지 않아요. 누구보다 생생하게 살아 있어요."

이것이 3년 전이에요. 나는 여태 건강하게 살고 있답니다. 그 동안 일일이 나열할 수 없을 정도로 많은 교훈을 얻었어요. 가장 큰 교훈요? 죽는 데는 여러 방법이 있다는 거죠. 암에 걸리기 전에 살았던 세월을 뒤돌아보면 솔직히 반 토막짜리 삶을 살았어요. 그때 오히려 나는 죽어 가고 있었던 거죠. 암 진단을 받고 죽어 가기 시작했을 때 살기 시작했고요.

죽는 데는 여러 방법이 있다.

우리는 진정한 자아에 가까이 다가서지 못할 때마다 조금씩 죽는다. 우리는 진실을 거부할 때마다 조금씩 죽는다.

우리는 꿈을 포기하라고 자신에게 속삭일 때마다 조금씩 죽는다. 우리는 사랑과 친밀함과 기쁨 가득한 열정을 갈구하는 마음의 소리에 귀 기울이지 않을 때마다 조금씩 죽는다. 우리는 두려워서 활력 넘치게 살지 못할 때마다 조금씩 죽는다.

니콜은 살 수 있는 날이 일 년밖에 남지 않았다는 의사의 말을 듣고 나서, 살아 있으면서 죽어 가는 일에 신물이 난다고 결론지었다. 그래서 친구와 가족의 들끓는 반대를 무릅쓰고 벼랑에서 뛰어내렸다. 그러자 날개가 새로 자라 난생 처음 자유롭게 날 수 있었다.

니콜은 암세포가 사라지지 않았더라도, 그래서 애론과 단 10개월만 함께 살 수 있었더라도 변화한 자신의 모습을 흔들림 없이 간직했을 것이라 힘주어 말했다. 나도 그녀가 그랬으리라 믿는다.

✿

우리가 앞으로 살 수 있는 시간은 50년, 40년, 30년, 20년, 10년, 어쩌면 단 일 년이 남았을 수도 있다. 신만이 안다. 얼마의 시간이 남아 있건 여전히 넉넉하지는 않다. 그러나 그 시간만큼은 다른 누구도 아닌 우리 마음대로 사용할 수 있다.

그 소중한 순간을 심장 가까이 끌어모으자. 잃어버리지도 떨어뜨리지도 낭비하지도 말자. 누가 훔쳐 가지 못하게 하자. 바로 우리에게 주어진 시간이자 삶이기 때문이다.

서서히 다른 목소리를 뒤로한다.
차차 그대의 진실한 목소리만 남는다.
그대는 그 목소리를 듣자마자, 무엇을 해야 하는지 깨닫는다.

그리고 어느 날 마침내 그렇게 한다. 그대는 뛰어내린다.
새 날개가 활짝 펼쳐진다.
그리고 그대는 날아오른다.

8
지나간 삶을 애도하라

'상황이 이랬을지도 모르는데,
이랬어야 했는데, 이럴 수도 있었는데….'
지나간 일에 사로잡혀 우리는 고통스러워한다.
애도는 매일 살아가는 삶의 일부이다.
어떤 사람은 그 슬픔을 일컬어
"우리가 뒤로한 모든 것에 대한
비탄이자 깊은 울음"이라 불렀다.
하지만 우리는 그 마음속 슬픔을 거의 인식하지 못한다.

－ 스티븐 레빈(Stephen Levine, 미국 시인이자 영성 지도자–옮긴이)

살아가면서 예측하지 못했던 상황과 마주했을 때, 앞으로 나아가며 무언가를 애도해야 하는 시기가 있다. 상실은 누구나 겪는 삶의 일부임을 알더라도, 새로운 삶이 더 낫다는 확신이 들더라도, 더 이상 소용없는 것을 뒤로한다는 믿음이 있더라도, 우리는 마음 깊이 애도를 표해야 한다.

그렇다면 무엇을 애도해야 할까? 물론 세상을 떠난 사람들을 애도해야 한다. 우리는 이러한 애도에 익숙해 있다. 그런데 그 외에도 미처 마음의 준비를 하지 못한, 예상하지 못한 애도를 하게 될 때도 있다.

우리는 고달픈 삶에 부대끼기 전에 경험했던 순수성을 애도한다.

우리는 포기해야 했던 꿈같은 사랑을 애도한다.

우리는 삶이 자신을 해치지 않으리라는 확신을 애도한다.

우리는 뒤로해야 했던 자신의 일부를 애도한다.

우리는 한때 욕을 했더라도 편안하고 친숙했던 대상을 애도한다.

우리는 의도적으로 회피했던 대상을 애도한다.

인도 출신의 내 첫 영적 스승은 삶과 상실, 애도에 얽힌 이야기를 자주 들려주었다. 우리는 그 이야기를 '오두막에서 궁전까지'라는 제목으로 불렀다.

옛날에 매우 부유한 왕국을 다스리는 왕이 상상을 초월할 정도로 호화롭고 거대한 궁전에 살고 있었다. 커다란 언덕 꼭대기에 자리한 궁전에 서면 반짝이는 강이 굽이굽이 흐르는 아름다운 계곡이 내려다보였다. 왕은 행복했다. 게다가 최근에 아내는 왕위를 물려받을 첫째아이를 낳았다. 아기 왕자의 다리에는 태어날 때부터 반점이 있었다. 반점을 본 사제들은 왕자가 특유한 운명을 타고났다고 예언했다.

궁전에서 멀리 떨어진 강 반대편으로는 호랑이가 많이 서식하는 깊은 정글이 펼쳐져 있었다. 사냥을 좋아하는 왕은 해마다 열리는 전통적인 호랑이 사냥 대회를 손꼽아 기다렸다. 그때가 되면 코끼리 등에 올라타 호랑이를 사냥했다. 왕은 태어난 아들을 사냥에 데려갈 생각에 마음이 들떴다. "아직 아기이기는 하지만," 왕은 뿌듯해하며 신하들에게 말했다. "그러한 의식을 겪어 보는 것이 좋을 거야. 언젠가 왕이 될 테니까 말이야." 왕은 커다란 코끼리에 올라타서 아들을 자기 등 뒤에 묶고 호랑이 사냥을 떠났다.

그것은 비극적 결정이었다. 그해 호랑이들은 쫓기고 도살당하는 데 넌더리가 나서 힘을 합해 반격하기로 독하게 마음먹었기 때문이다. 사냥 무리가 다가오자 호랑이들은 코끼리를 공격했고, 코끼리는 깜짝 놀라 쿵쿵거리며 들뛰기 시작했다.

"사냥을 중지하라." 왕이 외쳤다. 조련사들이 코끼리의 거대한 몸을 가까스로 돌려 사냥 무리는 무사히 궁전으로 도망칠 수 있었다. 코끼리 등에서 내린 왕은 어린 아들이 사라졌다는 사실을 뒤늦게 알았다. 곧 군대를 풀어 사냥터를 샅샅이 뒤졌지만 허사였다. 왕과 왕비는 끔찍한 슬픔과 절망에 빠졌다.

한편 아기 왕자는 코끼리 등에서 떨어져 의식을 잃었다. 하지만 기적적으로 다치지 않았고 호랑이 눈에도 띄지 않았다. 어둠이 깔리기 직전에 신분이 천하고 가난하지만 온화한 성품의 부족 남자가 정글을 가로질러 집으로 돌아가다가 아기를 발견하고 깜짝 놀랐다. 남자는 아기가 신이 내려 준 선물이라 생각했다. "우리 부부에게 여태껏 아이가 없었는데… 이제 너는 내 아들이다." 남자는 이렇게 외쳤다. 기쁨에 넘친 남자는 아기를 품에 안고 집으로 돌이갔다.

왕자는 원래 태어난 부유하고 편안한 환경과는 동떨어진 매우 가난하고 척박한 곳에서 살기 시작했다. 어린 시절에 대한 기억은 완전히 희미해졌다. 자신의 출생에 대해 전혀 듣지 못했고 부모와 누추한 오두막에서 살았던 기억만 남았다.

세월이 지나 왕자가 청년이 되자 양부모는 그에게 마을 가장 자리에 자신만의 오두막을 지을 때가 되었다고 말했다. 청년은 진흙과 나뭇잎과 나뭇가지를 사용해 코끼리의 습격을 피할 수 있는 피난처를 아주 공들여 지었다. 그러고는 그 오두막에서 진짜 신분을 까마득히 모르는 채 근근이 살아갔다.

외아들을 잃어버린 충격에서 헤어나지 못했던 왕은 이제 나이가 들어 죽음을 앞두고 있었다. 왕은 아들을 잃은 후에도 해마다 군대를 풀어 아들을 찾게 했지만 군사들은 매번 빈손으로 돌아왔다. 자신이 오래 살지 못하리라는 사실을 깨달은 왕은 마지막으로 군대를 내보냈다.

어느 날, 대부분 운명이 그렇게 흘러가듯 왕이 보낸 군사들이 부족의 마을에 이르러, 두려워 떨고 있는 마을 사람들에게 여러 해 전 정글에서 남자아이를 본 사람이 있는지 물었다. 부족의 장로가 고개를 끄덕이며 장성한 왕자가 사는 누추한 오두막을 가리켰다.

오두막 옆에 서 있는 청년을 본 군사들은 청년의 다리에 있는 독특한 반점을 바로 알아봤다. 왕자였다! 군사들은 어리둥절해하는 청년에게 다가가 절을 하며 기쁨에 넘치는 목소리로 외쳤다. "드디어 찾았습니다! 신이시여, 감사합니다! 당신은 왕자님이십니다. 지금 왕께서 위독하십니다. 저희는 여러 해 동안 왕자님을 찾았습니다. 왕자님은 이렇게 누추한 곳에 계실 분이 아닙니다. 저희와 함께 궁전으로 돌아가 아버지의 왕국을 물려받고 이 땅 모두를 다스리시게 될 겁니다."

청년은 놀라운 소식을 듣고 귀를 의심했다. 내가 가난한 마을 사람이 아니라 왕자였다고? 그렇더라도 젊은이가 알고 있는 유일한 삶은 부족 청년으로 살아온 삶이었다. 어떻게 그 삶을 버릴 수 있을까?

"왕자님, 가시죠." 장군이 왕자에게 말했다. "아버님께서 세상을 떠나시기 전에 궁전으로 돌아가셔야 합니다. 이제 누추한 오두막은 잊으십시오. 웅장한 궁전이 왕자님을 기다리고 있습니다!" 장군은 이렇게 말하면서 횃불을 들어 왕자가 매우 공들여 지었던 누추한 오두막에 불을 질렀다.

한때 자신을 안전하게 지켜 주었던 오두막이 불길에 휩싸이는 장면을 본 왕자는 땅바닥에 주저앉아 흐느끼면서 애타게 부르짖었다.

"내 오두막! 내 오두막! 오두막이 없으면 나는 어떻게 하라고!"

애통해하는 왕자를 본 장군은 왕자가 충격을 받아 제정신이 아니라고 생각했다. 그렇지 않고서야 자신이 왕자라는 놀라운 소식을 듣고 이렇듯 이상한 반응을 보일 턱이 있겠는가? 장군은 슬퍼서 정신을 차리지 못하는 왕자를 코끼리 등으로 끌어올렸다. 왕자는 궁전으로 향하는 내내 울음을 그치지 않았다.

왕자가 슬퍼하는 이유를 이해할 수 없었던 장군은 왕자의 기분을 북돋을 생각으로 왕자가 앞으로 누릴 호화스러운 생활에 대해 설명했다. "왕자님은 앞으로 웅장한 궁전에서 사시게 됩니다. 궁전은 대리석과 황금으로 만들었고, 정원은 온갖 신기한 꽃들이 뿜어내는 향기로 가득합니다. 게다가 아름다운 호수 위를 백조들이 유유히 떠다닌답니다."

하지만 왕자는 듣고 있지 않았다. 그저 몸을 돌려 불타고 있는 오두막을 하염없이 바라볼 뿐이었다. 왕자는 오두막 없이 앞으로 어떻게 살아갈지 막막하기만 했다. "내 오두막! 내 오두막!" 왕자는 오늘이 자기 삶에서 가장 암울한 때라고 생각하면서 엉엉 울었다.

❀

내가 이 이야기에서 언제나 얻게 되는 가장 놀라운 깨달음은 바로 애착과 슬픔의 본질이다. 왕자는 자신에 대한 놀라운 진실을 깨달았지만 자신의 옛 정체성을 버리지 못한다. 왕자는 앞을 응시하지 않고 뒤를 돌아본다. 화려한 궁전과 편안하고 호화스러운 삶이 앞에서 기다리고 있지만 뒤에 남겨진 잃어버린 대상을 볼 뿐이다. 그는 자신이 깊이 애착을 품은 누추한 오두막만 바라보았다.

이러한 현상은 우리에게도 흔히 일어난다. 우리는 오래되고 친숙한 대상이 불길에 타는 장면을 보면서 슬퍼 외친다. "내 오두막! 내 오두막!" 아마도 이 시점에 우리는 진정한 자아에서 정체성을 발견하면서 온갖 고통에서 벗어나고 있을 것이다.

하지만 앞으로 나아가면서도 뒤에 버리고 떠난 자신의 일부를 안타깝게 바라본다. 살다 보면 예상하지 못했던 사건이 터지면서 자신이 버티고 있던 기반이 발밑에서 송두리째 흔들릴 때가 있다. 그럴 때면 우리는 어디로 가야 할지 무엇을 해야 할지 모르고, 길

끝자락에 놀라운 미래가 기다리고 있는 줄도 모르고 혼돈의 정글에서 길을 잃는다.

이때 우리가 알아야 하는 사실이 있다.

진정한 전환점과 변화에는 애도하며 무언가를 보내는 순간이 항상 있기 마련이다. 새로운 삶이 아무리 눈부시다 해도 우리는 우리가 뒤로해서 돌이킬 수 없는 무언가를 애도할 것이다.

진정한 전환점은 전후가 분명하다. 우리는 한 장소에서 다른 장소로, 한 존재에서 다른 존재로, 한 의식 상태에서 다른 의식 상태로 움직인다. 이때 모든 것이 달라진다. 그저 조금이 아니라 많이 달라진다. 변화에 이끌려 새 목적지에 도달하면 다시는 되돌아갈 수 없다. 발길을 돌릴 수 없다. 옛집에서 살 수 없고 옛 사고방식과 행동 방식에 얽매여 살 수 없다. 과거에 살았던 오두막은 이미 불길에 휩싸였다.

그래서 우리는 애도한다.

눈에 보이지 않는 상실을 애도하라

고통은 끌어안고 불태워서, 당신의 길을 밝힐 연료로 써야 한다.

_미야자와 겐지(宮沢賢治, 일본 시인이자 동화작가-옮긴이)

우리는 배우자가 곁을 떠나거나 부모가 돌아가시거나 아이들이 끔찍한 사고를 당하는 등 분명하면서도 비극적인 상실을 겪을 때 비탄에 잠기고 애도를 표한다. 이때는 누구나 그 상황을 알고 공감할 수 있다. 그런데 사회나 문화상으로 이해되는 범위를 넘어서 애도해야 할 때가 있다. 이런 경우에 애도는 슬며시 찾아오기 때문에 자신이 애도하고 있다는 사실조차 깨닫지 못한다.

66세인 잭은 공무원으로 40년간 일하다가 최근에 은퇴했다. 처음 공무원 일을 시작했을 때 잭은 몇 년 동안만 일해서 학비를 마련해 수의과 대학에 진학하려 했었지만 결국 뜻을 이루지 못했다. 다행히 직업이 안정적이기는 해서 수입이 꾸준했다. 잭은 은퇴할 날을 아내와 함께 손꼽아 기다렸다. 아내는 부부가 여행하기로 약속한 장소를 소개하는 책을 읽으면서 기대에 부풀었다. 하지만 첫 여행 계획을 함께 세우자고 제안했을 때 남편이 보인 반응에 깜짝 놀랐다. 남편은 여행에 전혀 관심을 보이지 않았고 급격하게 우울해졌다. 집에서 하는 일이라고는 텔레비전을 보고 개를 산책시키고 음식을 먹는 것뿐이었다.

"마침내 은퇴를 하게 돼서 남편이 기뻐할 줄 알았어." 아내는 친구에게 고민을 털어놓았다. "하지만 출근을 하지 않게 되면서 줄곧 우울해하기만 해. 대체 왜 그러는지 모르겠어."

자신을 포함해 누구도 눈치 채지 못했지만 잭은 애도하고 있다. 제대로 인정받아 보지 못했다고 느끼는 직업을 잃어 애도하고 있다. 자신이 바랐던 인물이 되어 볼 기회를 영영 잃어버려 애도하고 있다. 주위 사람은 기뻐하리라 기대할 때 정작 잭은 하루하루를 슬퍼하며 살아갈 뿐이다.

그날은 라리사가 기뻐해야 할 날이었다. 네 자녀 중 막내가 초등학교에 입학하는 날이었기 때문이다. 라리사는 몇 달 동안 자신에게 이렇게 말해 왔다. "마침내 아이들이 모두 학교에 가는구나. 이제 내 삶을 찾을 수 있어!" 친구들이 막내의 입학을 축하하기 위해 함께 점심을 먹자고 했다. 그런데 라리사는 약속을 지킬 수 없다는 문자를 보내고는 오후 내내 침대에 누워 눈이 퉁퉁 붓도록 구슬프게 울기만 했다.

한 달이 지나도 라리사는 여전히 무기력하고 견디기 힘들게 슬펐다. 남편은 아내에게 무슨 일이 있는 것 같다며 걱정하기 시작했다. 남편이 병원에 가 보자고 권할 때마다 라리사는 화를 냈고 결국 부부는 지독하게 싸웠다. "대체 내가 왜 이러지?" 라리사는 속으로 애가 탔다. "왜 이렇게 비참할까?"

라리사는 스스로 의식하지는 못했지만 자기 삶에서 소중하다고 여겼던 시간이 영원히 끝난 것을 애도하는 중이다. 이제 자신은 더 이상 자녀를 가르치고 자녀에게 영향을 미치는 유일한 사람이 아니다. 앞으로는 교사들이 그 역할을 맡을 것이다. 라리사는 이제 아이들이 하루가 다르게 엄마의 손길에서 벗어나리라는 사실을 안다. 사람들의 눈에는 라리사가 자유를 찾은 듯 보이지만 정작 라리사에게는 죽음이 찾아온 것만 같다. 다만 자신이 왜 슬퍼하는지 무엇을 슬퍼하는지는 모른다.

22세 마를렌과 23세 헨리는 드디어 둘만의 아파트로 이사했다. 두 사람은 대학에 다니면서 데이트를 시작했고 친구 여섯 명과 한집에 살았다. 집은 커다란 파티장처럼 늘 시끌벅적했고, 처음에는 그런 생활이 재밌었다. 하지만 4학년이 되자 사생활을 보장받고 싶었고 자신들만의 공간이 꼭 필요하다고 여기게 되었다. 다행히도 두 사람 모두 졸업과 동시에 좋은 직장을 얻어 돈을 잘 벌었기에 아담한 아파트를 빌릴 수 있었다.

이사하고 첫 달은 짐을 풀고 방을 장식하느라 정신이 없었다. 어느 정도 생활이 안정되자 마를렌은 너무 말이 없고 감정을 차단하는 헨리의 모습에 깜짝 놀랐다. 헨리는 무슨 문제 때문인지 마를렌에게 말을 걸려 하지 않았고, 마를렌은 자신을 향한 헨리의 애정이 식었기 때문은 아닌지 걱정하기 시작했다.

걱정하기는 헨리도 마찬가지였다. 헨리는 학교를 졸업하고 새 삶을 시작하기를 오랫동안 손꼽아 기다려 왔다. 하지만 자신이 원했던 삶인데도 왠지 기계처럼 무미건조하게 살고 있다는 묘한 기분이 들었다. 헨리는 마를렌뿐 아니라 직업에, 아니 모든 일에 거리감을 느꼈다. "대체 내가 왜 이러지?" 그는 가슴이 답답했다.

헨리가 묘한 기분에 휩싸여 있는 이유는 무의식적으로 애도하고 있기 때문이다. 헨리는 자신에 대해 책임을 질 필요가 없었던 어린 시절을 뒤로 하고 성인기에 들어섰다. 이 시기가 되면 삶을 새로 시작하는 기분이 들리라 생각해 왔을 뿐 과거가 끝나리라고는 전혀 예상하지 못했다. 그래서 헨리는 과거의 종말을 애도하고 있는 것이다.

✖

상실을 애도해야 하지만 상실인지조차 알기 힘든 경우도 있다. 격한 슬픔이라는 거대한 불길이 되기에는 열기도 불꽃도 모자라지만 시커먼 연기가 우리 안에 모락모락 피어오른다. 이 시커먼 연기는 다른 사람 눈에도 우리 눈에도 보이지 않을 수 있다. 하지만 타기는 불길이나 매한가지다. 이러한 모습의 상실 또한 앞으로 나아가는 우리의 여정에 연료가 된다. 이를 거부하면 온몸이 마비되어 고통스러워하면서도 전혀 움직이지 못한다. 하지만 이를 껴안는 순간 우리는 자유로워진다.

어떤 모습을 띠고 있든 상관없이 과거의 돌이킬 수 없는 상실을 애도해야 한다. 우리에게 열려 있는 미래를 향하도록 우리를 도와줄 것이기 때문이다.

일어날 수 있었던 상황을 애도하라

우리는 처음에 운다.

많은 일의 출발은 슬픔이다.

결말이 분명해 보이는 곳에서도.

사람들은 그렇지 않다고 생각하리라.

하지만 닫힐 때 느끼는 고통은

삶이 새로 열리는 전조이다.

_벨던 레인(Belden C. Lane),

《사나운 경치가 베푸는 위로(The Solace of Fierce Landscapes)》에서

오래 전, 내가 좋아하는 방송인 래리 킹이 연기상 수상 여배우인 린 레드그레이브를 인터뷰하는 장면을 시청했다. 래리는 특유의 편안한 분위기로 인터뷰를 진행했고 레드그레이브는 암과의 싸움, 매우 고통스러웠던 이혼 과정 등 살아가며 부딪혔던 고난에 대해 솔직하게 털어놓았다. 여러 차례 닥쳤던 엄청난 고난과 상실을 어떻게 극복할 수 있었냐는 질문에 레드그레이브는 이렇게 대답했다.

애도의 시간을 보냈어요. … 내 삶이라 생각했던 것을 상실했을 때 이를 애도하잖아요. 나중의 삶이 더 나아졌더라도 말이죠. 스스로 계획해 놓았다고 생각했던 미래를 애도하는 거예요.

과거의 삶을 애도하는 것은 단순히 과거를 슬퍼하는 것만은 아니다. 애도는 미래에까지 확장된다. 우리는 상실한 삶을 놓아 버려야 할 뿐 아니라, 과거의 길이 더 이상 존재하지 않으므로 다시 길을 만들어야 한다.

❋

놓아 버리고 싶지 않은 사람이나 물건을 잃어서 슬퍼하는 일은 납득할 만하다. 하지만 직장을 그만두거나 관계를 끊거나 다른 도시로 이사 가거나 우정을 깨는 등 스스로 상실을 선택한 경우에도 마음이 아픈 이유는 무엇일까?

때로 우리는 과거에 일어난 일을 애도하는 대신 일어날 수 있었거나 일어났어야 했던 상황을 애도하기도 한다.

나는 20대에 한 남자와 사랑에 빠졌다. 그를 무척 사랑했지만 시간이 흐를수록 삶에서 추구하는 방향이 나와는 너무 다르다는 생각이 들었고 결국 몇 달을 고민한 끝에 헤어지기로 마음먹었다. 그렇게 되기까지 너무 힘들었기에 이별을 통보하는 순간 한시름 놓을 수 있으리라 여겼다. 하지만 예상과는 달리 이별 직후부터 슬픔이 북받쳐 올라 깜짝 놀라고 당황했다.

일주일이 지난 어느 날 밤, 침대에 누워 아픈 가슴을 부여잡고 흐느꼈던 기억이 난다. "내가 왜 울지?" 나는 곰곰이 생각했다. "그를 사귀면서 너무 오랫동안 불행했어. 떠나겠다고 결정한 사람은 바로 나잖아. 두 사람을 위해 옳은 결정이었어. 나는 전진하고 싶어. 마침내 관계를 끝낼 수 있어서 정말 다행이야. 그런데 왜 이렇게 마음이 아픈 걸까?"

대답은 간단했다. 나는 애도하고 있었던 것이다. 그와 함께 누렸던 추억을 잃어 애도하고 있었던 것이 아니라, 누릴 수도 있었고 누렸어야 했던 추억이 사라져 애도하고 있었다.

나는 일어나기를 원했던 일이 사라져 애도하고 있었다.
나는 상상했던 상황이 사라져 애도하고 있었다.
나는 평생 짝이 될 수 있으리라 생각했던 사람을 잃게 되어 애도하고 있었다.
나는 함께 주고받고 싶었던 친밀함이 사라져 애도하고 있었다.
나는 결코 이루어지지 않을 꿈이 사라져 애도하고 있었다.

나는 한 번도 진정으로 누려 보지 못한 것 때문에, 이루지 못한 꿈 때문에 더욱 서럽게 울었다. 애도는 나 자신이 실망했다는 사실을 받아들이는 건강한 방법이었고, 나는 몇 주 동안 그렇게 애도했다. 그러고 나서 다시 꿈을 꾸며 전진했다.

일시적인 후회의 감정은 애도하는 과정에 나타나는 정상적인 현상이다. 이는 자신의 잃어버린 꿈을 되찾는 데 유익하다. 하지만 후회에 매달리면 이루지 못한 꿈이라는 벗어나기 힘든 감옥에 갇히고 만다.

상실로 환상이 깨질 때

> 세상에서 가장 힘든 일은 실제로 존재한다고 믿었던 것을 놓아 버리는 일이다. _미상

상실은 견디기 어렵고 고통스럽다. 특히나 상실을 통해 환상이 깨지면 더욱 그렇다. 후회와 함께 분노와 자기비하, 비난 등 온갖 감정이 한꺼번에 덮쳐 온다. 이는 과거의 상황이나 일어날 수 있었던 일에 대한 애도 이상이다. 처음부터 결코 존재하지도 않았을 상황에 대한 비통함이다. 나는 이러한 상태를 한 마디로 정리하는 표현을 찾았다.

꿈은 사라지기 어렵다. 하지만 환상이 사라지기는 더욱 어렵다.

환상이 깨지면 혼란스럽고 불쾌하다. 이때 우리가 애도하는 상황은 부분적으로 추정과 기만, 몽상을 통해 형성된 것이기에 우리는 무엇을 슬퍼하는지 그 실체조차 확신하지 못한다. 아는 것이라고는 마음이 아파서 그만두고 싶다는 사실뿐이다. 자신을 진심으로 사랑한다고 믿었던 배우자가 어느 날 자기를 전혀 사랑하지 않는다며 떠나겠다고 고백할 수도 있다. 믿었던 친구가 전혀 정직하지 않은 모습으로 배신할 수도 있다. 대단히 존경했던 스승이나 멘토가 겉보기와는 전혀 다른 사람일 수도 있다.

카렌 셰퍼드(Karen Shepard)는 신랄한 문체로 쓴 소설《나쁜 남자

의 아내(*The Bad Boy's Wife*)》에서 남편이 떠난 여성의 이야기를 소재로 이러한 상실을 묘사했다. 주인공 여성은 깨달음을 얻은 현재의 관점에서 자신의 과거를 돌아본다. "남편은 아내에게 떠나겠다고 말하는 순간 아내의 미래를 빼앗았고 그때부터는 아내의 과거도 더 이상 아내의 것이 아니었다."

경고음을 듣고 환상이 무너질 때 우리는 이런 기분에 휩싸인다. 그저 무언가를 잃었다고 느끼는 정도에 그치지 않고 시간과 신뢰, 소중한 기억을 강탈당했다고 느낀다.

상실하면서 환상이 깨지면 마치 도둑맞은 기분이 든다. 과거의 기억은 강탈당해 없어지고 그 빈자리에 실체 없는 공허만이 가득 차오름을 느낀다. 뒤돌아서서 과거의 기억을 있었던 그대로 들여다보면 그 기억을 지금 다시 누릴 수 있다는 희망을 잃게 될뿐만 아니라 과거에 그 기억이 지녔던 의미도 잃게 된다.

다음은 상실로 인해 환상이 깨진 두 가지 사례이다.

로렌스는 법과대학을 졸업하자마자 뉴욕 소재 일류 법률사무소에 채용된 젊은 흑인 변호사이다. 채용 당시에 회사는 로렌스에게 몇 년 안에 파트너로 승진시켜 주겠다고 약속했다. 5년이 지났을 때 로렌스는 여러 면에서 성공을 거뒀지만 자신을 제외한 변호사 몇 명이 이미 파트너가 되었다는 사실을 알고 불만을 품었다. 마침내 경영진 한 명에게 그 문제를 따지자, 사실 회사가 구조조정을 하고 있어서 현재 로렌스가 앉아 있는 자리는 없어지지 않겠지만 파트너가 될 가능성은 없다는 대답을 들었다.

경영진의 말에 환멸을 느끼고 분노한 로렌스는 자신이 늘 회피해 왔던 진실을 마주해야 했다. 애당초 자신은 '소수민족'에게 할당된 자리에 고용되었던 것이다. 매우 보수적이었던 법률회사는 로렌스를 파트너로 삼을 의향이 처음부터 없었다. 로렌스는 거짓 약속을 믿고 회사를 위해 헌신하도록 조종당했던 것이다.

사라는 29세 고등학교 교사로 여름에 이탈리아로 여행을 갔다가 의류 디자이너 로베르토를 만나 열렬한 사랑에 빠졌다. 여름이 끝날 무렵 사라는 로베르토의 청혼을 받았고 그와 함께 고향인 코네티컷으로 돌아가 가족과 친구에게 매력이 넘치는 약혼자를 소개했다. 가족과 친구들은 뜻밖의 소식에 놀랐지만 축하해 주었다. 몇 달 후 사라는 로베르토와 결혼했다. 이제 미국에서 합법적으로 살 수 있게 된 로베르토는 사업체를 뉴욕시로 옮기고 패션가에 있는 매장으로 매일 출퇴근했다.

몇 년이 지나 사라는 아이를 갖고 싶었지만 로베르토는 자신의 사업이 겨우 자리를 잡고 이제 막 성장하기 시작해서 아직은 때가 아니라고 고집했다. 어느 날 사라는 자신이 임신했다는 사실을 알았다. 기쁜 소식을 직접 알려 주고 싶었던 사라는 로베르토가 일하는 매장에 갔다가 충격적이게도 젊은 모델을 껴안고 있는 남편의 모습을 보았다.

갑자기 모든 상황이 분명해졌다. 로베르트는 자신을 결코 사랑하지 않았고, 그저 미국에서 살 수 있는 영주권이 필요했던 것이다. 아이를 갖고 싶어 하지 않은 것은 사업과는 전혀 관계가 없었고 단지 사라와의 결혼 생활을 유지하고 싶지 않았던 것이다. 사라가 이루어졌다고 생각했던 꿈은 한낱 고통스러운 환상에 지나지 않았다.

✖

로렌스와 사라는 다른 사람 때문이기도 했지만 스스로도 환상에서 깨어났다. 우리의 일부는 부정하는 데 익숙해서, 무언가 잘못되었다는 것을 알면서도 당장 누리는 행복을 망치고 싶지 않아 진실의 목소리를 외면한다. 환상이 깨진 후, 스스로를 치유할 수 있는 중요한 과정은 바로 마음을 다치지 않게 보호하지 못한 자신에 대해 느끼는 분노를 놓아 버리는 일이다.

깨진 환상과 배신을 애도하기란 쉽지 않다. 망상에서 깨어나면 과거가 갑자기 비현실적으로 보이고 앞으로 나아갈 방향을 잃고 자신이 불완전하다고 느낀다. 혼자 해결할 수 없는 감정에 힘들 것이고, 결코 제대로 알 수 없는 사실이 많을 것이다. 이미 일어난 일에 집착하면서 당장 겪는 경험을 무효로 돌리고 싶은 충동이 일어난다. 이러한 충동에 사로잡히면 현재 상태에 갇혀 꼼짝 못하고 앞으로 나아갈 수 없다.

나는 사랑에서, 사업에서, 우정에서 여러 번 배신당했다. 그러면서 가장 받아들이기 힘들었지만 반드시 필요한 교훈을 얻었다. 배신을 당하더라도 여전히 관계를 긍정적으로 생각하고, 과거에 실재했던 좋은 시간과 실제 이룬 성취를 기억하고, 지금까지 겪어온 모든 경험을 망가뜨리지 말아야 한다는 것이다.

우리는 무조건 과거를 비난하기 때문에, 과거를 돌아보며 좋았던 경험을 되살리고 감미로운 느낌을 회복하는 일을 하지 않기 때문에, 때로 과거를 애도하는 일에 갇히고 만다.

내가 과거에 맺었던 관계를 돌아보면 달콤했던 시간과 서로 마음이 통했던 순간, 서로 도와주고 진정한 우정을 나눴던 때를 기억할 수 있다. 물론 그 관계에서 상실을 경험하며 매우 고통스러웠지만 그 경험을 통해 오늘의 나를 형성하는 데 반드시 필요한 정신적 교훈을 배웠다. 나를 실망시켰던 사람들은 의도하지는 않았지만 내게 교훈을 주었고 그러한 이유로 그들에게 감사한다.

내가 베푼 사랑만큼 받지 못할 때도 있었지만 내 사랑만큼은 진실이었다. 사랑하며 누렸던 기쁨, 헌신은 진실이었다. 무엇도, 누구도 이러한 경험을 내게서 빼앗을 수 없다. 그만큼 사랑했기에 결국 내 마음은 더욱 풍성하고 아름다워졌다. 오늘날 나는 스스로 그럴 수 있으리라 생각한 것보다 훨씬 행복하고 사랑에 넘친다. 내가 애도하고 놓아 버리지 않았다면 행복과 사랑을 이토록 깊이 느낄 수는 없을 것이다.

당신의 조각을 버려라

모든 변화에는 애수가 깃들어 있다.
가장 갈망했던 변화라 해도 말이다.
놓아 버린 것도 자신의 일부이기 때문이다.
지금 삶에서 죽어야만 다른 삶으로 들어갈 수 있다.

_아나톨 프랑스(Anatole France, 프랑스 소설가이자 평론가-옮긴이)

몇 년 전이었다. 나는 텔레비전 앞에 앉아 최초의 화성 탐사선
'스피리트(Spirit)'가 발사되는 장면을 지켜보았다. 스피리트는 플로
리다 소재 케이프 커내버럴 공군기지를 출발해 7개월 만에 8천 킬
로미터 이상 떨어진 화성에 도착하는 역사적 여행을 시작할 예정
이었다. 탐사선은 델타 II 발사용 로켓 위에 얹혀 있었다. 발사용
로켓은 탐사선에 엄청난 속도를 가해서 지구 중력을 벗어나 화성
으로 향하는 궤도에 진입시키는 역할을 한다. 발사용 로켓이 탐사
선을 달고 우레와 같은 굉음을 내며 하늘 높이 치솟아 지구 대기
층을 통과하면서 탐사선은 붉은 행성으로 향하는 여행을 시작했
다. 자기 임무를 완수한 발사용 로켓은 탐사선에서 분리되어 바다
로 떨어졌다. 발사한 지 36분 만에 일어난 일이다.

그런데 36분 만에 바다로 떨어지는 발사용 로켓 제작비가 수
억 달러에 이르고 단 한 번 사용할 수 있을 뿐이라는 말을 듣고 매
우 놀랐다. 탐사선을 발사하는 몇 분을 현실로 만들기 위해 오랜
시간과 엄청난 비용을 투자해야 하는 것이다. 하지만 화성 탐사선

이 하중에 얽매이지 않고 기나긴 여행을 할 수 있는 것은 자신보다 훨씬 무거운 발사용 로켓이 분리되기 때문이다. 그러므로 발사용 로켓은 아무리 비용을 많이 들였어도 버려야 한다.

우리가 걸어가는 삶의 여정에서도 마찬가지다. 우리는 살아가면서 특정 사람과 상황, 맡은 역할이 추진하는 힘 덕택에 교훈을 배우고 경험을 쌓는다. 이들 사람과 상황, 역할은 우리가 '우리'의 일부로 여기는 조각들이다. 이들이 없다면 우리는 지금 현실에서 다른 현실로 돌진하지 못한다. 하지만 더욱 높고 새로운 차원에 도달하면서 이들의 역할이 끝나면 화성 탐사선이 발사용 로켓을 떼어 버리듯 우리도 자신과 끈끈하게 연결되어 있던 조각들을 떼어내야 한다.

다른 사람이나 상황, 때로 자신의 일부가 삶의 여정을 돕는다.
하지만 여정이 끝날 때까지 그들과 동행해야 하는 것은 아니다.
다음 목적지로 나아가려면 그들을 놓아 버려야 할 때가 있다.

진정한 자아를 찾으려면 스스로 버렸거나 거부했던 자기 조각을 찾아 껴안아야 한다. 마음 깊이 파고들어야 하고 그림자 자아를 파내 자신의 의식에 받아들여야 하고 침묵하고 있던 자아에 목소리를 실어 주어야 한다. 그런데 이제, 앞으로 나아가기 위해 우리는 이 과정을 거꾸로 밟아야 한다. 더 이상 유익하지 않은 자기 조각을 버리고, 자신을 과거에 가두는 역할에서 손을 떼고, 자신을 날지 못하게 만드는 대상은 무엇이든 없애야 한다.

❋

나는 바다를 좋아하고, 바다를 주제로 하는 영화 특히 길고 힘든 바다 여행을 다룬 영화를 즐겨 본다. 이러한 영화에는 대부분 끔찍한 폭풍우가 몰아쳐 배가 뒤집힐 위험에 처하는 고전적이고 미래를 예측할 수 있는 장면이 등장한다. 용감한 선장은 배가 너무 무거워서 짐을 덜지 않으면 배가 침몰하리라는 사실을 깨닫는다. "필요하지 않은 물건은 모두 배 밖으로 버려라!" 선장은 예외 없이 이렇게 외치고 선원은 배에 고정되지 않은 것은 모조리 성난 바다로 미친 듯이 내던진다. 카메라 구도가 와이드 샷으로 바뀌면서 오렌지 상자, 화분, 금속 도구, 옷, 책, 곡식 자루, 귀중한 럼주 병 등 별의별 물건들이 파도에 휩쓸려 바닷속으로 빨려 들어간다. 마침내 폭풍이 잠잠해지고 구름 뒤로 태양이 얼굴을 내밀면 이리저리 부서졌지만 그래도 안전한 배가 화면에 모습을 드러낸다. 결국 배가 폭풍우를 이겨 낸 것이다.

삶에서도 자신을 가라앉게 만드는 요인을 제거해야 할 때가 있다. 과거 역할이 특히 그렇다. 과거 역할을 놓으려면 살아가는 데 반드시 있어야 하는 물건을 배 밖으로 던져 버리는 기분이 들지도 모른다. 하지만 진실은 정반대다. 자신을 무겁게 짓누르는 요인을 없애지 않으면 깊이 좌절하고 불행에 젖을 뿐 아니라 성취감을 느끼지 못한다.

그래야 한다는 사실을 알면서도 자기 일부를 버리고 나면 마음이 아프다. 더 이상 유익하지 않지만 과거 역할을 놓아 버리면 마치 죽을 것만 같고, 자신을 형성했던 중요한 일부가 실제 죽는다.

그동안 아무리 놓아 버리려고 애써 왔더라도 과거의 정체성과 생활 방식을 버리면 그리움에 고통스러워한다. 과거 역할을 좀 더 오래 움켜쥐려고 애쓸지도 모른다. 그래도 결국은 그 역할이 더 이상 쓸모없다는 사실을 깨닫게 될 뿐이다. 설령 그러고 싶더라도 더 이상 우리는 과거의 자신일 수 없기 때문이다.

새로운 자신이 과거의 삶과 맞지 않을 때

> 자신이 어떻게 변했는지 알고 싶다면
> 아직 변하지 않은 채 남아 있는 곳으로 돌아가 보라.
>
> _넬슨 만델라(Nelson Mandela)

자신이 변하면 주위가 모두 다르게 보인다. 사람들도, 장소도 다르게 보인다. 상황도 다른 방식으로 다가온다. 물론 실제로 변한 것은 없다. 소로가 말했듯 "상황은 변하지 않는다. 우리가 변할 뿐이다." 우리는 이제 다른 눈으로 상황을 보고 다른 주파수로 상황을 경험하지만 아직 자신이 변화했다는 사실을 깨닫지 못한다.

개인적으로 변화를 겪으면 처음에는 변화 과정에서 회복하느라 정신이 없어 스스로 얼마나 변했는지 깨닫지 못할 수 있다. 그저 변화와 고난의 시기를 무사히 넘겼다는 사실에 기뻐할 뿐이다. 아직 자신이 새로 태어났다는 사실을 깨닫지 못한다.

전쟁터에서 전투를 벌이는 군인은 전쟁으로 자신이 어떻게 변했는지 생각할 겨를이 없다. 그저 맡겨진 임무를 충실하게 수행하면서 살아남기에 급급하다. 무사히 전역해서 집으로 돌아오고 나서야 자신이 얼마나 급격하게 변했는지, 끔찍하고 이해할 수 없는 전쟁으로 가장 근본적인 자아가 얼마나 바뀌었는지 깨닫기 시작한다.

우리 자신이 개인적으로 치르는 전투에서 벗어났을 때에도 이러한 현상이 일어난다. 우리는 상황이 잠잠해지고 최악의 상황이 끝났다는 데 안도한 나머지 자신이 예전과 달라졌다는 사실을 아직 깨닫지 못한다. 우리는 주파수를 바꿨고, 마음과 정신을 다시 정렬했다. 과거의 행동방식은 어색하게 느껴지거나 더 이상 효과가 없다.

이러한 현상을 경험하면 매우 당황스럽다. "나는 늘 이 사람, 직업, 음악, 장소를 좋아했다. 그런데 어째서 더 이상 좋은 느낌이 들지 않을까?" 우리는 의아해한다. 자신이 그만큼 변했고 자신의 많은 부분을 포기해야 하리라는 사실을 깨닫지 못했기 때문이다. 때로 과거에 유익했던 관계와 직업, 우정에 자신을 다시 우겨 넣으려 애쓰지만 아무 소용없다는 사실을 결국 깨닫고 만다. 우리는 더 이상 과거라는 제한된 틀에 맞지 않는다.

❦

32세인 크리스티는 비벌리 힐스에 있는 유명한 미장원에서 손관리사로 5년 동안 일하면서 단골도 많이 두었다. 크리스티는 오클라호마의 작은 마을에서 자랐기 때문에 벅적거리는 직장 분위기가 좋았다. 매장에서 뿜어 나오는 떠들썩한 에너지, 미용사들이 보이는 다채로운 개성, 할리우드에 떠도는 온갖 소문도 마음에 들었다. 크리스티는 작년에 아이를 낳기로 결심했고, 출산 예정일 몇 달 전부터 휴가를 냈다. 마침내 예쁜 딸을 낳고 집에서 아기와 6주 동안 꿈결 같은 시간을 보냈다.

마침내 직장으로 복귀할 때가 되었다. 크리스티는 아기가 보고 싶겠지만 자신이 좋아했던 직장으로 돌아갈 생각에 가슴이 부풀었다. 하지만 미용실에서 몇 시간 일하고 나자 더 이상 그 일이 자신과 맞지 않는다는 사실을 깨닫고 그만두기로 마음먹었다. "엄마가 되면서 나는 굉장히 부드럽고 열린 마음을 갖게 되었어." 크리스티는 나중에 친구에게 직장을 그만둔 이유를 설명했다. "그래서 예전에 일하면서 좋아했던 점을 더 이상 견딜 수 없게 되었지. 소문도, 떠들썩한 에너지도, 들뜬 분위기도 참기 힘들더라고, 매장 환경과 그곳에 있는 사람들이 요란스럽고 불쾌하게 느껴졌지. 직장에 복귀하고 나서야 내가 얼마나 변했는지 알았어."

우리는 언제나 크리스티처럼 용감하지는 않다. 또 돌이킬 수 없을 정도로 상황이 달라졌다는 사실을 재빨리 인정하기도 어렵다. 너무 많이 변하지 않고도 그러저럭 살아갈 수 있기를 바라면서 예상하지 못했던 상황과 타협해 변화를 가능한 한 축소시키기도 한다. "외부 조건을 전혀 바꾸지 않고 나의 내면만 바꿀 수는 없을까?" 우리는 그러기를 갈망하면서 의문을 던진다. "다른 조건을 바꾸지 않고서도 깨달음은 깨달음대로 얻을 수 있는 방법이 틀림 없이 있을 거야."

하지만 그런 방법은 없다. 내가 늘 제자들에게 강조하듯 닭을 찌그러뜨려 달걀로 만들 수는 없는 법이다. 인간도 마찬가지다. 이미 자라 버린 자신을 작아진 과거 역할에 우겨 넣을 수는 없다.

그래도 우리는 그런 시도를 한다. 우리는 애인에게, 친구에게, 사업에서, 생활 방식을 선택할 때 한 번쯤 그래 보았다.

- 헤어지기는 했지만 여전히 그와 잠자리를 함께할 수 있을 거야.
- 나는 마약을 끊었고 친구는 아직도 마약에 절어 살지만 계속 같이 다닐 수 있을 거야.
- 월급이 많으니까 계속 혹사를 당해도 견딜 수 있을 거야.

우리는 그저 타협하고 융통성을 발휘했을 뿐이라고, 비록 그래 보여도 과거로 되돌아가는 것은 아니라고 자신을 납득시키려 한다. 하지만 이런 식으로 역행할 수는 없다. 자신이 이미 변했는데 변하지 않은 척 할 수 없다. 깨달았는데 모르는 척 할 수 없다. 영혼을 걸고 타협할 수 없다.

애도 과정에서 맞닥뜨리는 위험 요소

분노는 누군가에게 던지려고 뜨거운 석탄을 쥐고 있는 것과 같다.

결국 화상을 입는 사람은 자기 자신이다. _부처

세미나를 마치고 사인회를 끝냈을 때였다. 한 여성이 잔뜩 긴장해서 한쪽 구석에 서 있는 모습이 보였다. 나와 이야기를 하려고 기다리고 있는 것이 분명했다.

"오래 기다리셨네요." 나는 미소를 지으며 말했다. "물어볼 것이 있으세요?"

"네, 저… 애인이 다른 여자를 사랑해서 제 곁을 떠난 일을 한동안 애도하는 것은 자연스러운 현상인가요?"

"물론이죠." 나는 힘주어 수긍했다. "관계를 끝내는 일은 결코 쉽지 않고 마음의 상실을 애도하는 데는 시간이 걸리죠. 하지만 애도를 마치고 나면 다시 사랑을 일구며 살아갈 수 있을 거예요."

"그렇군요." 여자가 말을 이었다. "그런데 전 아직 애도를 마치지 못했어요."

"서두를 일이 아니에요. 헤어진 지 얼마나 되었나요?"

"6년요."

"6년이라고요!" 나는 깜짝 놀라 물었다. "아직 애도가 끝나지 않았다는 것을 어떻게 알죠?"

"아직도 그 나쁜 놈을 죽이고 싶거든요." 여자가 당당하게 말했다.

나는 심호흡을 하고 나서 되도록 부드러운 목소리로 여자에게 말했다. "그것은 애도가 아니라 분노예요."

과거에서 미래로, 제약에서 자유로 향하는 길을 가로막는 가장 위험한 요소는 분노다. 정신과 의사로 죽음과 죽음을 앞둔 환자를 연구했던 엘리자베스 퀴블러 로스(Elizabeth Kubler-Ross) 박사는 슬픔의 다섯 단계를 밝혀내고 이름을 붙였다.

1. 부정
2. 분노
3. 타협
4. 절망
5. 수용

분노는 애도 과정에서 중요한 역할을 차지하는 감정이다. 사람을 잃어서 애도하든, 자신의 일부나 꿈을 잃어서 애도하든 말이다. 하지만 분노할 때 우리의 자아는 기분 좋은 감정을 느끼므로 우리는 분노에 중독되기 쉽다. 분노할 때, 증오심이 끓어오를 때는 잘못된 힘이 일시적으로 생겨난다. 상실과 예상하지 못했던 상황을 겪으면서 무기력해졌다가 다시 강해졌다고 느끼는 것은 비록 환상이더라도 반가운 변화이긴 하다.

하지만 계속 분노하면 자신의 슬픔을 회피해서 치유 과정이 중단된다. 그러면 힘이 솟고 자유로워지기는커녕 정반대 현상이 나타난다. 분노와 고통에 갇혀 버리는 것이다. 분노는 자신의 열정, 자신이 맺으려 애쓰는 새로운 관계, 진정한 평화를 경험하는 능력에 죽음을 고한다. 윌리엄 월튼(William H. Walton)은 "원한을 가슴에 품으면 벌 한 마리에 쏘여 사망에 이르는 것과 같다."라고 말했다.

분노를 마음에 들이지 말고 통과시켜야 한다.

어떤 상황에 대해 계속 분노하면 이를 온전히 애도할 수 없다. 우리가 느끼는 분노 뒤에는 언제나 고통, 두려움, 슬픔이 숨어 있다. 분노를 들여다보면 슬픔이 있다. 분노에 매달리면 분노에 가린 다른 감정을 해결하지 못하고 자기 안에 갇혀 버린다. 내면에 고통과 슬픔이 쌓이고 쌓이면 결국 '우울'해진다.

내가 세미나에서 만났던 불쌍한 여자는 여러 해를 분노에 갇혀 살았다. 분노가 그녀를 파괴하고 마비시켜서 그녀가 정말 원했던 일 즉 상처받은 마음의 치유를 차단해 버렸다. "집에 가서 실컷 울어요." 나는 그녀에게 이렇게 조언했다. "울고 또 울어요. 눈물이 마를 때까지 울어요. 그러면 눈물 저편에서 당신의 미래가 기다리고 있을 거예요."

❦

가장 끔찍한 문제는 죄책감을 더해 자기 상태를 악화시키는 거라고!
_빌 워터슨(Bill Watterson)의 만화 《캘빈과 홉스(Calvin & Hobbes)》에서

"아내에게 좀 더 관심을 기울였다면 아내가 떠나지 않았을 텐데."
"남편을 좀 더 도와주었다면 남편이 숨을 끊었을 텐데."
"내가 좀 더 창의성을 발휘했다면 사업이 망하지 않았을 텐데."
"다른 사람에게 상처를 주면서도 이 일을 하는 것이 옳을까?"
"내가 좀 더 열심히 노력했더라면 실패하지 않았을지도 몰라."

"아들이 이런 식으로 변한 걸 보면 나는 틀림없이 나쁜 엄마야."

"어떻게 내가 이런 어리석은 일을 저질렀을까?"

이는 죄책감과 자기 비난의 목소리다. 자신이 누리리라 생각했거나 실제로 누렸던 삶을 잃어서 애도할 때 우리는 의식의 저 밑바닥에서 일제히 처절하게 울부짖는 목소리를 듣는다. 이는 사랑을 담은 목소리도 아니고 자신을 격려하는 목소리도 아니다. 만화 주인공의 말처럼 이미 엉망인 우리 기분을 더욱 나쁘게 만들려는 목소리다.

죄책감은 우리 자신에 대해 좋지 않게 생각하도록 우리를 납득시키고, 그 생각을 없앨 때까지는 결코 앞으로 나아갈 수 없다고 우리를 속여서 과거에 가두어 버린다.

죄책감은 늪과 같아서 빠져나가기 힘든 자기 비난의 상태로 우리를 끌어당긴다. 우리는 더 이상 죄책감을 느끼지 않아야 비로소 앞으로 나아갈 수 있다고 생각하게 된다. 하지만 죄책감은 빠져들수록 더 커지기만 해 우리는 이내 전혀 움직이지 못하고 그 이유도 깨닫지 못한다.

죄책감은 자신이 부딪쳐야 할 상황에서 몸을 숨기는 매우 편리한 방법이다. 결국 죄책감에 빠져 있는 한 우리는 깨달음과 경고음을 회피할 구실을 찾고, 앞으로 나아갈 때 감수해야 할 위험을 무릅쓰지 않으려 무한정 미루는 행동을 하게 될지도 모른다. 특히 자신이 하는 일이 타인에게 나쁜 영향을 미칠까 걱정되니 차라리 아무것도 하지 않는 편이 낫다고 스스로를 세뇌시키는 경우에 더욱 그렇다.

이는 우리가 쉽게 착각하는 부분이다. 우리는 죄책감을 느낌으로써, 자신이 무척 조심스럽고 변화를 겪는 과정에서 다른 사람을 다치게 할 의도는 전혀 없었다는 점을 자기 자신이나 주위 사람에게 알릴 수 있다고 생각한다. 자신이 행한 일에 대한 참회의 방법으로 죄책감을 느끼는 것이다.

남편을 떠난 후 죄책감에 시달리는 친구와 이에 대한 얘기를 나눈 적이 있다. 친구의 결혼 생활은 이미 생명을 잃은 지 오래되었고 만성적으로 마약 문제를 안고 있던 남편은 문제에 직면하기를 거절했다. 그런데도 친구는 남편을 떠나기로 한 결정에 여전히 죄책감을 느꼈다. 친구는 내게 이렇게 속마음을 털어놓았다. "그래도 죄책감이 드니까 내가 남편을 버릴 정도로 나쁜 사람은 아니라는 생각을 하게 돼."

우리는 자기 자신이 변화하면서 다른 이에게 고통을 주었다는 생각에 단지 그러한 자신을 벌하려고 죄책감을 느낄 때가 많다. 이혼한 내 친구는 결혼 생활을 먼저 끝내자고 한 자신의 행동을 무의식중에 벌하기 위해 6개월 넘게 죄책감을 느꼈다. 물론 그녀는 스스로 내린 벌을 치르고 나자 죄책감을 털어 버리고 지금은 재혼해서 행복하게 살고 있다. 전 남편도 새로운 삶을 시작했다.

내 친구는 그래도 나은 편이다. 자신에게 지운 죄책감을 6개월 만에 벗어던졌기 때문이다. 하지만 주의를 기울이지 않으면 몇 년이고 죄책감과 자기 비난에 갇힐 수 있고, 절대 바꿀 수 없는 과거에 대한 후회에 얽매여 미래가 부르는 소리를 들을 수 없게 된다. 이러한 악순환을 깨려면 죄책감과 뉘우침의 차이를 알아야 한다.

죄책감은 자신을 바람직하지 않게 느끼도록 우리를 유도한다.
뉘우침은 미래에 다르게 행동할 수 있도록 우리에게 교훈을 안긴다.

죄책감은 실패했다고 우리를 호되게 꾸짖는다.
뉘우침은 실수에서 지혜를 배워 더욱 성공할 수 있는 길을 마련하게 한다.

죄책감은 우리를 휘저어 놓아 앞으로 나아가는 것을 방해한다.
뉘우침은 우리를 자유롭게 하고 앞으로 나아가도록 이끈다.

죄책감은 우리를 억눌러 숨 막히게 한다.
뉘우침은 연민으로 우리를 감싼다.

과거를 애도하는 과정은 언제나 뉘우침을 포함한다. 중요한 교훈을 마음에 담아야 하지만, 죄책감을 놓아 버릴 정도로 자신을 사랑해야 한다. 과거를 돌아보는 일에 붙들리지 않도록 주의를 기울여야 한다. 결국 새로운 차원의 성취감과 자유를 찾아야 할 곳은 과거가 아니라 탐험하고 펼쳐 나갈 현재이기 때문이다.

놓아 버려라

과거를 가슴에 너무 꽉 안고 있으면
품이 가득 차서 현재를 안을 수 없다.

_잰 글라이드웰(Jan Glidewell)

앞으로 나아가려면 결국 죄책감, 분노, 환상, 보이거나 보이지 않는 상실, 무용지물이 되어 버린 역할과 정체성, 슬픔까지도 놓아 버려야 한다. 미래가 들어올 수 있는 공간을 만들기 위해 과거를 놓아 버려야 한다.

자신이 항상 걸으리라 생각했던 길에 대한 집착을 놓아 버리고, 마음의 문을 열어 훨씬 더 아름다운 풍경이 깃든 곳으로 향하는 길을 찾아야 한다. 놓아 버리고 나서 찾아올 끔찍한 공허를 수용하고 놓아 버려야 한다. 공허가 찾아오면 곧 자신이 상상할 수 없을 정도로 새로운 지혜와 깨달음이 채워지리라 믿어야 한다.

이렇게 글을 쓰고는 있지만 놓아 버리는 것은 정말 어려운 일이다. 우리가 사는 사회는 수집 사회여서 모두들 버리지 않고 쌓아 두기를 좋아한다. 헤쳐 놓지 않고 모아 두는 것을 좋아한다. 친숙한 대상에 집착하고 미지의 대상을 믿지 못한다. 마무리 짓는 일에 그다지 능숙하지 못하다.

우리에게는 고집스레 사물에 집착하는 습관이 있다. 살면서 버려야 한다고 생각하면서도 그러지 못할 때가 많다. 내게는 옷이 그렇다. 옷이 너무 많아 집에 있는 옷장이란 옷장은 터질 듯 차 있다. 이유는 간단하다. 한 번 사면 버리기가 너무 힘들기 때문이다.

나는 옷을 버리지 못하는 내 심리를 아주 잘 알고 있다. 넉넉지 못한 가정에서 자랐기 때문에 나는 다른 친구들처럼 좋은 옷을 입을 여유가 없었다. 게다가 두껍고 이상하게 생긴 안경까지 쓰고 있어서 늘 외모에 신경이 쓰였다. 나도 다른 여자아이들처럼 예쁜 옷으로 마음껏 치장하고 싶었다. 어른이 되어 경제적 여유가 생기면서 나는 자연스럽게 쇼핑에 빠져들었고, 지금까지도 쇼핑에 중독되어 있다.

물론 더 이상 몸에 맞지 않거나 유행이 지난 옷을 정기적으로 정리해야 한다고는 생각한다. 하지만 막상 정리를 시작하면 똑같은 고민에 빠진다. 버릴 옷을 잔뜩 쌓아 놓고 하나씩 들추다 보면 각각의 옷에 묻어 있는 추억에 사로잡힌다.

"내가 제랄도 쇼에 처음 출연했을 때 입었던 옷이야."

"이 정장은 친구 데비의 결혼식 때 입었지. 그때 찍은 사진도 있는데."

"아까워서 이 구두를 어떻게 버려. 큰맘 먹고 비싸게 샀는데."

그 옷과 구두는 내게 더 이상 맞지 않는다. 10년 이상 지난 물건도 있다. 유행이 너무 지나 사람들 앞에 입고 나갔다가는 여성 잡지에 워스트 드레서로 대번에 실릴지 모른다. 하지만 나는 한숨을 쉬고 과거를 회상하면서 오래된 옷들을 버리지 못한다. 그 옷들은 내 과거의 조각이고 따라서 내 조각이기 때문이다. 결국에는 버리기는 하지만 작별 인사를 이처럼 오래 해야 한다.

이쯤 되면 내가 무엇을 말하려 하는지 파악했을 것이다. 자신이 집착하는 물건을 놓아 버리기도 힘든데, 자신과 동일하게 여기는 감정적 역할을 놓아 버리기는 얼마나 어렵겠는가. 즐겨 입었던 낡고 낡은 비옷이나 편안하기는 하지만 부서진 의자를 버리면서도 슬퍼하는데, 한때 자신에게 꼭 맞았지만 지금은 쓸모가 없어진 역할을 포기할 때는 얼마나 슬프겠는가. 몇 년 동안 보지 못한 옛사랑의 사진도 꼭꼭 간직하고 있는데, 함께해선 안 된다는 사실을 알더라도 자기 삶의 일부였던 사람을 떠나보낼 때는 얼마나 고통스럽겠는가.

한때 열렬히 원해 소유했던 무언가를 포기해야 할 때면 자신이 실패하고 실수하고 패배한 것처럼 느껴질 것이다. 포기하지 않고 꼭 쥐고 있어 앞으로 나아가지 못할 때도 말이다.

친구가 두 살배기 딸 다니엘을 데리고 집에 놀러왔다. 나는 친구와 수다를 떨면서 옷장에서 커다란 장신구 상자를 꺼내 다니엘에게 가지고 놀라고 주었다. 다니엘은 여러 빛깔로 반짝거리는 요란한 장신구에 눈이 휘둥그레지더니 곧 상자를 뒤적여 마음에 드는 물건들을 꺼내기 시작했다. 제일 먼저 꺼낸 장신구를 왼손에 꼭 쥐고는 반대편 손으로 부지런히 또 물건을 골라 다시 왼손에 옮겨 쥐었다. 그렇게 왼손이 가득 찰 때까지 보물을 찾더니 이번에는 오른손이 꽉 찰 때까지 장신구를 한껏 움켜쥐었다.

이제 다니엘은 고민에 빠졌다. 장신구를 더 집고 싶지만 그동안 애써 모은 장신구를 내려놓고 싶지는 않았던 것이다. 그래서 넘쳐 나는 장신구를 두 손 가득 꽉 쥐고 바닥에 앉은 채로 상자 안에 남아 있는 장신구를 뚫어져라 쳐다보았다. 갖지 못한 장신구가 여전히 탐이 났지만 어떻게 해야 할지 몰랐다.

그러다가 너무 신경을 쓴 탓인지 갑자기 울음을 터뜨렸다. 친구가 딸을 안아서 달래 주는 동안 나는 혼자 씩 웃었다. 우리 모두가 다니엘 같다는 생각이 들었기 때문이다. 우리는 자신이 획득한 대상을 놓아 버리기 힘들어한다. 하지만 손이 가득 차 있으면 다른 물건을 쥘 수 없다.

놓아 버리고 자신을 해방하라

충만한 삶을 살려면 지나가는 순간을 놓아 버리고 더불어 죽어야 한다. 그리고 새로 떠오르는 순간과 함께 다시 태어나야 한다.

_잭 콘필드(Jack Kornfield, 미국 심리학자이자 위빠사나 수행의 권위자-옮긴이)

우리는 이 세상에서 죽고 새로 태어나는 과정을 되풀이한다. 이러한 과정은 거의 대부분 눈에 띄지 않게 진행된다. 예를 들어 이 책의 바로 앞 문장을 읽는 몇 초 동안 우리의 일부가 죽는다. 우리 체내의 세포는 1초마다 200만 개가 죽어서 몇 년을 단위로 완전히 바뀐다. 그야말로 현재의 우리는 과거의 우리가 아니다. 자기 몸이 죽고 다시 태어나는 이 과정을 우리는 의식조차 하지 않는다.

시간이 흐르면서 어느 사이엔가 죽음을 맞는 것이 있다. 어린 시절 꿈이 버려지고 어릴 때 맺었던 우정이 희미해진다. 학교와 선생님이 기억에서 멀어지고 이런저런 아이디어와 집착, 흥미가 버려진다. 한때 알던 사람들에 대한 기억이 사라지고 극복하려 발버둥 쳤던 자신의 일부가 떨어져 나간다. 우리는 이러한 죽음을 감지하지만 굳이 멈춰 서서 작별 인사를 하지 않는다.

하지만 과거를 놓아 버리고 미래로 걸어 들어가야 할 때를 느끼면, 우리는 과거와 작별 인사를 나눠야 한다. 지금 우리가 걷고 있는 중요한 과정을 존중하고 새로운 희망과 낙관을 지니고 자유로이 나아가도록 하는 작별의 방법을 찾아 행해야 한다.

내가 아끼는 친구 중에 힌두교 승려가 있다. 그 친구는 몇 년에 걸쳐 영성 훈련을 하고 나서 자기 삶을 깊이 바꾸겠다고 결심했다. 욕망과 쾌락을 자제하는 동시에 세속의 책임과 관계를 모두 끊고 오직 신을 찾고 타인을 돕는 일에 헌신하겠다고 뜻을 세운 것이다. 친구는 승려로 입적하는 공식 의식인 '산야사'를 치르게 되었는데, 산야사는 산스크리트 어로 '밀쳐 두다, 버리다, 포기하다'라는 뜻이다.

이 고대 의식은 지금껏 따라온 삶의 방식을 버리고 다른 방식을 선택하는 과정으로, 인도에서 수천 년 동안 이어져 내려왔다. 예비 승려는 상서로운 날을 정해 아침 일찍 지도자 앞에 엎드려 축복을 받고 삭발식을 치른다. 그러고는 모든 소유를 내려놓고 과거에 얻은 모든 물건을 포기한다는 의미에서 자신의 장례 의식을 거친다.

장례 의식은 그때까지 살았던 삶 전체를 버리고, 과거 자아가 죽고 영적 존재로 다시 태어나는 과정을 상징한다.

이제 예비 승려는 머리카락, 옷, 이름을 비롯해서 자기 정체성의 잔해를 불길 속에 던지고 속세의 삶을 포기하겠다고 맹세한다. 그런 다음 불 주위를 걷고 나서 스승의 발아래 무릎을 꿇는다. 이제 예비 승려의 옛 자아는 죽는다. 예비 승려는 근처 강에 가서 몸을 담그고, 물에서 나오면 지도자에게 새 의복과 이름을 건네받는다.

나는 친구가 자세하게 전해 주는 강력한 의식 절차를 들으며 외경심에 사로잡혔다.

"기분이 어땠어요?" 내가 물었다. "자신의 장례식을 치르는 기분 말이에요. 이상했나요?"

"아뇨, 전혀요." 친구가 대답했다. "내가 겪고 있는 변화가 실재라고 깨달을 수 있었어요. 그리고 엄청난 평화와 행복이 밀려왔어요. 내가 살아 있는 동안 죽고 다시 태어난 거죠. 그러한 경험을 겪으며 느꼈던 힘 때문에 나는 깊이 겸손해졌어요. 신을 향한 사랑이 충만해졌고 진정한 자유로움을 느낄 수 있었죠."

우리는 내 친구가 공식적인 의식을 치를 때처럼 급진적으로 변화를 경험하지 않을 수도 있다. 하지만 새 삶을 살려면 자신의 방식대로 마음에 제단을 쌓아 놓고 불을 피워서 더 이상 쓸모없는 삶을 불길 속에 던져야 한다. 버리고 싶은 것을 모두 불길 속에 던져버려야 한다.

자신이 느끼는 고통과 실망, 자신에게 고통을 안기는 대상에 대한 집착, 산산조각 난 과거의 꿈, 버려야 하는 자신의 일부, 더 이상 맞지 않는 역할, 오래된 슬픔, 오래된 죄책감과 분노 등을 말이다. 우리는 불행과 인연을 끊겠다고 맹세하고, 기쁨을 느끼지 못하게 하는 모든 제약에서 자유로워지기를 기대한다.

자신이 놓아 버려야 할 대상을 신성한 제단의 불길에 제물로 바쳐라. 그러면 우리가 바친 제물을 자비의 불길, 진리의 불길이 받아들여 옛것을 태우고 새로운 삶, 새로운 사랑, 새로운 자유로 변화시킬 것이다.

※

끝을 맺는 일은 성장하는 데 반드시 필요한 중요한 부분이다.

끝을 맺지 않으면 시작할 수 없다.

꽉 움켜쥐고 있던 손아귀를 펴고 용기를 내어 놓아 버릴 때, 애도하던 대상을 마침내 풀어 줄 때, 우리는 영원히 변화된 자신의 일부를 발견한다.

우리는 고통을 통해 특징지어졌고 상실을 통해 빚어졌다.

어쨌든 슬픔은 우리를 아름다운 모습으로 조각했고, 이제 우리는 공들여 깎고 다듬은 보석처럼 반짝이며 안에 갇혀 있던 완벽하고 신비스러운 빛을 드러낸다.

9

지도에 없는 길이 주는 선물

모든 것이 끝났다고 굳게 믿을 때가 있다.
그때가 바로 시작할 때다.

– 루이스 라모르(Louis L'Amour, 미국 소설가–옮긴이)

조앤 롤링(J. K. Rowling)이 쓴 베스트셀러 《해리 포터와 마법사의 돌
(*Harry Potter and the Sorcerer's Stone*)》에 유명한 장면이 나온다. 어린
해리 포터는 마법사가 되는 훈련을 정식으로 받으려고 호그와트
마법 학교로 향한다. 해리는 9와 4분의 3번 승강장에서 기차를 타
라는 말을 듣고 기차역에 도착하지만 승강장을 찾을 수 없다. 9번
승강장도 있고 10번 승강장도 있는데 말이다. 그래서 주변의 마법
학교 선배들에게 9와 4분의 3번 승강장이 어디냐고 묻는다. 한 선
배가 단단한 시멘트 벽을 가리키며 "저기"라고 대답한다.

　해리는 당황한다. 입구도 없고 두꺼운 벽뿐이기 때문이다. 그런

데 깜짝 놀랄 일이 벌어진다. 선배들이 단단한 벽을 향해 하나씩 달려들었는데 신기하게도 그대로 사라져 버리지 않는가! 물론 그들이 하는 대로 따라한 해리도 기적처럼 벽을 통과해 9와 4분의 3번 승강장에 서서 마법의 기차를 바라보고 있다. 마법의 비밀을 배울 호그와트 마법 학교로 향하는 기차였다. 해리는 위대한 마법사가 되려면 반드시 배워야 하는 중요한 교훈 하나를 이미 깨닫기 시작한다. '상황은 항상 보이는 대로인 것은 아니다.'

고난과 전환, 변화의 시기를 거치면서 우리는 해리 포터처럼 얼핏 통과할 수 없는 벽으로만 보이는 장애물이나 막다른 길에 부딪힐지 모른다. 그때마다 앞에 버티고 있는 장애물을 노려보고 이를 뛰어넘고 싶다고 갈망하지만 자신에게 길을 터 줄 입구도 보이지 않고 달리 돌아갈 길도 찾을 수 없다.

- 친밀한 관계가 끝이 나거나 수렁에 빠졌다고 느낀다.
- 직장 일이 불만스럽거나 선망이 어둡다고 느낀다.
- 많은 시간과 에너지를 쏟았던 계획이 성과를 거두지 못한다.
- 아이디어를 실현할 자금 조달 계획이 수포로 돌아간다.
- 도저히 회복할 수 없어 보이는 비극적인 사건이 일어난다.

이렇게 힘든 시기에 어떻게 앞으로 나아갈까? 행복으로 가는 길을 가로막아 도저히 없앨 수 없어 보이는 장애물을 어떻게 통과할 수 있을까?

이때 우리는 '상황이 늘 보이는 대로는 아니다.'라는 말을 기억하고 행동해야 한다.

관계가 막다른 길에 다다랐다는 생각이 들면, 상상할 수 있는 이상으로 새로 사랑하고 더욱 친밀한 관계를 맺을 수 있는 강력한 기회가 찾아온 것이다. 직장 일이 막다른 길에 다다랐다는 생각이 들면, 창의성과 성공의 새 영역을 발견할 강력할 기회가 찾아온 것이다. 행복이 막다른 길에 다다랐다는 생각이 들면, 자신을 재발견하고 개선하는 경험을 시작할 강력한 기회가 찾아온 것이다. 신념과 희망이 막다른 길에 다다랐다는 생각이 들면, 새로운 차원의 지혜와 깨달음을 얻을 강력한 기회가 찾아온 것이다.

해리 포터는 마법 세계로 들어가기 위해 곧장 시멘트 벽으로 뛰어들었다. 하지만 마법에 걸리지 않은 평범한 현실에서는 다음 사항을 고려해야 한다.

우리가 가는 길에 놓인 장애물은 우리를 막고 있는 것이 아니라 새로운 방향으로 나아가게 하는 것이다. 장애물의 목적은 우리의 행복을 방해하는 것이 아니라 새로운 행복과 가능성, 입구로 향하는 방향을 가리키는 것이다.

어릴 때 두 팀으로 나눠 놀았던 재미있는 게임이 생각난다. 각 팀에서 뽑힌 술래 두 명이 눈을 가리고 자기 팀 아이들의 지시에 따라 장애물을 통과해 결승점에 먼저 도착하면 이기는 놀이였다.

물론 그 과정이 만만하지 않았고 그래서 흥미진진하기도 했다. 술래가 나무나 덤불에 부딪치거나 돌에 걸려 넘어지거나 구덩이에 빠져서 다치지 않도록 힘을 모아야 했기 때문이다. 우리는 함께 서서 술래가 다치지 않고 결승점에 빨리 도착할 수 있는 방향을 가르쳐 주느라 고래고래 소리를 질렀다.

"왼쪽으로 두 걸음 가. … 이제 앞으로 계속 가. … 천천히 걸어, 아니면 나무에 부딪혀. … 안 돼! 멈춰! … 그래, 이제 오른쪽으로 돌아. … 아니, 너무 돌았어. 뒤로 돌아. … 잘했어! 이제 앞으로 다섯 걸음을 똑바로 걸어. … 너무 빨라. 조금씩 걸어! … 거의 다 왔어. … 자, 이제 엎드려. 울타리 밑으로 기어가야 해. … 머리를 숙여! … 아이쿠! 너무 늦었어. …."

우리가 앞에 놓인 장애물을 피해 어딘지도 모르는 목적지에 도달할 수 있도록 우주적 존재가 길을 인도한다면 어떨까? 우주적 존재는 우리와 어떻게 대화할까? 우리가 가야 한다고 생각하는 방향에서 어떻게 우리를 되돌릴까? 그래서 우리는 정말 가야 하는 곳으로 어떻게 방향을 돌릴 수 있을까? 소리쳐서 방향을 알려 줄 사람이 없다면 우리는 어떻게 목적지에 도달할까?

답은 명쾌하다. 우리가 가는 길에는 장애물이 놓여 있으므로 더 이상 그 길로는 갈 수 없다. 문이 닫혀 계속 걸을 수 없다. 기회가 사라져 더 이상 전진할 수 없다. 이것이 바로 우주적 존재가 우리에게 보내는 메시지이자 대화이다. 자신이 지금 술래처럼 눈이 가려 있어 어디에 있는지, 새로 향하고 있는 목적지가 어디인지 알 수 없다는 생각이 들더라도 우리는 그럴 의지만 있다면 신비스러운 여정을 밟으며 목표를 향해 나아가도록 안내받는다.

※

한쪽 문이 닫히면 다른 쪽 문이 열린다.

하지만 우리는 닫힌 문을 너무 오래 바라보며 슬퍼하느라

자신을 위해 열린 문을 보지 못할 때가 많다.

_알렉산더 그레이엄 벨(Alexander Graham Bell)

내가 키우는 애완견 비주는 내 삶을 비추는 빛과 같다. 비주는 비숑 프리제(bichon frise, 프랑스가 원산지로 보통 털이 희고 꼬불꼬불하며 목을 당당하게 들고 쾌활하게 걷는 것이 특징이다.-옮긴이)로 사랑스럽고 장난기가 많고 감정이 풍부하며 헌신적이다. 또한 자신이 원하는 것에 불굴의 투지로 집중하는 놀라운 능력을 지니고 있다.

간식을 먹으려는 비주의 의지를 보면 매번 웃음이 터진다. 비주는 간식이 보관되어 있는 창고로 통하는 문을 알고 있다. 그래서 그 앞에 선 채로 마치 눈길로 나무를 녹여 간식 천국으로 들어갈 듯한 기세로 문을 뚫어져라 쳐다본다. 간식 먹을 시간이 되면 나는 창고로 가서 비스킷을 한 움큼 가지고 나온다. 비주는 너무 집중해서 문을 쳐다보느라 내가 간식을 이미 다른 곳에 놓았는데도 알아차리지 못할 때가 많다. "비주! 여기 좀 봐!" 내가 다른 방에 놓여 있는 간식을 가리키며 말해도 비주는 꿈쩍도 하지 않는다. 그저 문이 열리기만 기다리며 극도로 집중해서 문만 쳐다본다.

물론 결국은 간식을 발견한다. 내가 간식을 다른 장소로 옮겨 저장해도 비주는 자신이 알고 있는 문을 열어야 간식이 있다고 생각한다. 방에 있던 비주가 갑자기 모습을 감추어도 가 있을 곳은

뻔하다. 창고로 통하는 문 앞이다.

우리에게도 이런 일이 자주 일어난다. 살아가다가 관계, 기회, 직업, 꿈으로 향하는 문이 닫힌다. 우리는 계속 나아가야 한다는 사실을 안다. 새로운 입구와 길, 가능성을 찾기 위해 방향을 돌려야 한다는 사실을 안다. 하지만 비주처럼 닫힌 문 앞에 서서 그 뒤에 있었던 것만을 기억하며 애타게 문만 쳐다본다.

"몇 년 전만 해도 우리는 끔찍이 사랑했는데."
"시작만 좋았다면 사업이 끝내주게 잘 돌아갔을 텐데."
"그 프로젝트에 정말 기대가 컸는데."
"어머니가 돌아가신 후로는 모든 것이 달라졌어."
"아이들이 어렸을 때는 함께 여행도 다니고 정말 좋았어."
"그때는 정말 행복했어."

문제는 우리가 길못된 방향을 보고 있다는 것이다. 해결하려면 몸을 돌리기만 하면 된다. 자신이 속했지만 더 이상 있을 수 없는 곳에서 몸을 돌려 그곳을 떠나라. 이미 끝난 것에서 몸을 돌려 멀어져라. 몸을 돌려 자신 앞에 놓인 새로운 길, 새로운 목적지, 열어주기를 기다리는 새로운 문을 마주하라.

몸을 돌리기 전에는 실망만 가득한 과거를 볼 뿐이다. 더 이상 있을 수노, 손에 쥘 수도 없는 대상을 볼 뿐이다. 그러면 낙담하고 패배감에 젖고 무엇보다 무기력해질 것이다.

무력감에 빠지면 아무 선택도 할 수 없다.
과거를 계속 응시하면
자신을 기다리고 있는 미래를 볼 수 없다.
손에 쥘 수 있는 가능성을 보지 못한다.
몸을 돌려 앞을 봐야 한다.

막다른 길로 보이는 곳에 서 있어도 선택과 새로운 가능성은 늘 있기 마련이다. 막다른 길에 서서 더 이상 있을 수 없는 대상을 응시하느라 지금 손에 넣을 수 있는 대상을 보지 못하면 우리는 그 자리에 갇혀 버리고 만다.

지금 내가 자유롭게 할 수 있는 일

조엘은 이혼하자는 아내 에일린의 말에 어찌할 바를 몰라 나를 찾아왔다. 아내가 더 이상 결혼 생활을 유지할 수 없다고 선언한 지 몇 달이 지났다고 했다. 이런 순간이 찾아올 조짐이 있었겠지만 조엘은 전혀 몰랐다. 아내는 조엘이 집을 나가 주기를 기다리고 있지만 조엘은 아내의 마음이 바뀌리라고 자신을 도닥이고 있었다. 그런 일은 절대 없다고 아내가 못 박아 말했는데도 말이다. 조엘은 비참한 감정에 휩싸여 막막하기만 하다.

조엘은 자신이 살아온 삶이 파괴되었다는 사실에 충격을 받았다. 그는 과거 결혼 생활이라는 파편 더미를 바라보며 길에 서 있다. 앞으로 나아가야 한다고 생각하지만 새로운 길이 보이지 않는다. 과거를 뒤돌아보느라 여념이 없어 앞으로 길이 계속된다는 사실을 알지 못한다. 조엘은 몸을 돌려야 한다.

"아내와 가정을 되찾고 싶을 뿐이에요." 조엘이 침울하게 말했다.

"문이 닫혔어요. 이제 그 문으로는 들어갈 수 없어요. 하지만 다른 가능성이 열려 있잖아요. 어떤 문이 보이죠?"

"다른 가능성은 전혀 보이지 않는걸요." 조엘이 하소연했다. "원래 소유했던 것을 계속 갖고 싶을 뿐이에요."

"다른 가능성이 틀림없이 있어요. 단지 당신이 보고 있지 않을 뿐이죠." 내가 설명했다. "마음을 가라앉히고 자신에게 이렇게 물어보세요. '지금 내가 자유롭게 할 수 있는 일은 무엇일까?' 그러면 답이 떠오를 거예요."

조엘은 잠시 말이 없었다. 그러더니 천천히 입을 열었다.

"나는 자유롭게 다른 집에서 살 수 있어요. 도시에서 좀 더 가깝고, 지금 살고 있는 집과 달리 아이들이 친구들과 마음껏 뛰어놀 수 있는 집을 장만할 수 있어요.

나는 자유롭게 내가 원하는 대로 집을 꾸밀 수 있어요. 아내와 나는 취향이 너무 다르거든요.

나는 하이킹과 캠핑처럼 내가 좋아하는 활동에 자유롭게 시간을 쓸 수 있어요. 아내는 야외활동을 좋아하지 않거든요.

나는 자유롭게 친구들과 좀 더 많은 시간을 보낼 수 있어요. 주말마다 아이들과 놀아 주는 대신에요.

나는 자유롭게 여행을 좀 더 많이 할 수 있어요.

나는 자유롭게 혼자 조용히 독서를 하고 재충전을 할 시간을 좀 더 많이 가질 수 있어요.

나는 자유롭게 사람들을 새로 만날 수 있어요.

나는 자유롭게 개를 키울 수 있어요. 아내에게 알레르기가 있어서 그동안 키울 수 없었거든요."

이렇게 생각을 넓혀 가자 조엘의 얼굴 표정이 밝아지기 시작했다. 닫힌 문을 바라보고 서 있을 때는 생각지도 못했던 일이었다. 몸을 돌려 방향을 틀기 전까지는 볼 수도, 상상할 수도 없었던 경험과 영감으로 이끄는, 열어 주기를 기다리고 있는 새로운 문이 눈앞에 있었다.

몇 달이 지나고 조엘은 내게 전화해서 안부를 전했다. 목소리가 완전히 다른 사람 같았다. "정말 멋진 집을 장만했어요!" 조엘은 흥분하며 말했다. "옛날 집에서 몇 분 거리에 있어요. 하지만 도시에 더 가깝고 아이들이 지내기에 좋은 동네예요. 예쁜 뒤뜰도 있고요. 몇 년 동안 심신 건강 클리닉으로 운영했던 집이래요. 그야말로 치유의 집인 셈이죠! 창고에 박혀 있던 옛 물건들을 꺼내 집을 장식하고 있어요. 내가 좋아하는 가구도 샀고요. 아이들도 새 집을 무척 좋아해요. 이제 펼쳐질 새로운 삶이 정말 기대돼요."

조엘은 말을 이었다. "지난주에 무슨 일이 있었냐 하면요. 에일린까지 와서 가족 모두 외식을 했어요. 이혼은 했지만 가끔 함께 모이거든요. 저녁 식사를 하는데 이제 막 아홉 살이 된 큰딸 캐시가 이렇게 말하더군요. '곰곰이 생각해 봤는데 아빠와 엄마는 이제 이혼했으니까 다시 결혼할 수 있는 거죠? 나는 그 결혼식에 갈 수 있는 거고요. 그렇죠? 엄마 결혼식, 아빠 결혼식, 두 번 다요! 그러면 드레스도 두 벌 생기겠네요. 아빠랑 엄마의 첫 번째 결혼식에는 갈 수 없었으니까 이번에는 틀림없이 가야겠어요. 신난다!' 그러고는 동생 칼리와 환호성을 지르며 키득거리기 시작했어요." 조엘은 덧붙여 말했다. "아이들은 걱정하지 않아도 되겠다고 안심했어요. 캐시는 모든 일이 잘될 테니까 걱정 말라고 자기 방식으로 내게 말해 준 거예요. 내가 아직 보지 못하고 있던 문을 캐시는 보고 있었던 거죠. 나 또한 최선을 다해 문을 찾아볼 거예요."

✄

> 누구도 과거로 돌아가 완전히 새롭게 출발할 수는 없지만,
>
> 지금 출발해서 완전히 새롭게 마무리할 수는 있다.
>
> _카를 바르트(Carl Bard, 스위스 신학자-옮긴이)

니는 언젠가 매우 불안하고 흔들리던 시기에 친한 친구 아만다에게 전화를 걸었다. 캘리포니아는 한밤중이었지만 오스트레일리아는 시차 때문에 오후였다. 아만다도 심리 치료사이므로 우리는 돌아가며 서로의 말을 들어 주고 조언을 해 준다. 나는 스트레스를 안기는 몇 가지 상황 때문에 화가 나고 어찌할 줄 몰랐다. 한 시간가량 아만다에게 하소연을 하고 나서 나는 이런 결론을 내렸다.

"어떻게 해야 할지 아직 모르겠지만 반드시 알아내야 한다는 것을 알았어!"

때로 이러한 상황을 맞았을 때 거쳐야 하는 첫 단계는 "나는 막

다른 길에 이르렀다. 돌아서서 새 입구를 찾아야 한다."라고 인정하
는 것이다.

내가 영적 여행을 하면서 배웠던 가장 중요한 교훈을 꼽자면 어떻
게 해야 할지 모르는 상태가 깨달음의 씨앗을 한아름 안고 있는 강
력한 상태라는 사실이다. 어떻게 해야 할지 알아내야 한다고 깨닫는
단계가 어떻게 해야 할지를 알아내는 출발점이다. 이 책의 첫 장에
서 읽었던 구절을 생각해 보자.

*"내가 어쩌다 여기에 이르렀을까?"라는 말은 자신이 '여기에' 있
다는 뜻이다. 우리는 길을 잃지 않았다. 그저 고정되어 있지 않
고 변하기 쉬운 상황, 정지해 있지 않고 이리저리 움직이는 상황
에 놓여 있을 뿐이다.*

열어 주기를 기다리는 새로운 입구를 찾아야 하는 곳도 바로
'여기'다.

손에 쥔 지도 없이

길의 끝을 분명하게 볼 수 없다고 해서 꼭 해야 할 여행을 시작하
지 않을 수는 없다. _존 케네디(John F. Kennedy)

우리는 엄청나게 용기를 내서 옛 지도를 옆으로 밀어 놓는다.

멋지게 항복을 선언하면서 자신이 움켜쥐고 싶었던 자리를 놓아 버리고, 앞으로 나아가겠다고 결심한다. 이때 불현듯 무언가 빠졌다는 생각이 들기 시작한다. 앞으로 나아갈 여행을 할 때 길을 안내받을 지도가 없는 것이다.

우리는 삶의 새로운 단계에 적합한 계획을 찾을 희망을 품고 새 지도가 나타나 주기를 기다린다. 하지만 아무 일도 일어나지 않는다. 주위를 필사적으로 둘러보며 어딘가에 새 지도가 있으리라 마음을 도닥여 보지만 아무리 애써도 발견할 수 있을 것 같지 않다. 옛 지도는 자신이나 타인이 예전에 걸었던 길을 가리킨다. 거기에는 부모가 이끄는 길, 인습에 매인 사회가 비중을 두는 길이 분명하게 표시되어 있다. 하지만 감정적으로나 정신적으로 다시 태어나는 사람들이 길잡이로 삼을 만한 지도는 없을 때가 많아서 우리 앞에는 지도에도 없는 미지의 세계가 위압적으로 펼쳐져 있다.

우리는 지도와 정해진 일정에 익숙하다. 이것이 있으면 설사 사실이 아니더라도 자신이 올바른 방향으로 나아가고 있다는 환상이 생긴다. 실제와는 다르게, 자신이 궤도를 벗어나지 않았다고 안심한다. 하지만 손에 지도를 쥐고 있지 않으면 혼란스럽고 우왕좌왕할 뿐 아니라 길을 잃을까 봐 두렵다.

그래서 우리는 결정을 내리지 못하고 일정표를 받을 때까지 길을 새로 개척하지도, 걸어갈 방향을 새로 잡지도 않는다. "이 시기를 겪어 내고 전진해야 해." 우리는 자신에게 이렇게 말한다. "새로운 장소에 도달하려면 지금 발을 내디뎌야 해. 하지만 누군가가 내게 어디로 어떻게 발을 움직여야 하는지 일러 주면 좋겠어. 그러면 앞으로 나아갈 수 있을 텐데. 정말 불안해. 움직여야 한다고 생각하지만 어떻게 해야 할지 모르겠어."

문제는 바로 이렇다.

우리는 선뜻 앞으로 나아가기 전에 바로 다음 단계가 아니라 길 전체를 봐야 한다는 생각에 집요하게 사로잡힐 때가 많다.

무엇이든 자신이 상황을 좌지우지해야 직성이 풀리는 사람들은 더욱 그렇다. 우리는 앞에 놓인 상황을 알지 못하면 마음이 불편하므로 제자리에 서 있으려 하고, 너무 불안한 나머지 실수를 할까 두려워 움직이지도, 어떤 결정을 내리지도 못한다.

새로 태어나는 강력한 과정을 한창 겪고 있는 동안 내가 친구에게 이렇게 말한 기억이 난다. "옛날에는 내 앞에 있는 미래를, 그것도 한 번에 몇 년을 내다볼 수 있었어. 마치 거대한 조명이 내 앞에 놓인 길 전체를 훤히 비추는 것처럼 모든 것이 환하게 보였지. 하지만 지금은 앞으로 내딛는 한 걸음 한 걸음을 볼 수 있을 정도로만 빛이 비추는 것 같아."

확실성과 안정성에 익숙해 있다면, 한 걸음 내디디는 정도만 빛이 비추는 현실이 무섭게 느껴질 수 있다. 하지만 이러한 두려움을 옆으로 밀어 두어야 한다. 새로운 길에 발을 내디딜 때 길 전체를 볼 필요 없이 앞으로 한 걸음씩 딛는 정도만 보면 된다는 사실을 침착하게 기억하면서 말이다.

지도 없이 앞으로 나아가려면 한 번에 한 걸음씩 내디디면 된다. 목적지에 이르는 길 전체를 환하게 볼 수 없더라도, 목적지가 어디인지 가늠할 수 없더라도 말이다.

지도 없이 앞으로 나아갈 때 가슴에 새겨야 할 공식은 '그저 한 걸음씩 내딛거나 한 가지씩 실천하라.'이다. 아마도 지금 내딛는 첫걸음이 자신이 볼 수 있는 전부일 것이다. 그러므로 우선 한 발을 내디뎌라. 그러면 곧 다음 단계가 저절로 드러나고 그 다음 단계가 차례로 모습을 나타낼 것이다.

전형적인 스파이 영화를 보면 주인공이 거리 구석이나 카페, 공중전화 등 특정 위치로 가서 다음 지시를 기다리라고 명령을 받는 장면이 등장한다. 스파이는 지시에 따라 새 목적지에 도착해서 기다린다. 마침내 스파이는 다른 지시를 받고 다음 위치로 옮겨 다시 지시를 기다린다. 스파이가 결국 자신에게 부여된 임무를 정확하게 파악할 때까지 이러한 과정은 계속된다.

우리가 지도 없이 변화하는 과정도 마찬가지다. 우리는 자신이 알아낼 수 있는 한 걸음을 일단 내딛고 기다린다. 그러면 내면에서 명쾌한 생각이 떠올라 우리를 다음 단계로 이끈다. 그리고 우리는 다시 기다린다. 아마도 이 시점에서 무엇인가가 또는 누군가가 나타나 다음에 어떤 단계를 밟아야 할지 깨닫도록 도와줄 것이다. 우리는 이렇게 직관에 기대어 한 순간씩, 한 발자국씩 앞으로 나아간다. 발을 새롭게 내디딜 때마다 다음에 가야 할 방향이 드러난다. 지도는 우리가 무심하게 따르는 융통성 없고 판에 박힌 청사진이 아니다. 살아 숨 쉬며 활동을 계속 이어 간다.

⌘

내가 가고자 했던 곳으로 가지 못할지 모른다.
하지만 결국 내가 있고자 했던 장소에 있게 될 것이다.
_더글러스 애덤스(Douglas Adams), 《은하수를 여행하는 히치하이커를 위한 안내서(*The Hitchhiker's Guide to the Galaxy*)》에서

나는 구도자로서 진리를 추구하며 다음의 교훈을 얻었다. 자발적으로 행동하지 않고 상세한 일정표를 달라고 고집하는 사람들에게 우주는 그다지 공평하지 않다. 우리는 자신에게 "우선 기다렸다가 신호를 받으면 그때 앞으로 나아갈 테야."라고 말한다. 하지만 이렇게 생각해 보자. 우주가 우리를 기다리고 있다면? 삶의 여정 내내 우리를 신비스럽게 인도하는 자비로운 힘이 우리가 자신의 의도를 드러낼 때까지 기다리고 있다면?

아무 일도 하지 않으면 어떤 교훈도 배울 수 없다.
움직이지 않으면 미래를 발견할 수 없다.
자신이 있는 자리에서
선택하라.
결정하라.
그리고 행동하라.
그러면 당신이 가는 길을 우주가 바로잡아 주고

올바른 방향을 일러 줄 것이다.

우리가 움직이기 두려워 가만히 서 있으면 우주적 존재에게 어떤 도움도 받을 수 없다. 자발적으로 특정 방향을 먼저 선택하지 않으면 우주적 존재는 우리가 향하는 방향을 바로잡아 줄 수 없다. 겉으로 안전해 보이는 나태의 항구를 떠나지 않으면 우주적 존재는 운명을 향할 수 있도록 우리를 이끌 수 없다.

자기 앞에 새로 열려 있는 문을 보려면 가장 있을 것 같지 않은 곳에서도 문이 있는지 주의를 기울여 찾아야 한다. 처음에는 우주적 존재가 얼토당토않은 방향으로 우리를 이끌거나 길을 돌아가게 하는 것처럼 보일 수도 있다. 하지만 겉보기에는 우연히 마주친 것 같더라도 그것이 '운명과의 만남'이어서 우리 삶을 철저하게 변화시킬 수 있다.

운명과의 만남을 경험한 실화를 예로 들어 보자.

친한 친구가 몸이 아파 그날 저녁에 열리는 콘서트에 갈 수 없게 됐다며 샤론에게 표를 주겠다고 했다. 샤론은 한 주 내내 힘들게 일한 탓에 지칠 대로 지쳐 있었지만 기분 전환을 해도 괜찮겠다 싶어 콘서트에 가기로 했다. 샤론은 6개월 전에 남자 친구와 헤어진 후로 거의 외출을 하지 않았고, 집 밖으로 나가고 싶은 마음이 생기지 않으면 억지로 외출하지 않겠다고 다짐했었다.

극장에 도착해 복도를 걸어 좌석까지 가는 동안 샤론은 슬슬 불안해지기 시작했다. 사람들이 많이 모이는 곳에 혼자 있기 싫었고, 생판 모르는 사람 옆에 앉아 있는 것도 불편했다. 자기 좌석으로 가자 옆 좌석에 귀엽게 생긴 남자가 앉아 있었다. 알고 보니 그 남자도 콘서트에 혼자 왔다. 두 사람은 서로 말을 걸자마자 사랑의 불꽃이 튀었고, 콘서트가 끝나자 함께 식당에 가서 몇 시간이나 대화를 나눴다. 샤론에게는 정신 나간 일 같았지만 어쨌거나 두 사람은 확실히 사랑에 빠져 일 년 후에 결혼했다.

마지막 회의가 늦게 끝나는 바람에 글로리아는 집으로 가는 기차를 놓치고 한 시간 동안 다음 기차를 기다려야 했다. 마지막 고객을 상대하느라 지나치게 오래 지체했던 자신에게 화가 난 글로리아는 한 시간 동안 무엇을 할지 곰곰이 생각했다. 다시 거리로 나가 쇼핑을 할까도 생각했지만 그냥 카페에 앉아 차를 마시면서 기분 전환을 하기로 했다. 그날 끓어올랐던 분노도 진정시키고 지난 몇 주 동안 겪었던 불쾌한 사건에 대한 기억도 잠재우고 싶었다.

그러다가 자신처럼 카페에 앉아 다음 기차를 기다리는 한 여성과 우연히 대화를 나누게 되었다. 암을 연구하는 의사라고 했다. 글로리아는 얼마 전에 여동생이 어떤 희귀한 암 말기라는 진단을 받았다고 말했다. 의사는 깜짝 놀라면서 자신이 바로 그 희귀암을 10년 동안 연구해 왔고 3주 안에 신약의 임상실험을 시작할 예정이어서 현재 자원자를 고르고 있다고 설명했다. 글로리아는 의사의 연락처를 받았고 담당 의사조차도 알지 못했던 임상실험 과정에 여동생이 참여하는 절차를 밟았다. 실험 약물 덕택에 여동생은 4개월 만에 완치되었다.

패트릭은 하루하루가 끔찍했다. 새로 제작되는 영화의 배역 담당 책임자에게 오디션을 받으려고 몇 주 동안 애를 썼지만 허사였기 때문이다. 그는 새 영화의 특정 역할에 자신이 적격이라 확신했지만 책임자를 만날 수 있는 방법을 몰라 막막했다. 그날도 배역 담당 책임자의 사무실을 찾아갔지만 매우 불친절한 비서에게 거절당했다. 오후 6시에 약속이 있었던 패트릭은 그때까지 남는 시간 동안 웬일인지 거의 거르는 법이 없는 헬스클럽에 가지 않고 근처에 있는 책방을 찾았다. 평소라면 절대 가지 않았을 곳이지만 정신을 번쩍 들게 해 줄 책을 찾아보자는 심정이었다.

패트릭은 자기도 모르게 요가와 명상에 관한 책이 진열되어 있는 곳으로 갔다. 그런데 그동안 그토록 쫓아다녔던 배역 담당 책임자가 몇 발자국 앞에 서 있지 않은가! 패트릭은 책임자에게 다가가 자신을 소개하고 오디션을 보기 위해 무던히 애썼던 사연을 털어놓으면서 서점에서 우연히 마주치게 되어 정말 놀랐다고 말했다. 두 사람은 10분가량 대화를 나눴고 배역 담당 책임자는 다음 날 아침 오디션을 보러 오라고 말했다. 결국 패트릭은 그 영화에서 자신이 원했던 배역을 따내 떠오르는 스타로서 영화계에 첫발을 디뎠다.

❀

위에 인용한 사람들은 모두 운명과 만났다. 전혀 예상하지 못했던 장소에서 자신을 기다리고 있던 운명과 만났다. 모두 자기 삶이 잘못된 방향으로 진행되고 있다고 생각했다. 그들은 관계에서든 의학적 기적에서든 경력에서든 자신이 찾고 있는 대상을 발견할 수 있도록 이끌어 줄 지도가 없어 길을 잃고 마음에 상처를 입었다. 그런데 어느 순간 자기 삶을 바꿔 줄 운명을 만난 것이다. 가고자 하지 않았던 장소로 가면서, 자신이 있고자 했던 장소에 다다랐다.

막다른 길은 우리에게 이제 더 이상 길이 없으니 다른 방향으로 가라고 일깨워 준다. 지도가 없는 것은 축복이다. 갈 길이 정해지고 자세히 표시돼 있다면 가지 않았을 장소로 가게 되기 때문이다.

지도 없이 앞으로 나아가는 일은 우리가 이해해서 실천해야 하는 새로운 틀이다. 우리는 지도를 손에 쥐고 삶을 설계하려 애쓰기보다 지도 없이 나아가면서 삶이 우리를 설계하도록 해야 한다. 우리가 삶의 새로운 방향을 통제하려 들지 않을 때 상황은 더 나아진다. 우리는 자신의 바람과 목적을 옆으로 밀어 두고 매 순간 온전히 경험하고 듣고 응답하는 열린 상태를 유지해야 한다.

이렇게 할 때 우주가 우리를 위해 준비한 놀라운 선물이 모습을 드러낼 수 있다. 확실한 목적지를 두지 않고 길을 걸으면, 특정한 장소에 도착하려 서두를 때는 전혀 알아채지 못한 어떤 장소에 멈출 수 있다. 마음을 바꿀 수도 있다. 되돌아가 다시 시작할 수도 있다. 자신이 원하는 것은 무엇이든 할 수 있다. 자신이 세운 경직된 규칙에 얽매이지 않고 자유로울 수 있다.

캘리포니아 대학교 산타크루스 캠퍼스의 정치철학 명예교수 존 샤아(John Schaar)는 우리가 맞이할 미래는 계획되어 있지 않고 자신이 매 순간 만들어 가는 것이라 설명했다.

미래는 현재가 펼쳐 보이는 여러 길 가운데 선택한 결과가 아니라, 먼저 마음과 의지로 생겨나서 행동을 통해 만들어진다. 미래는 우리가 향하는 곳이 아니라 만들어 가는 곳이다. 미래에 이르는 길은 찾는 것이 아니라 만들어야 한다. 미래에 이르는 길을 행동을 통해 만들어 가면 만드는 사람도, 그 사람의 목적지도 바뀌게 된다.

한동안 아무도 아닐 수 있는 용기

육체가 먼저이고 정신이 나중이다. 내면의 삶을 중요하게 생각하는 사람에게 정신의 탄생과 성장은 속도가 늦고 대단히 고통스럽다. 우리 어머니들은 육체적 출산의 고통으로 허물어지지만 우리는 더욱 오랫동안 정신적 성장의 고통을 겪는다.

_메리 앤틴(Mary Antin, 미국 저자이자 이민자 인권 운동가-옮긴이)

다시 태어나려면 시간이 걸린다. 육체적 출생과 마찬가지로 서두를 수 없다. 과거의 자기 모습과 앞으로 형성될 자기 모습 사이에 벌어진 틈을 가로지를 때 겪는 산통을 이해하고 기꺼이 견뎌야 하기 때문이다.

살아가면서 예상하지 못했던 길을 걸으려면 감정적으로 커다란 용기가 필요하다. 자신이 어떤 사람이었는지 어떤 사람이 되고 싶은지 질문을 던지면서 한동안 아무도 아닐 수 있는 용기를 발휘해야 한다.

내가 지난 7년 동안 다시 태어나는 과정을 겪으면서 가장 내리기 힘들었던 결정은, 할 일에 대한 것이 아니라 하지 않을 일에 대한 결정이었다. 나는 텔레비전 쇼를 진행하지 않기로 결정했다. 책한 권을 쓰자마자 곧바로 다른 책 집필을 시작하는 일을 하지 않기로 결정했다. 강의 일정을 너무 빡빡하게 잡지 않기로 결정했다. 내게 큰 성공을 안겨 주었더라도 옛날 지도를 무심코 따라가지는 않겠다고 결정했다. 그러려면 내가 애착을 가졌던 많은 대상을 포기해야 했고 그 결과 엄청난 공허감이 밀려왔다.

먼저 나를 비워야 새로운 비전, 영감, 목적, 사랑으로 다시 찰 수 있음을 깨달았다. 하지만 때로 공허감은 참기 힘든 고통을 안겨 주었고 그 빈 공간을 즉시 채우려는 충동을 억누르는 일도 너무 힘들었다. "이제 겪을 만큼 다 겪었어요!" 나는 내 말을 듣고 있기를 바랐던 우주적 존재에게 기도하며 선언했다. "교훈도 정말 많이 배웠어요. 이제 그만할 때도 되지 않았나요? 이제 끝났다고 생각해요. 나는 다시 가득 찰 준비가 되었어요."

자동차를 오래 탄 아이가 부모에게 계속 "도착하려면 멀었어요?"라고 물어보듯, 나는 과거의 내 모습과 앞으로 변할 내 모습 사이에 놓인 틈을 빠르게 가로질러 깨달음의 끝에 도달할 수 있기를, 머릿속에 가득한 의문과 혼란의 울창한 숲을 어서 통과해 대답을 줄 수 있는 장소에 도착하게 되기를 무엇보다 간절히 바라며 안절부절못했다. 나는 불확실하고 알지 못하는 상황에 지쳐 갔다. 확실성을 느끼기를 열망했고, 앞으로 내딛는 한 걸음 한 걸음이 아니라 길 전체를 다시 한 번 열렬히 보고 싶었다.

놀라운 깨달음이 서서히 나타나기 시작했다. 나는 모든 일에 늘 서두르며 평생을 살았다. 아주 사소한 과제를 완수하는 일에서부터 말하고, 읽고, 친밀한 관계를 맺고, 사랑에 빠지고, 깨달음을 얻는 일에 이르기까지 매 순간 서둘렀다. 마치 나만 볼 수 있는 투명 시계를 상대로 경주를 하는 것 같았다. 왜 그렇게 서둘렀을까? 무엇 때문에 그렇게 쫓기듯 살았을까?

어느 순간 갑자기 나는 답을 찾았다. 나는 공허와 시작도 끝도 없는 싸움을 하고 있었던 것이다. 무언가 비어 있는 자리는 내게 언제나 공포의 대상이었다. 서둘러 메우지 않으면 영원히 빈 채로 남아 있게 되리라는 두려움에 나는 늘 조바심을 냈다. 그래서 당장 눈에 보이는 내 책상이나 책장, 옷장 등의 빈자리뿐 아니라 대화할 때나 일정을 짤 때 느껴지는 빈틈에도 초조해했고, 가장 인정하기 어렵지만 가슴속 공허함과 맞닥뜨릴 때도 당장 그 공간을 채워야 한다는 생각에 서둘렀다. 내가 항상 예전 관계가 끝나기 무섭게 새로 연애를 시작하고, 책을 한 권 완성하기 무섭게 새 책을 쓰기 시작했던 것은 어찌 보면 당연한 일이었다.

이후 나는 공허 속으로 빠져들어 공허가 내 숨결이 되게 했고 의식이 되게 했고 심장 박동이 되게 했다. 평생 공허를 피해 도망 다녔던 모습을 버리고 말이다. 이제 공허는 내가 사는 나날에서 분명하고 당당하게 모습을 드러내고 있다. 나는 결국 공허에 항복했고, 이는 내면을 깊이 파고들어 간 끝에 얻은 결론임을 잘 알고 있다.

이렇듯 놓아 버리는 과정을 통해 나는 정말 놀랍게도 그동안 알았던 것보다 더 많은 빛을 보게 되었고, 오래 기다려 왔던 변화를 받아들일 수 있게 되었다. 이 책에 담긴 지혜도 그러한 깨달음의 결과이다.

자신을 재설계하는 과정을 거치는 동안, 우리는 명쾌함과 확실성을 잃는다. 우리는 희미한 상황을 싫어한다. 하지만 아무리 애를 쓰더라도 깨달음을 얻으려고 서두를 수 없고 그래서도 안 된다. 실제보다 더 빨리 깨달을 수는 없다. 인내하며 기다려야 한다.

노자의 《도덕경》에 다음과 같은 지혜의 말이 나온다.

흙이 가라앉고 물이 맑아질 때까지 참으며 기다릴 수 있는가?
옳은 행동이 저절로 나올 때까지 가만히 있을 수 있는가?

우리는 앞으로 나아가면서 우주가 움직이기를 기다리고 깨달음이 모습을 드러내기를 기다린다. 언제나 그럴 것이다.

꙳

상황이 해결되는 과정이 생각보다 오래 걸릴 때, 새 문이 빨리 나타나지 않는다고 느낄 때, 우리는 아직 알 수 없는 아름다운 방식으로 성장하고 팽창하는 길에 있을지 모른다. 우화 한 편을 예로 들어보자.

한 남자가 산누에나방의 고치를 발견했다. 신비하고 희귀한 종인지라 집으로 가져와 고치에서 나방이 나오기를 기다렸다. 다음 날 자그마한 틈이 생겼다. 남자는 나방이 작은 틈으로 몸을 비집고 나오려고 발버둥치는 모습을 몇 시간 동안 지켜보았다. 어느 순간 나방이 동작을 멈춘 것 같았다. 틈을 비집고 나오다가 지쳐 옴짝달싹 못하는 것처럼 보였다. 남자는 안타까운 마음에 나방을 돕기로 했다. 가위를 가져다가 남아 있는 고치를 싹둑 잘라 내자 나방은 쉽게 나올 수 있었다. 하지만 나방의 몸은 부어 있고 날개는 작고 움츠러들어 있었다.

남자는 때가 되면 몸이 작아지고 날개가 커져서 몸을 지탱할 수 있으리라 기대하며 나방을 계속 지켜보았다. 하지만 그런 일은 일어나지 않았다. 나방은 평생 부푼 몸에 쪼그라든 날개로 기어 다녔다. 결코 날 수가 없었다.

연민에 사로잡혀 급히 행동하느라 남자가 간과한 사실이 있다. 나방이 작은 고치에 갇혀 조그마한 틈을 통과하려고 몸부림을 치는 것은 나방의 체액을 날개로 밀어내기 위한 자연의 이치다. 그래야 날개가 완전히 발달해서 나방이 마침내 고치에서 벗어나는 자유를 누릴 때 하늘로 날아오를 수 있다. 나방은 작은 틈을 빠져나오려는 몸부림을 거쳐야 자유를 얻고 날 수 있지만 남자는 이 사실을 몰랐다. 나방에게서 몸부림칠 기회를 빼앗고 서둘러 고치에서 나오게 함으로써 고의는 아니나 나방을 불구로 만들었고 미래의 모든 가능성을 막았다.

다시 태어나는 과정을 겪을 때 우리 앞에 가로놓인 틈과 공허는 우리의 날개를 키울 수 있는 고치다. 우리는 사랑하고 인내하며 자부심을 가지고 스스로 깨달음을 얻고 한 번에 한 발씩 앞으로 내딛기 시작하는 자기 자신을 지켜보아야 한다. 마치 첫 발을 떼고 천천히 한 걸음씩 걷는 아이의 모습을 지켜보는 부모처럼 말이다.

우리는 제자리에 갇혀 있을 때와 고치 안에 있을 때를 구별해야 한다. 새 자아가 바깥으로 나올 수 있는 시간을 주어야 한다. 그래야 하늘을 나는 법을 알 수 있을 테니까.

새 입구를 찾아서

행복을 따라가면… 문이 열리리라.
문이 있으리라 생각하지 않았던 곳에서
다른 사람에게는 문이 아닌 곳에서.

_조셉 캠벨(Joseph Campbell, 미국 신화학자-옮긴이)

새 입구가 저기 있다. 우리가 아직 볼 수 없을 수도 있지만 여하튼 저쪽에서 우리를 기다리고 있다. 그렇다면 입구를 어떻게 찾을 수 있을까?

지도 없이 앞으로 나아간다고 해서 자신을 안내해 줄 것이 전혀 없다는 뜻은 아니다. 다만 그동안 고수했던 옛날 방식이 통하지 않는다는 것 뿐이다. 새 입구를 발견하도록 우리를 이끄는 것은 바로 마음에 담긴 직관적 지혜이다.

마음은 언제나 작고 부드럽게 속삭이므로 우리는 알아차리지 못하고 지나치기도 한다. 감각이 순식간에 찾아왔다가 사라진다. 생각의 조각이 떠오른다. 불현듯 무엇이라 설명할 수 없는 감정에 휩싸인다. 이러한 현상을 느끼더라도 무시할 때가 많다. 우리와 교류하고 우리를 위험에서 멀리 떨어뜨리면서 새 방향을 일러 주고 새 입구로 이끌어 주려는 내면의 목소리를 무시하는 것이다.

마음에 담긴 직관적 지혜가 항상 이치에 맞지는 않는다. 언제나 논리에 맞거나 실용성을 갖추거나 합리적인 것도 아니다. 이는 직선이 아니어서 우리를 이 지점에서 저 지점으로 곧장 데려가지 않는다. 오히려 우주적 리듬과 계획에 맞춘 발걸음으로 우리를 앞으로 나아가게 한다. 그래서 우리는 새 목적지에 도달하고 나서야 비로소 그곳까지 오려고 걸었던 신비로운 길을 이해하기 시작한다.

마음에 울리는 지혜는 여러 이름으로 불린다. 인습에 얽매이는 정신에 맞서는 개념으로 "숭고한 정신"이라 불리기도 하고, 우주적 존재나 영혼이라 불리기도 한다. 물론 단순히 신의 목소리라 부르는 사람도 많다.

어떤 이름을 붙이든 마음에서 우러나는 목소리에 귀를 기울이고 지시에 따르려면 어떻게 해야 할까? 우선 자신에게 "이제 무엇을 해야 하지?", "어떤 목표를 새롭게 세워야 하지?", "어떤 단계를 밟아 행동해야 하지?"라고 묻는 일을 그만두어야 한다. 그 대신 '질문 속 질문'을 곰곰이 생각해야 한다. '질문 속 질문'의 목적은 우리에게 정보가 담긴 대답을 얻게 하려는 것이 아니라 마음에 담긴 지혜의 눈을 뜨게 하려는 것이다. 그러한 질문에는 지성만으로는 솔직하게 대답할 수 없다. 대답을 생각하지 말고 느껴야한다.

이러한 질문에 대해 깊이 생각하는 방법은 많다. 한 번에 한 문제를 선택해서 머릿속에 떠오르는 생각을 적을 수 있다. 명상하면서 깊이 질문을 생각할 수 있다. 배우자나 친구, 심리 치료사와 대화를 나눌 수 있다. 한 주에 한 문제씩 철저히 파고들 수도 있다. 이러한 질문은 지적 훈련을 시키는 조교가 아니라, 마음 속 깊이 여행하도록 도와주는 강력한 안내자이다. 깊이 생각하면서 자신이 받는 대답에 주의를 기울이라. 격언에서 이르듯 "마음이 말하면 꼼꼼하게 메모하라."

'질문 속 질문'의 예를 몇 가지 살펴보자.

나는 스스로 원하는 모습대로 살고 있는가?
타인이 진정한 내 모습을 얼마나 보고 있는가?
나를 아는 사람에게 숨기고 있는 내 진정한 모습의 일부는 무엇인가?

나는 내가 살아가는 방식에 만족하고 있는가?

나는 매일 하는 활동에서, 타인과 더불어 살아가는 방식에서 기쁨을 누리고 있는가?

내가 얕잡아 보거나 외면하거나 거부하는 내 일부는 무엇인가?

성장하기 위해 무엇을 해야 하고 무엇을 놓아 버려야 하는가?

자유로워지려면 무엇을 해야 하고 무엇을 놓아 버려야 하는가?

내일 삶이 끝난다 하더라도 내가 여태껏 살아온 방식과 이룩해 놓은 업적에 성취감을 느낄까?

내가 가졌던 기대에 견주어 판단하지 않고 타인의 삶과 비교하지 않는다면 내 삶은 어떨까?

타인이 내게 어떤 생각이나 반응을 보일지 걱정하지 않는다면 나는 삶에서 어떤 변화를 시도하고 어떤 결정을 내리게 될까?

살아갈 날이 딱 일 년 남았다면 나는 삶에서 어떤 변화를 시도하고 어떤 결정을 내리게 될까?

마음이 하려는 말에 귀를 기울인다면 나는 무엇을 하고 무엇을 바꾸고 무엇을 결정하게 될까?

❀

자기 앞에 놓인 길을 볼 수 있다면
그것은 자기 길이 아닐 가능성이 크다.
아마도 자기 길이라 생각해 버린 타인의 길일 것이다.
자신의 길은 한 발씩 내디디면서 알아 가야 한다.

_데이비드 화이트(David Whyte, 영국 시인-옮긴이)

자신의 마음에서 울려 나오는 지혜의 목소리에 귀 기울이려 할 때는, 그 목소리가 타인이 아니라 자신의 지혜이자 비전이자 깨달음이고, 결국 그 목소리가 자신을 새로운 입구로 데려가리라는 사실을 기억해야 한다. 우리가 영감을 받을 수 있는 사람은 많다. 멘토, 스승, 목사, 성직자, 심리 치료사, 저자, 친구, 좋은 의도를 지닌 연인 등등. 하지만 우리 여정이 진정성을 띠려면 자신이 걸을 길을 스스로 알아 가야 한다.

새 입구를 볼 수 있는 명쾌함을 지닐 유일한 사람은 바로 자기 자신이다.

내가 즐겨 인용하는 중국 속담이 있다. "그 일을 할 수 없다고 말하는 사람은, 그 일을 하고 있는 사람을 방해하지 말아야 한다." 우리가 보는 대상을 보지 못하는 사람은 우리가 무엇을, 왜 하는지 이해하지 못한다. 그렇다고 주춤하지 마라. 우리는 그만한 이유가 있어 비전을 받은 것이므로 비전을 따라야 한다.

몇 년 전 일이었다. 책 한 권을 출간하여 홍보까지 마친 나는 새로운 책을 쓸 시기를 맞았다. 작가들은 통상적으로 책 한 권을 완성하면 다음 책을 구상하고 다시 집필을 시작한다. 나는 책으로 쓰기 쉽고 홍보하기에도 흥미로운 멋진 아이디어가 많았다. 하지만 그렇다고 해서 바로 책을 쓸 수 있는 것은 아니었다. 늘 얘기하지만 내가 쓰는 책은 나에게서 나오지 않고 나를 통해 나온다. 내가 책을 선택하지 않고 책이 나를 선택한다. 이 말은 지혜가 모습을 드러낼 준비를 마치는 동시에 내가 지혜를 받을 준비가 될 때까지 기다려야 한다는 뜻이고 그때가 되어야 비로소 나는 글을 쓸 수 있다. 하지만 당시 내 머릿속에는 아무것도 떠오르지 않았다.

내가 다음 책의 내용을 구상하는 데 예전보다 오래 걸리자 주위 사람들은 점점 초조해하면서 조언하기 시작했다.

"성관계에 관한 책을 써 보지 그래요? 확실히 베스트셀러가 될 텐데요. 토크쇼에 출연할 기회도 쉽게 잡을 수 있을 테고." "지금까지 쓴 책 중에서 가장 인기 있는 책을 골라 시리즈로 만들어 보면 어떨까요? 매번 새 아이디어를 쓸 필요는 없잖아요. 다른 작가들도 다 그렇게 하는 걸요." "짧고 읽기 쉬운 책을 써 보면 어떨까요? 자기 자신에 대해 깊이 생각하려는 사람은 많지 않아요."

타인은 내가 이러한 입구로 들어가기를 원했다. 그 입구는 친숙하고 논리적으로나 경제적으로 타당했지만 나를 기다리고 있는 입구는 아니었다. 내가 상업적으로 돈벌이가 될 만한 아이디어를 거절했을 때 내 영적 스승은 "바바라, 당신은 돈을 벌려고 일한 적이 없어요. 언제나 신을 위해 일해 왔죠."라고 말했다. 스승의 말이 맞다. 스승이 그린 내 모습은 영리한 사업가가 아니라 헌신적으로 진리를 추구하는 진실의 종이었다.

물론 그 후에 어떤 일이 벌어졌을지 짐작할 수 있을 것이다. 《지금의 고난은 내게 어떤 의미인가》가 마침내 모습을 드러내기 시작했고 나는 이 책을 쓸 준비를 갖추게 되었다. 어둠 속에 오래 머무르며 찾기를 기다려 왔던 입구를 보게 된 것이다.

자기 비전에 충실한 태도는, 삶에 꿈을 맞추지 않고 꿈에 삶을 맞추는 것이다.

새 입구가 스스로 모습을 드러낼 때까지 기다리는 동안에는 아직 펼치지 않은 자신의 비전을 꼭 붙들어라. 우리가 가야 할 목적지와 현재 걷고 있는 길을 타인이 인정하는지의 여부는 중요하지 않다. 자기 마음에 깃든 지혜에 충실한지, "그 길로 가라!"고 속삭이는 소리에 귀를 기울이는지가 중요하다.

작가 캐서린 해서웨이의 글을 읽어 보자.

대부분의 인간 존재를 뛰어넘는 사람은 얼마나 행운아인가! … 물밀 듯 밀려오는 자기만족과 타성에 저항하고 타인의 생각에 맞설 만큼 대담하고 열정이 넘치는 사람은 얼마나 행운아인가! 그래서 결정적으로 중요한 순간에 자신에게 오라고 소리 높여 말하는 운명의 한결같고, 신선하고, 살아 숨 쉬는 목소리를 따르는 사람은 얼마나 행운아인가!

천국으로 향하는 비포장 도로

나는 언제 동이 틀지 몰라 문을 모두 열어 둔다.
_에밀리 디킨슨(Emily Dickinson, 미국 시인-옮긴이)

신비스러운 분위기를 물씬 풍기는 하와이 카우아이 섬에 관광객들에게 인기가 높은 아름다운 길이 있다. 바다와 나란히 뻗어 있는 이 길을 차로 달리다 보면 길옆으로 야자나무와 정성스레 다듬은 잔디밭과 향기로운 꽃나무와 고급 리조트가 스쳐 지나간다. 또 멀리로는 햇빛을 흠뻑 받아 광채를 발하는 산과 멋진 열대 풍경이 펼쳐진다. 그런데 정말 그림처럼 아름다운 어느 한 지점에 이르면 갑자기 포장도로가 끊기면서 바위투성이의 좁은 흙길이 나타난다. 여기저기 웅덩이가 숭숭 뚫려 있고 길옆으로는 사람 키를 훌쩍 뛰어넘는 덤불이 제멋대로 뻗어 있다. 그 너머에 무엇이 있다는 표시판도 전혀 없다.

관광객들은 이 예상하지 못했던 흙길에 이르면 대부분 차를 돌려 나간다. 웅덩이에 빠지거나 타이어가 펑크 날 위험을 무릅쓰면서까지 가 볼 만한 길은 아니라 여긴다. 길 너머에 정말 멋진 장소가 있다면 지도에 나와 있을 것이고 최소한 표지판이라도 서 있을 것이라 생각한다.

설령 계속 가 보기로 한다 해도 운전하기가 너무 힘들다. 웅덩이에 빠지지 않으면서 날카로운 돌을 피하고, 차가 덜커덩거릴 때마다 진흙이 차바퀴에 엉기지 않게 조심하면서 매우 천천히 운전해야 한다. 너무 빨리 차를 몰았다가는 영락없이 웅덩이에 빠지고 만다. 이렇게 20분을 운전했는데 길 끝이 보이지 않으면 길을 따라 가 보기로 했던 자신의 결정에 의구심이 생기면서 자신이 끔찍한 실수를 저지른 것은 아닌지 미심쩍어진다. 바로 그때 또 한 번 예상하지 않았던 일이 벌어진다. 길 상태가 훨씬 나빠져 더 좁아지고 가팔라지는 것이다. 더 이상 길이 아닌 것 같고 더는 참을 수 없다는 생각이 굳어진다.

그런데도 포기하지 않고 계속 앞으로 몇 분만 전진하면 차를 세워 놓을 수 있을 정도의 자그마한 빈터에 다다른다. 빈터의 끝자락에 차를 두고 꼬불꼬불 뻗어 나가는 바위투성이 길을 따라 걷다 보면 상상조차 못했던 이국적이고 아름다운 해안선이 불쑥 발밑에 펼쳐진다. 깎아지른 듯한 바위에 청록색 바닷물이 철썩철썩 부딪치고 곱디고운 모래가 끝없이 깔려 있다. 절벽을 따라 나 있는 길을 걷다 보면 숨이 멈출 듯 아름다운 경치에 푹 빠져 이곳이 바로 천국이라는 생각이 든다.

나는 애인과 이 성스러운 장소에 갈 때마다 세상에 이곳이 존재한다는 사실에 감사하고 이곳에 와 볼 수 있는 것을 크나큰 축복으로 생각한다. 차를 돌려 포장도로가 시작되는 지점에 이르면 관광객을 가득 태운 버스와 승용차들이 유턴해서 돌아가는 모습이 보인다. "이 흙길 끝에 어떤 풍경이 펼쳐지는지 안다면 저러지 않을 텐데!" 우리는 서로를 쳐다보며 씩 웃는다.

❊

신이 우리를 빙 둘러 보물을 숨겨 놓는다는 말을 들은 적이 있다. 나는 그렇다고 믿는다.

축복은 상실과 실망으로 가장한다.
지혜와 계시는 공허와 절망으로 가장한다.

천국으로 열려 있는 입구는 흙길과 막다른 길로 가장한다.
겉으로 보이는 모습이 전부가 아니다.

우리는 이렇듯 신과 불가사의한 숨바꼭질을 하고 있다는 사실을 마음에 새기고, 우리 눈앞에 그대로 펼쳐져 있을지 모르는 새 길을 찾으면서 앞으로 나아가야 한다. 언제나 예상하기 어렵고 눈에 띄지 않고 지도에도 없는 데다가 걸어가기 힘든 길이지만, 분명히 기쁨과 경이로움과 빛나는 깨달음을 안겨 주려고 우리를 기다리고 있다.

언제 동이 틀지 모르지만
동이 트리라 믿기 시작하면
우리는 문을 모두 열어 놓는다.

3부

깨달음에
이르는
길

10
다시 열정의 길에 서다

죽어야만 천국에 들어갈 수 있는 것이 아니다.
사실 그곳에 들어가려면 완전히 살아 있어야 한다.

— 틱낫한(Thich Nhat Hanh)

우리 마음에는 스스로 상상할 수 없을 정도로 커다란 힘이 있다. 바로 열정이다. 열정은 우리 안에서 진동하고 에너지를 일으키고 활력을 가져오며 만지는 대상마다 의미를 부여한다. 열정이 관계에 흘러 들어가면 친밀감을 낳고 깊은 유대감을 형성한다. 열정이 일에 흘러 들어가면 창의성과 비전을 낳는다. 진실을 추구하는 노력에 열정이 흘러 들어가면 지혜가 생겨난다. 열정이 영적인 여행에 흘러 들어가면 깨달음을 불러온다.

사랑이나 삶에 아무리 짓눌려도 어떤 고난을 겪더라도 우리는 결코 열정을 잃지 않는다. 잠시 열정에서 멀어질 수는 있지만 열정은 우리를 떠나지 않는다.

소중한 대상을 잃어버리거나 빼앗겨도 여전히 열정은 남는다.

사랑이 자신을 저버리는 듯 보여도 마음과 몸이 하나가 되고 싶어 못 견디게 아파도 여전히 열정은 남는다.

실망하거나 환상이 깨져도 여전히 열정은 남는다.

불확실하고 수시로 변하는 현실에서 과거와 미래 사이에 균형을 잡지 못해 흔들거려도 여전히 열정은 남는다.

목적지로 향하는 눈에 띄지 않는 길을 가느라 지칠 대로 지치고 목적지가 어디인지 분명하게 알 수 없어도 여전히 열정은 남는다.

타오르는 불길이 잦아들었어도 발갛게 빛나는 석탄에 불꽃이 숨어 있듯, 열정은 여전히 마음속에 남아 우리가 다시 활활 타오르라고 불러 줄 순간을 기다리고 있다. 우리는 바로 이 열정의 불꽃에서 새롭게 출발할 수 있다.

삶의 고된 길을 걷다가 예상하지 못했던 상황에 부딪히면 열정이 구세주가 되어 준다. 열정을 품으면 포기하고 싶을 때도 앞으로 나아갈 수 있다. 열정을 품으면 결코 찾지 못할까 봐 두려울 때도 계속 사랑을 찾을 수 있다. 열정은 우리를 깨어 있게 하고 진정으로 살아 있게 해 준다.

이 책을 여기까지 읽었다면, 마음 깊은 곳을 파고들게 되었다면, 진실을 자기의식에 불러들이고 있다면, 당신은 이미 열정을 되찾은 것이다. 자기 내면에 깨어 있는 열정이 느껴지는가?

열정은 지금 여기에 있다

삶의 목적은 사는 것이고, 사는 것은 깨닫는 것이다.
기쁨에 차서, 도취해서, 잔잔하게, 그리고 신성하게 깨닫는 것이다.
_헨리 밀러(Henry Miller)

오늘은 온전히 살아 있어야 하는 날이다. 오늘은 손을 뻗어 순간 누릴 수 있는 기쁨을 보듬어야 하는 날이다. 오늘은 열정을 불태워야 하는 날이다.

열정은 낭만 가득한 휴가를 떠나거나 흥미진진한 장소를 찾았을 때만 경험하는 것이 아니다. 열정은 일정하게 나누어 정해진 만큼씩 쓰거나 특별한 경우를 위해 비축해 놓는 것이 아니다. 열정은 돈과 시간이 많은 사람만 누릴 수 있는 것이 아니다.

열정은 일상생활에서 벗어나 특별한 경험을 좇는다고 찾을 수 있는 것이 아니다. 모든 경험에 자신을 온전히 개방하고, 갈망하는 눈으로 세상을 바라보는 법을 배워야 열정을 되찾을 수 있다.

그렇다면 어떻게 해야 할까? 방법은 생각보다 간단하다.

우리는 주위에서 일어나는 평범한 일상의 기적을 깨닫고 여기에 관심을 기울이는 법을 배운다. 나뭇가지가 바람에 춤추는 소리, 구름이 빚어내는 정교한 모양, 어린아이의 보드라운 입맞춤, 집에 들어갔을 때 애완동물이 보이는 열렬한 환영 인사, 농익은 과일에서 나는 달콤하고 촉촉한 맛, 목욕할 때 몸의 피로를 풀어 주는 따뜻한 물, 동틀 녘 울려 퍼지는 새들의 노랫소리 등.

우리는 이러한 기적과 자연의 선물을 너무나 당연하게 받아들인다. 일정이 빡빡하고 긴장이 끊이지 않는 날이 계속되면 우리는 주위를 둘러싼 경이롭고 놀라운 풍요로움에 기뻐하기는커녕 그러한 것이 있는지조차 알지 못한다.

밤하늘에 아무런 빛이 없다고 상상해 보자. 달도 없고 별도 없고 혹성도 없고 은하수도 없고 그저 완전히 깜깜할 뿐이다. 그러다 갑자기 어느 날 밤 장막이 걷히고 반짝이는 천체가 모습을 드러낸다면? 사람들은 마침내 신이 모습을 드러냈다고 굳게 믿으면서 감격에 겨운 눈물을 흘리며 하늘을 올려다볼 것이다.

우리가 밤마다 볼 수 있기에 별들이 내뿜는 경이로움이 줄어드는가? 늘 우리 곁에 있으리라 생각하기에 배우자와 자녀와 친한 친구의 소중함이 덜어지는가? 우리가 예상하는 대로 움직이기에 우리 몸과 두뇌가 덜 불가사의한가? 살아갈 날이 많기 때문에 우리 존재가 덜 신비스러운가?

열정으로 가득하고 깨우치는 삶을 산다는 것은, 처음으로 혹은 마지막으로 밤하늘의 별을 올려다보는 것과 같다. 더 이상 볼 수 없는 사랑하는 사람을 마지막으로 껴안는 것과 같다. 살 수 있는 날이 단 하루인 듯 숭배하고 감탄하며 매 순간을 보내는 것과 같다.

⌘

작년에 친한 친구 사무엘이 급하게 관상동맥 우회 수술을 받았다. 예순 살인 사무엘은 자신이 무척 건강하다고 자부해 왔다. 그래서 심장마비가 왔다는 사실에 큰 충격을 받았고 이를 매우 극적인 경고로 여겼다. 배우로서 큰 성공을 거둔 사무엘은 항상 일에서 오는 심리적 압박감에 시달렸다. 병이 나기 전에는 쉴 줄도 몰랐고, 자신이 일구어 낸 온전하고 풍요로운 삶도 즐기지 못하는 것처럼 보였다. 하지만 이제는 상황이 완전히 달라졌다.

이 책을 쓰는 동안 나는 사무엘에게 죽음의 문턱까지 갔다가 돌아오면서 어떤 교훈을 얻었는지, 삶이 어떻게 달라졌는지 말해 달라고 부탁했다. 사무엘은 이렇게 답했다.

지금 나는 의식적으로 하루하루의 삶을 평가하고 있어. 어떤 영화에 출연하게 되었는지, 투자 상황은 어떻게 돌아가는지, 어떤 상의 후보에 올랐는지가 아니라 하루를 어떻게 보냈는지를 평가하지. 나는 나에게 끊임없이 "오늘 하루를 생애 마지막 날처럼 살았나?"라고 물어봐. 이렇게 하다 보면 중요한 것, 다시 말해 가족과의 관계나 단순한 즐거움에 초점을 맞추게 되거든. 나는 이 세상에서 살아갈 시간이 많이 남지 않았을 뿐만 아니라 그 시간도 언제고 끝날 수 있다는 사실을 너무나 잘 알고 있어. 그렇기 때문에 무엇 하나 놓치고 싶지 않아.

사무엘은 생명을 위협하는 심장마비를 겪고 나서 오히려 과거보다 훨씬 활기에 넘친다. 건강이 더 좋아졌기 때문이 아니라 매일을 의식하고 감사하며 충실하게 살아가기 때문이다. 그는 미루지 않고 그때그때 즐거움을 누리게 되었고 열정을 쏟을 수 있는 일을 적극적으로 찾아 나서기 시작했다. 이렇게 해서 평생 처음으로 사무엘은 마음의 평온을 찾았다.

열정을 불태우며 살아갈 용기

> 삶의 매 순간 무척이나 두려웠지만 내가 하고 싶었던 일은 단 하나도 포기하지 않았다. _조지아 오키프(Georgia O' Keeffe, 미국의 여류 화가—옮긴이)

열정적으로 살려면 용기가 필요하다. 열정적으로 살겠다는 결심은 순간마다 상황마다 자기 마음을 온전히 열겠다는 선택이다. 이때는 보누 내어놓고 아무것도 움켜쥐지 말아야 한다. 열정적으로 사는 것은 때로 안전지대의 가장자리를 따라 사는 것이다. 우리는 깨어 있고 살아 있다. 전부를 느낀다. 삶에 불어닥친 고난과 환경에 대담하게 맞선다. 의심하지 않고 두려워하지 않기 때문이 아니다. 성장과 진실을 향한 열정을 두려움보다 강하게 북돋우는 방법을 배우기 때문이다.

이러한 용기는 육체적 용기와는 다른 감정적 용기다. 감정적 용기는 자신이 하는 일에 전념하고 자신이 향하는 곳에 몰두하게 해준다. 자신의 꿈, 욕망, 운명 너머를 보게 해 주고 열성적으로 나아가게 해 준다. 상황이 어떻게 될지 절대적으로 확신할 때 우리는 미래에 쓰려고 열정의 일부를 아껴 두지 않는다. 자신이 가진 전부를 지금의 삶에 쏟아붓는다.

마크 트웨인은 이렇게 썼다.

"지금부터 20년이 지나면, 자신이 했던 일보다 하지 않았던 일 때문에 더욱 실망할 것이다."

감정적 용기를 발휘하면 자신이 묵고 있는 안전한 항구를 박차고 확 트이고 흥미진진한 바다로 나가, 후회하면서 삶의 마지막을 맞이하지 않도록 자기가 하고 싶은 일을 할 수 있다.

열정적으로 사는 것은 예상하지 못했고 이해하기 어려우며 미묘한 상황을 순순히 받아들여 저절로 모습이 드러나게 하는 자세다. 이는 상황을 좌우하려는 마음을 기꺼이 내려놓고 감정과 인식, 경험의 새로운 길로 용감하게 들어서는 태도다. 이 길은 스스로 가능하다고 생각한 정도보다 훨씬 커다란 기쁨과 경이로 우리를 인도할 것이다.

❋

열정을 가장 확실하게 죽이는 방법은 타인의 생각에 지나치게 신경을 쓰는 것이다. 그러면 직관적인 지혜를 발휘하지 못한다. 몸을 사리고 계산하고 분석할수록 무슨 일에든 열정을 발휘하기가 어려워진다.

삶의 막다른 순간에 우리에게 중요한 것은 바로 자신의 생각이

다. 열정을 불사르려면 타인이 어떻게 생각할지 두려워하지 말고
스스로 생각해서 자신에게 맞는 일을 해야 한다.

누군가가 작가이자 교사인 도나 마르코바(Dawna Markova)가 쓴
아름다운 시 한 편을 내게 보내 주었다. 시인은 생명을 위협하는
질병에 걸려 산속에 있는 오두막에 칩거하면서 자신의 진정한 열
정을 어떻게 되찾을 수 있을지 깊이 사색했다.

나는 삶을 살지 않은 채로는 죽지 않으리라.
나는 불이 붙을까 불이 꺼질까
두려워하며 살지 않으리라.
내게 주어진 나날을 살아가리라.
내 삶이 나를 열어
두려움을 덜어 내고
쉽게 다가설 수 있게 하리라.
날개가 되고
횃불이 되고 약속이 될 때까지
내 가슴을 해방시키리라.
내 삶의 의미를 걸리라.
내게 씨로 와서 꽃으로 피고
꽃으로 와서 과일을 맺도록
그렇게 살아가리라.

열정을 되찾는다는 것은 자신에게 주어진 나날을 충만하게 산다는 것이고 살지 않는 순간이 없도록, 못 보고 지나치는 기쁨이 없도록, 맛보지 못하고 지나치는 달콤함이 없도록 자신의 삶을 산다는 것이다. 지금 당신 주위에는 열정을 품을 수 있는 대상이 그득하다.

사랑의 열정에 취해 살기

산 자의 땅과 죽은 자의 땅이 있고
두 땅을 연결하는 다리는 사랑이다.
사랑은 유일한 생존이요 유일한 의미다.

_손톤 와일더(Thornton Wilder, 미국 소설가이자 극작가-옮긴이)

사람들은 "어떻게 하면 내가 맺은 관계에 다시 열정의 불을 지필수 있을까요?"라고 자주 묻는다. 그 질문에 나는 이렇게 되묻는다.

"매일의 삶에 열정을 쏟고 있나요?"

"자신의 일에 열정을 쏟고 있나요?"

"자신에 대해 열정을 쏟고 있나요?"

"배우자를 깊이 사랑하는 데 열정을 쏟고 있나요?"

"활기차게 살아가는 데 열정을 쏟고 있나요?"

이러한 질문에 당연하다는 듯 "예"라고 대답하지 못하면 관계에 열정을 다시 불어넣을 수 없다. 열정은 다른 곳에서 경험하기

이전에 자기 안에 살아 있어야 하기 때문이다.

관계에서 둘 다 유령 연인이었다면, 진실을 차단했다면, 우리 자신이 먼저 사랑과 열정을 보여야 한다. 그래야만 사랑하는 사람에게 자신의 새 자아를 겸손하게 보여 주며 받아들여 주기를 기대할 수 있다. 우리가 감정적으로 죽어 있는 상태에서 돌아왔다는 사실을 연인이 믿을 수 있을 때까지 참고 기다려야 한다. 운이 따른다면 관계를 회복하고 우리가 늘 갈망해 온 것처럼 몸과 마음과 영혼이 신비롭게 연결되는 체험을 하게 된다.

하지만 상황이 전부 이렇게 돌아가는 것은 아니다. 열정으로 돌아가는 길을 찾아 도달했지만 이미 때가 늦었을 수도 있다. 연인이 우리의 열정이 돌아오기를 기다리다가 지쳐 이미 마음의 문을 닫아 버렸을 수도 있다. 그러면 우리가 바라듯 멋지게 새로 출발하지 못하고 아픈 이별을 겪어야 한다. "정말 최악의 타이밍이군." 우리는 절망하며 이렇게 탄식한다. "나는 다시 사랑할 준비가 되었는데 그는 더 이상 나를 원하지 않는다니."

우리가 이러한 상황에 처했다면 '상황은 밖으로 보이는 대로가 아니다.'라는 말을 기억해야 한다. 막다른 길로 보이는 상황이 곧 입구로 모습을 드러낼 것이다.

깨달음을 얻은 마음과 되찾은 열정은 덧없이 사라지는 법이 없다. 아직 얼굴도 이름도 모르지만 우리를 간절히 찾고 싶어 하는 다른 누군가를 위해 비축되어 있다. 다른 누군가가 우리를 찾으면, 우리가 마음을 둘러싼 얼음을 녹이려 용기 있게 행동했다는 점에 고마워할 것이다. 힘들게 버티며 깨닫고 성장해 왔다고 우리에게 경의를 표할 것이다. 그리고 우리가 비축해 온 사랑을 한 방울도 남기지 않고 기쁜 마음으로 마실 것이다.

사랑하는 과정은 헤아릴 수 없을 만큼 신비하다. 평생 지속하는 친밀한 관계도 있지만, 잠시 동안만 삶의 여정을 동행하다가 선택해서든 운명 때문이든 헤어지는 관계도 있다.

상대방과 맺은 관계의 결과가 어떠하든 사랑이 삶에 들어오면 우리를 존재 깊숙이 변화시킨다. 우리는 관계를 잃어버릴 수도 있지만, 사랑을 잃어버리지는 않는다.

수선화를 찾아라

손으로 만들어지지 않은 것을
이따금씩 자세히 들여다보라.
산과 별 그리고 물줄기를 들여다보라.
그대에게 지혜와 인내를
그리고 위안을 안겨 주리라. 무엇보다
이 세상에 혼자가 아니라는 확신을 안겨 주리라.

_시드니 로벳(Sidney Lovett, 미국 기독교 성직자-옮긴이)

몇 년 전 몹시 추웠던 2월의 어느 날 나는 창가에 선 채로 눈이 60센티미터 이상 내려 새하얗게 변한 뉴욕의 거리를 바라보고 있었다. 뉴욕은 캘리포니아와 달라 바깥 기온이 영하 13도까지 내려갔고 찬바람이 몰아치면 영하 24도까지 떨어졌다. "내가 어쩌다 여기에 이르렀을까?" 진지한 답을 찾기보다는 나 스스로 믿을 수가 없어 이렇게 중얼거렸다. 물론 답은 알고 있다. 훌륭한 남자를 진정으로 사랑했기 때문이다. 그 때문이 아니라면 날씨가 따뜻하고 늘 바다를 볼 수 있고 즐거운 생활을 할 수 있는 샌타바버라를 정기적으로 그것도 한 번에 몇 주씩 떠나 있을 이유가 없지 않은가. 하지만 집에서 멀리 떨어져 지내는 일은 결코 만만치 않다. 해를 본 지 수십 년이 된 것처럼 느껴지고 혹독한 추위에 시달릴 때는 더더욱 그렇다.

나는 거대한 코트로 몸을 꼭꼭 감싸고 목에는 두꺼운 목도리를 두르고 무거운 부츠를 신고 슈퍼마켓에 갔다. 다시 눈보라가 몰아치기 전에 쇼핑을 마치고 싶었다. 얼음으로 덮인 도로에서 자동차가 미끄러져 한바탕 애를 먹다가 슈퍼마켓에 도착하니 핸들을 너무 꽉 쥐었던 탓에 손이 뻣뻣했다. 주차장에 차를 세우고 어기적어기적 가게 안으로 들어가다 마침 거울이 있기에 내 모습을 비추어 보았다. 꼭 침낭이 걸어 다니는 듯한 몰골이었다. 주위를 둘러보니 틀림없이 뉴요커로 보이는 다른 손님들은 바깥이 그렇게 추운데도 얇은 재킷만 걸치고 있었다. 나는 북극지방에서나 볼 법한 옷차림으로 그들 옆을 지나면서 계면쩍게 웃었다. 속으로 "나를 불쌍하게 생각해도 좋아요. 이렇게 추운 데서 태어나지 않아서 그런 거라고요."라고 말하면서 말이다.

카트를 밀고 채소 칸으로 가자 건너편에 진열되어 있는 싱싱한

식물과 꽃이 한눈에 들어왔다. "봄을 맞으세요!"라는 해맑은 내용의 표지판과 함께 말이다. 실록을 갈구하는 캘리포니아 영혼이 요동치면서 나는 뛰다시피 식물 진열대로 향했다. 다가가 보니 복도 중앙에 놓인 화분에서 노란 수선화가 막 꽃을 피우기 시작했다.

수선화를 보자 달콤하면서도 씁쓸한 슬픔이 물밀듯 밀려왔다. 사시사철 꽃이 만발한 캘리포니아의 집이 생각난 것이다. 내 집 정원에는 다채로운 색깔의 아름다운 꽃이 늘 풍성하게 피어 있었다. 그곳이 아닌 이곳 뉴욕에서 겨울을 보내겠다고 결정한 사람은 물론 나지만, 캘리포니아의 집이 미치도록 그리웠다. 불현듯, 지루하게 계속되는 혹독한 뉴욕의 겨울에 반항하기 위해서라도 이 작은 수선화 화분을 사야겠다는 생각이 들었다. 사방이 우중충한 분위기에서 수선화가 한 줄기 빛이 되어 주리라. 나만의 작은 비밀 정원이 되어 주리라.

집에 도착해서 내 책상 위에 수선화 화분을 놓았다. 창문을 내다보니 눈이 다시 내리기 시작해 세상이 온통 하얗게 변했다. 곧 눈보라가 몰아쳤다. 하지만 나는 수선화와 함께 집 안에 안전하게 머물렀다.

나는 수선화를 애지중지했고 수선화는 금색의 화려한 꽃으로 내게 보답했다. 나는 햇빛도 없고 온통 얼어붙은 시기에 줄기차게 꽃을 피우는, 겨울을 인정하지 않는 수선화를 바라보며 즐거워했다. 수선화의 노란 꽃봉오리는 다시 태어날 조짐을 풍기며 빛을 발하다가 세상이 얼어붙어 멈춘 듯 보일 때 대담하게 터져 나오며 승리와 열정 가득한 노래를 불렀다. "봄이 오고 있어요!"

춥고 어두운 시기에도 꽃을 피우는 것은 항상 있기 마련이다. 계속되는 고난과 어려움에 시달릴 때도 우리는 아름다움과 기쁨의 신호를 찾아야 한다. 혼란스러운 시기에도 기적은 일어나는 법이다. 슬프고 외로운 와중에도 열정은 솟아오를 수 있다.

그러니 자신 안에 꽃피울 수선화를 찾아라.

사랑과 기적으로 삶을 측정하라

삶을 마칠 때 이렇게 말하고 싶다.
평생 나는 놀라움과 결혼한 신부이자
세상을 품에 안은 신랑이었다고.

_메리 올리버(Mary Oliver, 미국 시인-옮긴이)

친한 친구 캐시는 쉰두 살이라는 이른 나이에 백혈병으로 세상을 떠났다. 그녀는 좋은 자질을 골고루 갖춘 친구였다. 용감하고 현명할 뿐 아니라 사랑스럽고 열정이 넘쳤다. 나는 캐시처럼 에너지와 활력이 넘치는 사람이 암으로 쓰러질 수 있다는 사실을 믿기 힘들었다. 캐시는 살고 싶어 했다. 하루라도 생명을 연장하려고 싸우면서 극심한 고통이 따르는 골수이식 수술을 두 차례나 받았다. 하지만 결국 세상을 떠날 시간이 되었다는 현실을 받아들여야 했다. 병마에 시달린 육체에서 영혼이 떠날 때 캐시는 자신이 세상을 살았을 때처럼 용기 있고 당당하게 뚜렷한 의식으로 죽음을 맞이

한다고 생각하고 평온해했다.

캐시의 가족이 내게 추도사를 부탁했고, 나는 그 부탁을 영광으로 생각하고 겸허하게 받아들였다. 영결식을 앞두고 나는 캐시의 어머니와 형제들, 친구들, 특히 대학을 막 졸업한 외아들 그레고리를 위로할 수 있는 말을 찾게 해 달라고 기도했다. 캐시는 혼자 힘으로 아들을 마음가짐이 훌륭하고 섬세한 젊은이로 키워 냈다. 모자 사이가 가까웠기에 어머니를 잃은 일이 그레고리에게는 더더욱 견디기 힘든 시련이었다.

나는 사람들이 도착하기 전에 먼저 교회에 들어가 명상하고 기도하면서 마음을 준비하고 있었다. 열려 있는 관에는 캐시의 시신이 놓여 있었다. 나는 시신을 보았을 때 거리감이 느껴져 짐짓 놀랐고 속으로 "저기 누워 있는 사람은 더 이상 캐시가 아니야."라고 외쳤다. 캐시의 영혼은 다른 영역으로 올라갔고 지금은 과거의 몸만 남았다. 한때 캐시의 영혼을 담고 있었던 몸은 이제 영혼 없는 껍데기일 뿐이었다.

그 순간 내 머릿속에는 매일 기억하려 애썼던 "우리는 이 세상에 너무나 짧은 시간 동안 와 있을 뿐이다."라는 진리가 새삼 떠올랐다. 이러한 진리를 모르고 시간을 낭비하고, 사랑하는 마음을 숨기고, 중요하지 않은 일에 집착하고, 주의 깊게 행동하지 않는 사람들이 얼마나 많은가?

캐시는 그러한 진리를 알고 있었다. 그래서 완벽하게 빛을 발하며 살았다. 자기가 하는 모든 일에 항상 자신을 던졌다. 마치 남은 시간이 전혀 없는 사람처럼 살았다. 그리고 이제, 캐시를 그리워하는 이들에게는 슬픈 일이지만, 캐시가 옳았음이 드러났다. 캐시는 살아 있을 때와 마찬가지로 세상을 떠나는 순간에도 자신이 사랑했던 사람들에게 소중한 선물을 주었다. 즐겁게, 단호하게, 열정적으로 살고 사랑하여 생애 마지막 날 후회하는 일이 없도록 해야 함을 되새기게 해 주었다.

나는 매일 캐시를 생각한다. 나는 처음에 캐시의 스승이자 멘토였지만 마지막에 가서는 캐시가 나의 스승이자 영감이 되었다. 내가 자신에 대해 글을 쓰고 있다는 사실을 알면 캐시도 기뻐할 것이다. 더 이상 이 세상 사람이 아니더라도 세상을 바꾸도록 돕고 있으니까 말이다. 캐시의 선한 뜻은 이 세상 너머 보이지 않는 곳에서도 끊임없이 우리 마음을 자극하고 개방시킨다.

❅

사랑으로 가슴이 불타면 기쁨은 반드시 솟아납니다.

_테레사 수녀

삶을 어떻게 측정할까? 벌어들인 재산으로? 그동안 받은 상의 개수로? 소유물로? 처리한 업무의 완성도로? 다른 사람들의 평가로? 수명으로?

대중의 주목을 끌었던 브로드웨이 뮤지컬 〈렌트(Rent)〉를 만든 극작가이자 작사 · 작곡가였지만 초연을 불과 몇 주 앞두고 비극적으로 세상을 떠난 조나단 라슨(Jonathan Larson)은 사랑으로 삶을 측정해야 한다고 주장했다. 이렇게 한다면 나는 상상할 수 없을 정도로 부유하다. 나는 열정적으로 많이 사랑했다. 또한 최근에 고난을 겪고 깨우침을 얻고 난 이후에는 훨씬 많이 느끼고, 주고, 사랑할 수 있게 되었다.

꼭 관계를 유지해야 사랑할 수 있는 것은 아니다. 돈이 있어야 사랑할 수 있는 것도 아니다. 사랑에 대한 두려움을 극복할 필요도 없다. 어떤 길이 자신을 사랑으로 인도할지 몰라도 된다. 다만 마음 한가운데서 열정과 감미로움을 발견하면 된다. 이미 내면에 타오르고 있는 사랑을 느끼기만 하면 된다. 내면에 있는 사랑의 불꽃은 절대 꺼질 수 없다. 그러므로 우리는 그저 사랑하기만 하면 된다.

※

삶을 사는 방법은 두 가지뿐이다. 하나는 기적이 없다 생각하며 사는 것이고, 다른 하나는 모두 기적이라 여기며 사는 것이다.

_앨버트 아인슈타인(Albert Einstein)

얼마 전, 샌타바버라에 있는 공원에서 개들과 산책을 하고 있을 때였다. 하늘은 구름 한 점 없이 맑고 햇살이 따사로운 눈부신 오후였다. 산책길 앞 저편 벤치에 이상하게 옷을 입은 한 남자가 앉아 있었다.

좀 더 앞으로 가 보니 그 남자는 모두들 외면하는데도 사람이 지나갈 때마다 열심히 말을 걸고 있었다. 손가락으로 허공을 찌르면서 무슨 말인가를 목청껏 되풀이했다. "술이 취했거나 정신이 이상한가 보네." 나는 그렇게 생각하며 그 사람 앞을 지나가도 괜

찾을지 잠시 망설였다.

　그때 같이 산책하던 개 한 마리가 남자가 앉아 있는 벤치 쪽으로 갑자기 달려가는 바람에 목줄을 쥐고 있던 나까지 절로 끌려가게 되었다. 남자는 자신에게 다가오는 나를 보더니 환하게 웃으면서 경이에 가득 찬 눈을 크게 뜨고 열정적인 목소리로 하늘을 가리키며 외쳤다.

　"태양이 눈을 떴어요! 태양이 눈을 떴다고요! 드디어 태양이 깨어났다니까요!"

　나는 남자가 무슨 말을 하는지, 어째서 그렇게 흥분하는지 금세 알 수 있었다. 태양이 깨어났다. 빛과 온기를 쏟아 내며 우리를 축복하려고 태양이 다시 모습을 드러냈다. 그러자 어둠이 사라졌다. 또 하루가 시작된 것이다. 이야말로 기적이 아닐까!

　나는 남자의 눈을 보며 고개를 끄덕였다. "네," 나는 그에게 부드럽게 답했다. "정말이네요. 태양이 깨어났어요!"

　남자의 얼굴에 미소가 환하게 번졌다. 남자는 메시지를 전달했고 나는 내면 깊은 곳으로 그 메시지를 받아들였다. 태양이 다시 깨어났다는 사실보다 기쁜 소식이 어디 있을까? 어째서 나는 매일 아침 자리에서 일어나 창문을 내다보면서 충직하고 온화한 태양의 존재를 느끼며 즐거워하지 못했을까? 햇빛에 흠뻑 젖은 대지의 모습을 보지 못했을까? 이보다 더한 기적이 있을 수 있을까?

　이 남자가 발달장애를 겪고 있을지 모른다고 말하는 사람도 있을 것이다. 하지만 나는 그 남자가 순수한 마음을 지닌 특별한 사람이라고 생각한다. 그래서 우리 대부분이 보지 못하는 것을 보고,

느끼지 못하는 것을 느낄 수 있는 것이다. 어쩌면 우리가 자주 잊어버리는 진리를 들려주려고 천사가 보낸 전령인지도 모른다. 어쩌면 특별히 내게 진리를 들려주려고 왔을 수도 있다. 나는 공원에서 경험했던 멋진 만남 이후로 하루도 빠짐없이 잠자리에서 일어나자마자 감사한 마음으로 "태양이 깨어났어요!"라고 외치고 환하게 미소 지으며 하루를 맞이한다.

❋

우리 가슴에서 싹트는
이 소중한 사랑과 웃음은 무엇일까?
영혼이 깨어나는
기쁨 벅찬 소리다!

_하피즈(Hafiz, 14세기 페르시아 시인─옮긴이)

기적이 아닌 것이 있을까? 우리 정신을 담고 있는 육체? 자기 존재를 일깨워 주는 의식? 끊임없이 경이를 바라보는 두 눈? 사랑, 갈망, 고통을 느끼는 마음? 맹렬하기도 하고 황홀하기도 한 삶? 모든 것이 온전히 기적이다.

결국 이러한 기적이 베푸는 축복을 받아 우리 마음에는 기쁨이 저절로 우러나고 굽힐 줄 모르는 열정이 가득 찬다. 내가 공원에서 만났던 예언자답지 않은 예언자처럼 우리는 기뻐하며 외친다.

"나는 살아 있다! 나는 살아 있다! 나는 살아 숨 쉰다!"

11
지혜의 시간 속으로

지혜는 받는 것이 아니다.
아무도 대신할 수 없고 면제해 줄 수도 없는 여정을 걷고 나서
스스로 발견하는 것이다.

— 마르셀 프루스트(Marcel Proust)

사람들은 많이 보거나, 경험하거나, 잃거나, 싸우거나, 파헤치면서 지혜를 얻는다. 한 장소에 편안하게 머물러서는 지혜를 얻을 수 없다. 무섭거나 불쾌한 상황에서 도망쳐도 지혜를 얻을 수 없다. 자신이 변화하고 다시 태어나는 불안정한 길을 걸으면서 자기 존재 깊숙이 파고들어 가야 지혜를 얻을 수 있다.

예상하지 못했고 견디기 힘든 시기를 헤쳐 나갈 때 마음에 새겨야 할 놀라운 진실이 있다. '마침내 고난의 시기를 통과하고 나면 여정을 시작했을 때보다 자신이 훨씬 현명해졌음을 깨닫게 된다.'는 것이다. 길고 위험한 항해를 거쳐 마침내 집으로 돌아온 선원처

럼 우리는 그동안 헤쳐 왔던 험난한 바다를 돌아보고 단단한 땅에 발을 디뎠다는 사실에 기뻐한다. 보따리를 풀어 보니 예전에 없었던 무언가가 눈에 띈다. 자세히 보니 엄청난 보물 덩어리다. "어디서 났을까?" 우리는 자신에게 묻는다. "받은 기억이 없는데." 언제 받았는지 기억나지 않더라도 그 보물은 거친 바다를 용감하게 헤쳐 나오느라 있는 힘을 다한 데 대한 보상이다.

우리는 새로운 지혜와 이해라는 형태의 신비로운 보물 뭉치를 발견할 것이다. 어두운 곳에 있다가 밝은 곳으로 나오면 처음에는 사물이 분명하게 보이지 않는다. 짙은 그림자에 오래 묻혀 있으면 두 눈이 빛에 무뎌지기 때문이다. 따라서 우리는 밝은 빛에 눈을 맞춰야 한다. 그러면 점차 새롭고 흥미진진한 의식 풍경을 둘러보게 되고 바뀐 시력으로 바라보는 경치에 놀라면서 자신이 지혜에 도달했다는 사실을 깨닫는다.

우리는 새로운 미지의 장소를 여행했다. 그곳까지의 여정에서 우리의 용기와 내면의 힘, 신뢰감, 영혼의 중심을 시험했다. 이제 서둘러 앞으로 나아가기에 앞서 새롭게 발견한 지혜를 음미하는 시간을 가져야 한다. 이때 주의하지 않으면 마음과 영혼이 거둔 승리를 놓치게 된다. 멀리 있는 새로운 도전을 흘끗 쳐다보며 그것 또한 뒤로하고픈 열망에 서둘러 앞으로 나아가게 된다. 하지만 그렇게 하는 대신 잠시 멈춰 섰다가 단순히 그곳에 이르러야 한다.

대답을 찾는 것은 고사하고 "내가 어쩌다 여기에 이르렀을까?" 라는 질문을 던지는 데도 대단한 용기가 필요했다. 우리는 이를 기억하며, 이 같은 질문을 스스로에게 던지는 일이 현재와 미래에 우리가 이룩할 수 있는 무엇보다 큰 성취임을 알고 있다.

✄

성장하는 과정에서, 모든 상처를 견뎌 내는 핵심적인 내면의 힘을
발견하는 때가 바로 전환점이다.

_맥스 러너(Max Lerner, 미국 언론인이자 교육자−옮긴이)

내가 좋아하는 사람이 큰 수술을 받았다. 필요했지만 위험성이
높은 수술이어서 당사자뿐 아니라 주위 사람들도 무척 긴장했다.
다행히도 수술이 순조롭게 끝났다고 그의 부인이 내게 알려 주었
다. 그녀는 이런 말을 덧붙였다. "이상한 일이에요. 회복실에 갔더
니 남편은 아직 수술을 받지 않았다고 생각하고 언제 수술을 시작
하는지 계속 묻더군요. 수술이 끝났고 결과가 좋아서 전혀 걱정할
필요가 없다고 누누이 말했지만 남편은 수술을 받았다면 자기가
확실히 알 텐데 그럴 리가 없다며 믿으려 하지 않았어요. 남편은
그동안 일어난 일을 전혀 기억하지 못해서, 지금도 수술 받을 일을
끔찍하게 걱정하고 있어요." 물론 우리는 그가 마취 때문에 일시
적으로 명료함을 잃고 혼란스러워하고 있으며, 마취가 풀리면 수
술이 잘됐다며 기뻐하리라는 사실을 알고 있었다.

이 일화에서처럼 때로 우리는 극심한 공포와 마주했던, '우주적
수술'에 버금가는 상황에서 벗어났을 때 그것이 끝났다는 사실조
차 인식하지 못한다. 처음에는 자신이 얼마나 많이 변했는지 깨닫
지 못할 수도 있다. 자신이 엄청나게 큰 장애물을 뛰어넘었다는 사

실을 모를 수도 있다. 새롭게 얻은 지혜를 알아차리지 못할 수도 있다. 또한 우리가 변화했다고 말해 줄 사람이 필요할 수도 있다.

서서히 주위를 돌아보면 안개가 걷히고 앞에 놓인 길이 분명하게 드러난다. 우리는 말로 표현할 수조차 없는 기막힌 상황을 극복했다. 우리는 결코 상상할 수 없었던 방식으로 놀랄 만한 저력을 내뿜는다. 이렇듯 새로 깨달은 지혜가 우리 삶의 여러 영역에서 모습을 드러낼 것이다. 그래서 일할 때 창의력이 샘솟고, 연인과 만족스럽고 친밀한 관계를 형성하고, 가족과 새로운 조화를 이루고, 새로운 차원의 확신과 낙관적인 태도로 세상에 나아갈 것이다. 우리는 예전보다 더욱 희망에 차고 새로워지고 활력에 넘칠 것이다.

변화의 연금술

우리는 "내가 어쩌다 여기에 이르렀을까?"라는 의문으로 시작했지만, 마침내 폭풍우가 휘몰아치던 곳의 반대편에 도달해 '여기'가 '거기'로 바뀌었음을 깨닫는 순간이 온다. 이제, 다시 한 번, 우리는 새로운 의문을 품기 시작한다.

"내가 어떻게 반대편에 이르렀을까?"

"이 길이 어떻게 나를 바꾸었을까?"

"예전에는 몰랐지만 지금 알게 된 것은 무엇일까?"

이 책의 앞에서 변화와 전환점을 알아차리고 여기에 이름을 붙이는 과정이 중요하다고 배웠듯이, 이제 우리는 깨달음을 받아들이고, 지혜라는 이름으로 얻은 교훈을 소중히 여기고, 변화해 온 과정을 이해해야 한다.

우리가 변화해 온 과정은 어떤가? 이는 일종의 연금술로, 예상하지 못했던 상황을 받아들여 깨달음으로 바꾸어 가는 과정이다.

고대의 연금술에서는 납을 금으로 만드는 등 한 가지 형태를 가치가 더 큰 다른 형태로 바꾼다. 이러한 변화는 강렬한 정제 과정을 거쳐 일어난다. 물질을 가열해서 원소를 분리하고 증류해 귀하고 소중한 물질을 만들어 낸다.

연금술 과정은 우리가 실천하는 변화 과정과 비슷하다. 살아가면서 발생하는 바람직하지 못한 상황을 선택해서 가치 있는 상황으로 바꾸기 때문이다. 우리는 연금술처럼 변화를 추구하는 여정을 걸으면서 고난과 도전이라는 불길을 통과하고 증류하여 새로운 의미와 지혜를 뽑아낸다.

연금술이 발휘하는 정교한 변화의 힘이 가장 잘 나타나는 예로 진주가 만들어지는 과정을 들 수 있다. 나는 영롱한 아름다움을 뽐내는 진주를 좋아한다. 굴이 자기 몸으로 들어오는 이물질에 맞서 자신을 방어하면서 만드는 물질이 진주라는 사실이 놀라울 따름이다. 자연적으로든 인간의 손을 거치든 굴 안에 박힌 자그마한 모래나 조개껍질 조각이 굴을 끊임없이 자극하면, 굴은 껍질을 만드는 진주층으로 이물질을 에워싼다. 굴이 진주를 만드는 데는 여러 해가 걸리고, 이 시간이 길어질수록 진주는 커지고 가치가 높아진다. 여기에도 연금술이 작용한다. 이물질이나 굴 자체만으로는 진주가 생기지 않는다. 굴이 분비하는 진주층과 모래 조각이 상호작용해야 귀중한 진주가 만들어지는 것이다.

우리의 변화 과정도 이와 마찬가지다. 예상하지 못했던 상황이 고난과 고통, 분노라는 방해물의 형태로 우리 삶에 침투한다. 이것이 우리를 자극해서 상처를 입히지만 서서히 연금술이 기적처럼 작용한다. 우리는 예상하지 못했던 상황을 인내와 노력, 용기로 둘러싸면서 서서히 진주를 만들어 낸다.

우리를 현명하게 만드는 것은 고난이나 고통 자체가 아니다. 고난이나 고통에 인내, 노력, 연민, 용기, 사랑을 덧붙여야 한다. 이러한 조합을 거쳐 아주 귀중한 지혜의 진주가 자란다.

지혜를 얻는 과정은 신비로운 연금술을 거쳐 계시를 받고 깨달음을 얻고 다시 태어나는 과정이다. 이 과정이 중요한 이유는 무엇일까? 살아가면서 예상하지 못했던 우여곡절을 우리는 언젠가 다시 겪을 것이다. 자신이 배웠던 교훈을 그 순간에 기억할 수 있다면 좀 더 수월하게 상황을 극복할 수 있다. 자신이 얻었던 지혜를 깊이 파고들면 의문, 도전, 전환의 시기를 성장, 승리, 계시의 시기로 바꿀 수 있다.

눈물에서 태어나는 지혜

눈물에는 성스러움이 있다.

눈물은 약함의 표시가 아니라 강함의 표시다.

눈물은 만 개의 혀보다 유창하게 말한다.

눈물은 복받치는 슬픔의 전령이고,

깊은 회개와 말로 표현할 수 없는 사랑의 전령이다.

_워싱턴 어빙(Washington Irving, 미국 소설가이자 수필가-옮긴이)

모든 지혜는 여러 형태의 연금술을 거쳐 태어난다. 때로는 해결 불가능해 보이는 문제에 대한 답을 찾도록 우리를 밀어붙여 변화하게 하는 연금술을 통해 태어난다. 때로는 사랑의 연금술로 태어나기도 해서 분통이 터지도록 우리 마음을 시험한 후에 새로운 생활 방식을 안기기도 한다. 그리고 눈물의 연금술을 통해 태어나는 지혜가 있다. 우리는 살아가면서 예상 못 한 슬픔과 절망에 빠졌다가 눈물의 연금술을 거치면서 결정적인 변화를 겪고 마침내 깨달음을 얻기도 한다.

다시 행복해지리라는 꿈조차 꾸기 힘든 시기는 누구나 겪기 마련이다. 이렇게 고통스러운 경험을 하고 나면 결국 성장하고 중요한 교훈을 얻으리라 생각하지만 완전히 확신할 수는 없다. "나에게 일어난 일의 결과가 어떻게 좋을 수 있겠어?" 우리는 세상에서 일어나는 모든 일에 타당한 이유가 있기 마련이라는 말이 타인에게만 적용될 뿐 자신에게는 해당하지 않을까 봐 두려워한다.

당신이 지금 이러한 시기를 겪고 있을지도 모르겠다. 예상하지 못했던 상황이 깨달음을 얻을 기회가 된다는 내 글을 읽으면서도 "상당히 긍정적이고 힘을 주는 말이지만 나는 지금 너무 고통스러워서 지혜는 고사하고 어떤 의미나 목적도 이 상황에서 찾을 수가 없어. 이 책을 쓴 사람은 찢어지게 아픈 내 심정을 이해하지 못해."라고 생각할지 모르겠다.

아니다, 나는 이해한다.

내가 이 책을 쓸 때 일어났던 일을 소개하려 한다.

"예상하지 못했던 일은 언제나 불시에 일어난다." 내가 이렇게 서두를 썼을 때만 해도 예상하지 못했던 상황이 내 삶에 들이닥치리라고는 상상하지 못했다. 결과적으로 내가 이 책에 쓴 내용은 모두 가혹한 시험을 거쳤다.

나는 소중한 동물 친구 세 마리, 비숑 프리제 종인 비주와 샨티, 히말라얀 고양이 루나를 마치 자식처럼 14년이 넘게 키웠다. 여행을 다녀야 할 때는 몇 주 동안 그 애들을 볼 수 없다는 사실에 견디기 힘들었다. 그들도 내가 떠나는 것을 싫어해서 가방에 기어들어 가 벌렁 누워 슬픈 눈으로 나를 바라보곤 해 내 마음을 더 아프게 했다. 물론 내가 떠나고 나면 자기들이 좋아하는 내 비서와 그녀의 남편과 함께 곧 행복한 일상에 젖어 들었다. 하지만 그 애들과 작별을 해야 할 때마다 나는 마음이 아팠다.

토요일 아침 일찍 전화벨이 울렸다. 곤히 자고 있던 나는 요란한 벨소리에 겨우 눈을 떴다. 전날 뉴욕에 도착해 경고음에 대한 글을 쓰느라 밤늦게까지 일했던 탓에 전화로 비서의 떨리는 목소리를 들었을 때는 정신이 없었다.

"바바라, 루나요." 그녀가 말했다. "루나가 죽었어요. 갑자기 심하게 숨을 몰아쉬더니 그만 숨을 멈추고 말았어요. 급하게 병원에 데려갔지만 손을 쓸 수가 없었어요."

"그럴 리가." 나는 충격을 누르지 못해 몸을 떨며 말했다. "어제 떠날 때만 해도 멀쩡했잖아. 무슨 일이 있었던 거지?"

"아직 모르겠어요." 그녀가 대답했다. "아직까지는 수의사도 이유를 알 수 없대요."

마음이 덜컹 내려앉았다. 이 일이 일어나기 몇 주 전부터 나는 루나가 죽어 가고 있다는, 뭐라고 설명할 수 없는 이상한 느낌이 들어 괴로웠다. 그러면서도 그럴 리가 없다고 생각했다. 루나를 병원에 데려가 검진을 받았지만 모두 정상이라는 진단을 받았기 때문이다. "루나가 걱정이에요." 나는 가까운 사람들에게 이렇게 말했다. "뭔가 잘못되고 있다는 끔찍한 느낌을 떨칠 수가 없어요." 이 말을 들은 사람들은 내가 루나를 과잉보호한다면서 루나는 매우 건강하다고 나를 안심시키려 했다. 당시 나는 책을 쓰느라 엄청난 중압감에 시달렸기 때문에 사람들 말이 맞으리라 생각하려 애썼다. 하지만 끔찍한 일이 일어날 것 같다는 느낌이 계속 들었고, 캘리포니아를 떠나기 전날 밤에는 너무 불안해서 잠을 잘 수가 없었다.

최악의 소식을 듣고 전화를 끊고 나자 내가 옳았다는 사실을 깨달았다. 루나는 자신이 이 세상을 떠나리라는 사실을 말없이 불가사의한 방식으로 내게 전했던 것이다.

나는 슬픔에 복받쳐 며칠 동안 울기만 했다. 나는 늘 마지막까지 루나와 함께 있을 수 있으리라 여겼고, 개들이 수명이 짧으니 비주와 샨티가 먼저 저 세상으로 가고 루나는 그들보다 오래 살리라 생각했다. 나는 '언젠가는 나와 루나만 남겠군.'이라고 생각하며 슬픔에 잠기곤 했다. 하지만 루나가 먼저 떠나 버렸다. 무엇이 잘못되었을까? 루나가 세상을 떠날 때 곁에 없었던 나 자신을 용서할 수 있을까? 하필 책을 쓰기 위해 어느 때보다 현명하고 강해야 하는 시기에 이런 일이 일어났을까?

루나는 내가 잠을 잘 수 없거나 밤늦게까지 원고를 쓰거나 심장이 아파 애를 쓸 때마다 함께 밤을 새웠다. 내가 글을 쓸 때는 책상으로 뛰어올라 와 원고 위에 앉곤 했다. 저녁마다 욕조에 물 흐르는 소리가 들리면 욕실로 달려와 욕조 가장자리에 우아하게 버티고 앉아 내가 목욕하는 모습을 사랑스러운 눈길로 지켜보았다. 내가 혼자 있을 때는 밤에 내 머리맡에서 잠을 자고 아침이면 손에 입을 맞추어 나를 깨웠다. 내가 버티기 힘들거나 외로워서 울 때면 자그마한 분홍색 혀를 내밀어 얼굴에 흐른 눈물을 닦아 주었다.

루나는 이기적이지 않았다. 자기가 원하는 것을 그다지 요구하지 않았고 내가 자그마한 강아지들을 걱정하고 돌봐 주는 모습을 그저 지켜만 보았다. 루나는 오히려 나와 강아지들을 돌봐 주었다. 마치 자기 새끼이기나 한 것처럼 샨티의 털을 혀로 핥아 주었고 내가 바빠 강아지들이 심심해할 때면 좋은 놀이 상대가 되어 주었다.

흰 털이 북슬북슬한 루나는 부처처럼 벽이나 소파를 등지고 꼿꼿하게 앉아 사람들의 대화에 귀를 기울였다. 주위에서 일어나는 일에 참견하려고 방으로 뛰어들어 오기 일쑤였고, 자기 지혜를 전해 주기라도 하듯 신비스러운 푸른 눈으로 사람을 몇 분이고 빤히 들여다보았다. 이렇듯 내게 기쁨을 안겨 주는 원천이자 곁에서 사랑을 무조건적으로 베풀었던 루나 없이 내가 어떻게 살아갈 수 있을까?

루나가 죽고 몇 주가 지나서 우리는 루나가 매우 빠른 전이를 보이는 암을 앓아서, 겉으로 보이는 신체 증상은 없었지만 암세포가 폐까지 급격하게 퍼져 결국 호흡이 멎었다는 사실을 알게 되었다. 루나는 용기를 발휘해서 조용히 고통을 견뎌 냈다. 나는 루나가 평소 살았던 모습대로 세상을 떠났다는 사실을 이해하기 시작했다. 루나는 이기적이지 않았고 타인의 마음을 좀 더 편안하게 해 줄 수 있는 방법을 찾아 굳건한 태도와 품위를 보이며 죽었다. 루나는 떠날 시간에 망설이지 않고 혼란스러워하지 않고 빛으로 뛰어들었다.

❦

도와 달라고 외치자 지혜가 내게 왔다. _《솔로몬의 지혜》

몇 주 동안 루나의 죽음을 애도하면서 나는 작별 인사를 하지 못했다는 슬픔으로 괴로웠다. 그래서 "마지막으로 한 번만 더 루나를 볼 수 있으면 좋겠어."라고 루나의 영혼에 기도했다. "내가 이번 일로 무엇을 배워야 하는지를 알 수 있으면 좋겠어."

어느 날 밤 루나가 꿈속에 매우 선명하게 나타났다. 루나는 어느 때보다 행복한 표정으로 뛰어올랐다. 내 앞에서 땅에 내려섰다가 다시 공중으로 뛰어 올라 멀리 사라지곤 했다. 루나의 몸에는 가는 줄이 묶여 있었다. 루나가 정원을 돌아다니거나 테라스에 앉아 있거나 할 때 우리가 걸어 주었던 줄과 비슷했다. 다만 꿈속에서는 줄이 매우 길어서 루나는 무한정 날아갈 수 있었다.

"루나, 나를 보려고 돌아왔구나!" 나는 기뻐서 소리쳤다. "작별 인사도 못하고 보내서 미안해." 내 말을 들은 루나는 다시 땅으로 내려오더니 이내 쾌활하게 하늘로 솟아올랐다.

꿈속에서 제자리에 서 있던 나는 루나가 내게 하려는 말이 무엇인지 깨달았다. 언제나 그랬듯 루나와 나는 여전히 연결되어 있지만 지금은 줄이 무한정 길어 루나는 시간과 공간을 꿰뚫어 다른 차원으로 자유롭게 날아갈 수 있었다. 그렇다면 줄의 반대편 끝은 어디 있을까? 나는 반대편 끝을 찾기 시작했다. 그때 불현듯 반대편 끝이 눈에 보이지 않는 이유를 깨달았다. 바로 내 가슴속에 묶여 있었기 때문이다.

다시 루나가 땅으로 내려왔다. 이번에는 루나를 들어 올려 품에 꼭 껴안고 내가 언제나 즐겨 했듯 루나의 길고 부드러운 털에 얼굴을 파묻고는 마치 정신을 어루만지는 주문과도 같은, 커다랗고 행복하게 가랑거리는 루나의 소리를 들었다. 잠시 후 루나는 내 팔에서 사라져 영영 떠나 버렸다.

잠에서 깨고 나서 나는 루나가 죽은 후로 경험하지 못했던 평안을 느꼈다. 루나의 영혼은 나를 위로하기 위해 꿈에 나타나 우리 둘이 물질세계를 뛰어넘어 항상 연결되어 있다는 사실을 상기시켜 주었다. 루나는 또한 내가 두고두고 발견하도록 많은 선물을 남겨 주었다. "믿어요." 루나의 영혼이 내게 속삭이는 것 같았다. "자신을 믿어요. 자신이 듣고 느끼는 것을 믿어요. 자신이 아는 것을 믿어요. 사랑은 절대 사라지지 않는다고 믿어요."

지금도 집 곳곳에 남아 있는 루나의 자취를 볼 때면 여전히 마음이 아프다. 아직도 루나 생각을 하며 울곤 한다. 더 이상 곁에 없는 대상을 향한 사랑으로서의 슬픔은 아마 절대 사라지지 않을 것이다. 그렇게 하루하루가 지나면서 내게 다른 변화가 생겼다.

무엇인가를 느끼는 능력이 뜻밖에 더욱 커졌고, 사랑하는 이들과 함께하는 순간을 더욱 감사하게 되었으며, 살아 있는 존재로서의 경험을 더욱 새롭고 풍성하게 누릴 수 있었다. 루나는 떠나면서 내 마음의 문을 활짝 열어 놓았다. 책을 집필하는 중간에 그토록 마음속 깊이 파고들어 많은 감정을 절절이 느낄 수밖에 없는 상황에 빠지지 않았더라면 이 책은 지금의 모습이 아닐 것이다.

책에서 루나 이야기를 하는 것은 내게 무척 중요한 일이다. 예상하지 못한 슬픔을 겪으며 시험을 당할 때 스스로 느끼는 슬픔이 지혜를 얻는 데 유익하다고 생각하기는커녕 어떤 의미가 있는지조차 짐작하지 못할 때가 너무나 많기 때문이다. 하지만 나는 살아가며 흘리는 눈물이 이성으로는 이해할 수 없는 연금술 과정을 거쳐 자신을 변화시킨다고 더욱 확신하게 되었다. 우리는 고통스러운 마음으로 쏟은 눈물이 흘러넘쳐 결국 거기에 빠져 익사하지 않을까 두려워한다. 하지만 눈물은 성스러운 시내가 되어 슬픔과 상실에서 우리를 건져 내고 추억의 눈물, 축복의 눈물, 사랑의 눈물을 빛으로 인도한다.

자신의 지혜를 믿고 전하라

불도 바람도, 출생도 죽음도 우리의 선행을 지울 수 없다. _부처 우리는 모두 스승이다. 가르치고 싶어 하건 아니건 우리는 매일 가르치고 있다. 책을 쓰거나 강의를 하는 사람만 스승이 아니다. 교실에서 학생들을 가르치거나 박사로 불리는 사람만 스승이 아니다. 우리는 모두 매일 타인을 가르친다. 우리는 자녀와 연인, 가족, 친구, 동료를 그리고 매일 이런 저런 경로로 만나는 사람을 가르친다. 우리는 희망이나 냉소적 사고방식을 가르치고, 친절이나 둔감한 태도를 가르치고, 관대함이나 이기심을 가르치고, 신뢰나 의심을 가르치고, 사랑이나 무관심을 가르친다.

내 영적 스승인 앤드류 하비(Andrew Harvey)는 신비하고 영적인 전통 면에서 세계 일류 작가로 꼽힌다. 나는 그가 샌프란시스코 소재 그레이스 대성당에서 인터뷰한 말을 듣고 깊은 감명을 받았다. "스승으로서 해야 할 일은 자신을 불태우는 겁니다. 또한 다른 사람들이 그 불길을 당겨 스스로를 밝히도록 돕고 용기를 북돋우는 일도 해야 합니다."

지혜를 얻으면 지혜의 불길을 타인에게 전달하는 방법을 찾아야 한다. 어떻게 하면 될까? 지혜가 필요한 사람에게 자신의 지혜를 나눠 줄 기회를 찾아라. 주위를 둘러보면 지금 절망이나 혼란을 겪고 있는 사람들이 분명히 눈에 띌 것이다. 당신이 소유한 힘과 용기를 그들에게 나눠 주라. 당신이 품고 있는 사랑을 기쁜 마음으로 베풀고 그들을 도와주고 지지하면 자기 지혜를 나눠 줄 기회가 저절로 드러날 것이다. 굳이 기회를 찾아 나설 필요가 없다. 기회가 당신을 찾아올 테니까.

완벽한 사람만 지혜를 나눠 줄 수 있는 것이 아니다. 자신만의 고난을 겪고 있더라도 타인에게 나눠 줄 지혜는 여전히 있다. 다음 발을 내딛도록 도와주어야 할 사람들이 우리 뒤에 있다. 우리는 자기 앞에 놓인 단계를 어떻게 올라가야 할지 아직 모를 수도 있다. 하지만 우리 뒤에 서 있는 사람이 우리 위치까지 올라서도록 도와줄 수는 있다. 자신에게 주어진 도전과 고난을 겪고 반대편으로 나오면 타인에게 전해 줄 소중한 교훈을 얻는다. 이를 정말 필요한 사람에게 나눠 준다면 자신이 새롭게 얻은 지혜를 완전히 깨닫고 굳힐 수 있다.

❀

지난주에 볼일이 있어 은행에 갔다가 내 뒤에서 차례를 기다리는 젊은 남자와 이야기를 나누게 되었다. 별로 중요한 대화는 아니었고 그저 낯선 사람과 흔히 나눌 수 있는 예의 바른 잡담을 짧게 나눴을 뿐이다. 내 차례가 돌아와서 그에게 "좋은 하루 보내세요."라고 인사하자, 그는 온화하게 웃으며 이렇게 대답했다. "최선을 다할게요. 어제보다 나은 세상을 만드는 일은 어려운 법이니까요."

세상에 넘쳐 나는 고통과 증오, 분노를 줄이는 일은 감당하기 벅찬 임무다. 뉴스를 보면서 나는 이 세상에 잔인하고 무지한 행동이 너무 흔하게 일어나는 사실에 가슴이 무너진다. 그렇다고 해서 그 고통의 자그마한 조각이라도 없애 보려는 내 임무를 게을리할 수는 없다.

모두를 위해 일할 수는 없을지 모르나 누군가를 위해 일할 수는 있다. 아무리 작은 일이라도 세상을 어제보다 나은 곳으로 만들 수 있다.

다음은 실제 있었던 이야기다.

바쁘고 스트레스에 시달리는 나날이 이어지던 와중에 나는 가정용품 전문점에 들러 부엌에 필요한 물건을 몇 가지 사기로 했다. 사람으로 붐비는 통로에서 카트를 이리저리 밀던 나는 도대체 왜 쇼핑을 하겠다고 생각했는지 스스로에게 화가 나기 시작했다. "할 일을 산더미처럼 쌓아 놓고 쇼핑을 오다니." 내면의 비판자가 꾸짖었다. "해야 할 일을 생각해 봐. 여기서 오믈렛 팬이나 찾고 있다니 한심하기 짝이 없잖아."

마음 한편으로나마 이 말에 반박할 기운도 없었다. 제대로 돌아가는 일이 하나도 없어서 무엇을 해도 짜증만 날 것 같은 기분이었다. 그즈음 나는 의지할 수 있겠다고 생각했던 사람들의 도움이 부족하다고 느껴 실망하고 있었다. 누구의 도움도 받지 말고 혼자서 모든 일을 하라고 세상이 내게 말하는 것처럼 어깨가 무거웠다.

계산대로 가면서 나는 그날 쓰려고 했던 세일 쿠폰을 깜빡 잊고 가져오지 않았다는 사실을 알았다. "젠장!" 나는 정신없이 집을 나서면서 식탁 위에 쿠폰을 놔두고 온 나에게 화가 나서 외쳤다. 기분은 최악이었다.

바로 그때 한 여자가 상점 정문으로 들어서서 줄 서 있는 사람들을 쭉 훑어보더니 내 쪽으로 걸어오기 시작했다. "세상에," 나는 빈

정거리는 말투로 중얼거렸다. "내 앞에 끼어들 생각인가 보군."

"실례합니다." 내 곁에 다가선 그녀는 몇 겹으로 접은 종이를 내밀며 말을 이었다. "이 쿠폰 쓰실래요? 마침 상점 앞을 지나가는데 지갑에 쿠폰이 있다는 생각이 들었어요. 저는 당장 필요한 물건이 없는데 쿠폰의 유효기간이 며칠 남지 않았거든요. 다른 사람이 쓰면 좋겠다는 생각에 들어왔는데 혹시 필요하세요?"

깜짝 놀란 나는 그녀에게 진심으로 감사해하면서 쿠폰을 가져오지 않아 난감했던 참이라고 설명했다.

"그랬군요. 왠지 당신에게 쿠폰이 필요할 거라는 생각이 들었어요." 그녀가 미소를 띠며 말했다. "그럼 가 볼게요." 그러더니 그녀는 몸을 돌려 문 쪽으로 걸어갔다.

그날 나는 필요하다고 생각했던 쿠폰 이상의 선물을 받았다. 스스로 알든 모르든 내가 언제나 주위 사람의 도움을 받고 있다는 사실을 기억해 낸 것이다. 마치 우주적 전령이 신이 보낸 전보를 내게 전달해 준 것 같았다. "어쨌거나 혹시 내가 너를 잊어버렸다고 생각할까 봐 쿠폰을 보낸다."

몇 주 후에 나는 강연을 하기 위해 토론토에 갔다. 연단에 서서 이 책에 쓴 여러 아이디어에 대해 말하면서 쿠폰 이야기를 전했다. 강연이 끝나고 책에 사인을 하고 있는데 한 여자가 다가오더니 반으로 접은 종이를 내 손에 쥐여 주며 말했다. "사인하느라 바쁘시죠? 하지만 이 글을 읽으시면, 당신의 말이 꼭 필요한 바로 이 시점에 당신이 토론토에 와 주어서 감사드린다는 제 마음을 알 수 있을 거예요."

나는 그날 밤 호텔로 돌아가 여자가 건네준 쪽지를 펼쳤다.

당신이 내게 쿠폰을 주었어요! 고마워요.
사랑을 담아, 줄리가

줄리의 쪽지를 읽으며 내 눈에는 눈물이 고였다. 그날 강연에서 줄리가 자신에게 꼭 필요한 말을 들었다는 사실이 매우 고마웠다. 내게 쿠폰을 주었던 마음 따뜻한 여성은 자신이 별 생각 없이 베풀었던 선행이 타인의 마음을 움직였다는 사실을 알면 깜짝 놀랄 것이다. 정말 적절한 순간에 나타났던 그 여성에게 나는 언제나 감사할 것이다. 또한 타인을 도울 간단한 방법을 찾으라는 뜻을 함축한 위의 구절을 내게 전해 준 줄리에게도 항상 감사할 것이다. 그리고 이 책을 통해 당신도 하나 이상의 쿠폰을 얻을 수 있게 되기를 진심으로 바란다.

자신의 사랑, 배려, 지혜를 나눌 수 있는 방법을 찾아라.
누군가는 그것을 필요로 한다.

지혜의 승리

갑자기 어둠을 뚫고 빛이 쏟아져 내렸다. 빛이 사방으로 퍼지면서 어둠을 건드리자 어둠이 온데간데없이 사라졌다. 어두운 물체의 조각이 사라질 때까지 빛이 퍼졌다. 부드러운 빛만이 반짝였다. 그리고 빛을 뚫고 깨끗하고 순수한 별들이 나왔다. 빛과 어둠의 우주 전쟁에서 빛이 승리했다.

_매들린 렝글, 《시간의 주름(A Wrinkle in Time)》에서

지금 이 시점에서 당신은 상상할 수 없을 정도로 현명하다. 당신 안에는 풍부한 지혜가 있다. 당신의 마음과 영혼은 이 지혜를 기쁨과 슬픔에서 조심스레 얻었고, 좌절된 꿈의 파편에서 되찾았고, 산산이 부서진 사랑에서 정성껏 건져 올렸고, 이상적인 계획이 틀어지는 속에서 고통스럽게 모았고, 눈물로 정화했다. 또한 부모가 되고, 남편 또는 아내, 형제, 할머니 혹은 할아버지가 되고, 친구가 되면서 얻었다. 누구든 깊이, 자주 사랑해서 얻었다.

당신이 깨달은 지혜는 그동안 마주쳤던 어떤 어둠보다 밝은 빛이고, 지혜가 발산하는 힘은 그동안 겪었던 어떤 역경보다 강력하다. 당신의 지혜는 비밀스런 전투에서 싸워 획득한 영광스러운 메달이고, 자신의 용기와 끈질긴 노력, 의기양양한 정신의 상징이다.

당신의 지혜는 스스로 겪어 낸 온갖 투쟁의 열매이다.

맛보지 않은 채 흘려버리지 마라.

당신은 지금 이 순간 지혜롭다.

12
자리 없는 자리에 이르다

당신이 알려고 애쓰는 신비는 바로 당신이다.
- 조셉 캠벨

우리는 세상에 태어나는 순간부터 길을 걷는다. 어느 길을 걷든 자신이 어디로 가고 있다고 믿든 우리가 걷는 길은 언제나 한곳으로 우리를 이끈다. 바로 자아의 전체성으로 이끈다.

우리를 자아로 안내하는 길은 두 지점을 연결하는 직선이 아니다. 사실 선도 아니다. 오히려 시간과 공간을 빙빙 돌아 실제로는 어디로도 가지 않는 나선이다.

삶의 여정에서 찾아볼 수 있는 불가사의한 역설은 이렇다. 우리는 어딘가를 가고 있는 듯 보이지만 실제로는 자신이 누구인지, 무엇인지 발견할 때마다 점점 깊숙하게 나선으로 빙글빙글 돈다. 우리가 경험하고, 사랑하고, 잃어버리거나 얻는 전부가 결국 자아를 더욱 드러낸다.

물질세계를 살펴보면 원의 신성한 기하학이 세계 창조에 작용했다는 사실을 깨달을 수 있다. 원의 신성한 기하학은 인간 신체 세포에서부터 원자 구성 입자를 둘러싼 전자기장에 이르기까지, 눈송이 구조와 태양계에서 회전하는 행성에 이르기까지 온갖 곳에서 찾아볼 수 있다. 우리 생명도 수정란이라는 소우주적 원에서 시작했고, 우리가 살았던 최초의 집도 어머니의 동그랗고 안전한 자궁이었다. 계절이 바뀌고 해와 달이 떴다가 지고 조수가 흐르는 순환까지도 원형이다.

나선은 하나의 전형으로서 문명 이래 전 세계 문화 속에서 예술의 한 형태로, 종교적 상징으로, 신성한 명상 방법으로 존재해 왔다. 나선은 신석기 시대 바위에도 새겨져 있다. 이는 최초의 인류가 나신을 우주관의 중요한 일부로 생각했다는 뜻이다. 많은 고대인과 원주민, 동양 종교는 신성한 원을 사용해 삶의 여정을 표현했다. 미국 원주민의 치유의 바퀴(종교 의식, 치료, 가르침의 목적을 지니고 원 모양으로 바닥을 돌로 두른 것-옮긴이), 아즈텍 인의 달력, 불교의 만다라, 켈트 십자가의 원, 중국 음양의 맞물린 반원, 불가사의한 미로가 그렇다.

이들은 존재의 위대한 원과 영혼의 내면 여행을 상징적으로 표현한다. 각각은 마치 외부 에너지를 모아 내부로 끌어들이듯 그 상징 안에 있는 한 점에 눈길을 집중시킨다. 이 상징들은 영적 명상을 위한 신비하고 강력한 형태로 고안되었고, 내면을 여행하고 신성을 발견하도록 구도자를 북돋운다.

이제 우리는 다음 진리를 이해하기 시작했다.

현실은 선이 아니라 원이다.
삶은 직선을 따라 앞으로 나아가지 않는다.
신비스러운 우주적 춤을 추며 빙글빙글 돈다.

이러한 개념을 수용하면 행복과 전체성을 향하는 길에 대한 생각이 근본적으로 달라진다. 그 길이 미래로 우리를 이끄는 고속도로라고 상상하지 않고, 우리 주위를 나선으로 회전하면서 한 바퀴씩 돌 때마다 우리를 자아의 신비와 경이로 더욱 깊이 파고들게 하는 원으로 보기 시작한다.

미국 원주민은 영혼이 살아가는 길이 성스러운 고리 같다고 가르친다. 개인은 자기 전체성을 향해 원형의 길을 걷는다. 자신에게 주어진 교훈과 학습의 원을 돌고 나면 삶이 완성된다고 여긴다. 이렇게 볼 때 우리는 자신만의 우주적 회전목마를 타고 있는 셈이다. 설사 그렇게 믿지 않더라도 실제로 우리는 어느 곳으로도 가고 있지 않다. 우리는 자신이 어디로 서둘러 가고 있다고 생각할까? 그곳에 도착했을 때 무엇을 발견하리라 기대할까?

행복, 깨달음, 성취감 등 우리가 추구해 왔고 누리게 된 모든 경험은 오로지 지금 이 순간에만 유효하다. 지금 여기를 더 깊이 파고드는 것 외에는 달리 갈 곳이 없다.

이것이 나선의 비밀이다. 나선은 위대한 현인들이 일컫는 '영원한 지금'으로 우리를 되돌린다. 유일신교 성직자 조슈아 메이슨 포웰렉(Joshua Mason Pawelek) 목사는 이렇게 주장했다. "아마도 약속의 땅은 미래가 아니라 지금 여기에 있을 것이다. 종교적 임무는 약속의 땅으로 여행하는 것이 아니라 삶의 한복판에서 약속의 땅을 보고 그대로 살아가는 것이다."

✼

내가 있는 자리는 없는 자리다. _잘랄 앗딘 루미

우리의 여정을 인도하는 신성한 나선은 어디 있을까? 그 한가운데에는 무엇이 있을까? 우리는 지금 여기서 무엇을 발견할까?

위대한 신비주의자 루미는 자신이 쓴 시에서 '자리 없는 자리'라고 답했다. 루미는 모든 역할과 정의, 한계를 초월해 내면에서 사는 삶을 노래하면서, 진정으로 자유를 누리려면 우리 내면에 있는 자리 없는 자리에 이르는 길을 찾아야 한다고 말했다.

세계의 모든 영적 전통이 자리 없는 자리에 대해 언급한다. 《도덕경》에서 노자는 길인 동시에 목적이면서 모든 존재의 형태 없는 근원을 '도'라 일컬으며 이렇게 썼다.

보라, 그것은 볼 수 없다. 형태를 초월하기 때문이다.
들어라. 그것은 들을 수 없다. 소리를 초월하기 때문이다.
쥐라. 그것은 쥘 수 없다. 형체가 없기 때문이다.

이 세 가지는 정의할 수 없다. 세 가지는 하나이다.

위에서 보면 그것은 밝지 않다.
밑에서 보면 어둡지 않다.
그것은 묘사할 길 없는 온전한 가닥이다.
그것은 무(無)로 돌아간다.
형태 없는 것의 형태,
형상 없는 것의 형상,
그것은 정의할 수 없고 상상을 초월한다고 불린다.

그 앞에 서라. 시작이 없다.
그것을 따라가라. 끝이 없다.
도와 더불어 머무르라. 현재와 더불어 움직이라.

우리는 자기 존재의 원 한가운데서, 볼 수 없고 묘사할 수 없고 형태도 없는 곳에서, 모든 신비로운 길의 핵심을 이루는 궁극적 비밀을 발견한다. 우리 내면에 깃든 창조의 우주적 근원은 바로 우리의 신성한 자아이다. 고대 인도 경전《우파니샤드》는 '그대는 그것이다.'라고 기록했다. 우리의 진정한 자아는 만물을 창조한 무한하게 지적인 에너지와 같다. 마음, 인격, 경험 등 우리가 자신이라 생각하는 것은 모두 하나의 근원을 여러 방식으로 표현한 것 뿐이다.

이러한 내용을 읽으며 우리는 위대한 성인과 예언자의 통찰력에 외경심을 느낀다. 하지만 이를 우리 삶에 어떻게 불러올 수 있을까? 모든 면에 불러올 수 있다. 우리는 자아에 대한 이 같은 인식 덕택에 자신이 진정 어디로 가고 있는지 알 수 있고, 모든 성취와 상실, 관계, 문제, 교훈이 자신을 동일한 목적지 다시 말해서 내면에 있는 진리와 의미의 자리 없는 자리로 이끌고 있다는 사실을 이해할 수 있다.

우리는 어떻게 자리 없는 자리를 인식할지, 어떻게 '도에 머물지', 어떻게 나선에서 정점을 발견할지 배우고 있다. 또한 우리가 겪는 고난과 고통, 성공과 성취 밑에 숨어 있는 내면의 성소를 어떻게 발견할지 배우고 있다.

아주 짧은 순간이나마 자기 존재의 중심에 닿을 때, 우리는 그때 경험하는 평화와 성취감이 낯설지 않고 자아의 진정한 본질이라는 사실을 스스로 상기한다.

지구에서 배우는 교훈

폭풍을 피하도록 협곡을 가린다면 폭풍의 아름다운 조각품을 보지 못할 것이다. _엘리자베스 퀴블러 로스

얼마 전 나는 비행기로 미국 국내를 횡단하면서 책을 읽거나 업무를 보지 않고 몇 시간 동안 비행기 창문에 머리를 기댄 채 시시각각 놀랍게 변하는 경치를 지켜보았다. 비행기는 거대한 산맥을

넘고 광활한 사막과 아주 오래된 협곡 위를 지나갔다. 나는 하늘에서 지구의 상처와 흉터를 그대로 볼 수 있었다.

지구는 46억 년이라는 시간 동안 결코 순탄치 않은 삶을 겪으며 변해 왔다. 소행성과 운석이 지구 표면을 공격해 깊은 구멍을 남기기도 하고, 거대한 먼지 폭풍이 일어나 수백만 년 동안 존재해 온 생물 대부분이 죽기도 했다. 화산 활동으로 지표면이 위로 솟아 갈가리 찢기고 평지가 뒤틀려 산이 되었다. 바다는 육지를 가혹하게 부수어 모래로 만들고 해안선을 형성했다.

하지만 우리는 지구가 겪어 온 과정에 대해서는 전혀 생각하지 않는다. 오히려 지구상에 발생했던 온갖 자연 재해로 인해 빚어진 경관들에 감탄하고 기뻐한다. 국립공원에서 볼 수 있는 깊고 장엄한 협곡이나 반짝거리는 아름다운 호수는 사실상 지구가 외부의 공격을 거세게 받았던 장소이다. 우리가 유쾌하게 거니는 바닷가는 성난 파도에 부딪히고 부서진 장소이다. 우리가 스키 여행이나 하이킹을 가서 바라보는 장엄하고 호화로운 산맥은 대륙이 격렬하게 충돌하며 엄청난 봉우리를 만들어 낸 결과이다.

우리가 살고 있는 지구를 찬찬히 살펴보면 지구는 언제나 불안정했고 파란만장했으며 재난이 끊이지 않았다. 지구는 계속 시험을 당했고 짓눌리고 갈라지고 침식되고 부서졌다. 하지만 이러한 고난의 영향으로 매우 정교하고 신비로운 마술이 이루어져 우리 마음을 경이와 외경으로 가득 채우고 우리 일상에 즐거움을 안긴다.

우리는 지구에서 많은 교훈을 배울 수 있다. 우리도 지구처럼 그동안 겪어 온 사건의 영향을 어쩔 수 없이 받는다. 우리 마음에는 슬픔이 조각한 협곡이 있다. 우리의 희망과 꿈은 운명의 폭풍우를 맞아 부서지고, 우리의 중심은 감정적 지진으로 흔들린다.

우리는 삶을 바라보며 자신이 지닌 상처와 흉터로 자기 삶을 규정하고픈 충동을 느낀다. 이때 다음을 기억하자. 자리 없는 자리에 산다는 말은 우리가 외부에서 일어나는 사건만으로 이루어지지 않음을 늘 상기한다는 뜻이다. 이는 정교하게 균형을 잡는 행동이다. 자신이 겪는 고통과 상실, 절망을 부드럽게 껴안고 이를 느끼고 기억하면서도 자신과 동일시하지는 않는 태도이다. "나는 이것을 보지만 이것이 나는 아니다."

지혜를 얻은 후 나는 외부에서 일어난 현상이 아닌 내면에 일어난 변화를 근거로 나를 정의하는 법을 배웠다.

나는 걸어가다가 만난 장애물로 나를 정의하지 않고, 새로운 길을 구축하기 위해 내세운 용기로 나를 정의한다. 나는 걸어가다가 겪은 실망으로 나를 정의하지 않고, 다시 시작하기 위해 찾은 용서와 믿음으로 나를 정의한다.

나는 관계를 유지한 기간으로 나를 정의하지 않고, 내가 얼마나 사랑했는지, 얼마나 기꺼이 다시 사랑할지로 나를 정의한다. 나는 쓰러진 횟수로 나를 정의하지 않고, 벌떡 일어서려는 몸부림으로 나를 정의한다.

나는 나의 고통이 아니다.

나는 나의 과거가 아니다.

나는 불에서 나왔다.

당신에게 일어난 일이나 겪은 일로 자신을 정의하지 말고, 타인
도 당신을 그렇게 정의하도록 두지 마라. 스스로 겪은 고통이나
승리로도 자신을 정의하지 마라. 당신은 그 이상이다.

당신은 이혼했을지 모르지만 이혼한 사람이 아니다.
당신은 질병에 시달릴지 모르지만 아프지 않다.
당신은 직장에서 해고당했을지 모르지만 가치 있고 목적을 지
녔다.
당신은 사람이나 물건을 잃었을지 모르지만 패배자가 아니다.
당신은 무언가에 실패했을지 모르지만 실패자가 아니다.

우리가 입은 상처는 우리에게 변화가 일어난 성스러운 신전이
다. 상처는 우리의 약점이 아니라 구원의 표시다. 상처는 우리 모
습이 아니라 우리가 걸어온 길이다. 그러므로 상처를 숨기지 말고
변명하지 말고 비판하지 마라. 상처를 껴안고 소중하게 생각하라.
다른 사람이 우리의 상처를 알아차리면 자랑스럽게 말하라.
"이 상처는 내가 용감해지고 현명해졌다는 증거입니다."

도전 너머로, 성공 너머로, 삶이 우리 정신을 빚으려 활용한 사
건 너머로, 우리 안에 자리 아닌 자리가 있다. 그것은 평화의 자
리이자 자유의 자리다.
우리가 추구해 온 자아가 살고 있는 자리다.

꽃피울 시간

경이에서 경이로 존재가 펼쳐진다. _노자

몇 년 전에 샌타바버라로 이사하면서 나는 아름다운 심비디움을 샀다. 원래 난을 좋아하기도 하지만 크고 이국적인 꽃을 피우는 이 난은 특히 더 좋다. 심비디움은 거의 두 달 동안 잘 자라다가 결국 꽃잎을 하나씩 떨어뜨리더니 휴면기에 들어갔다.

나는 난이 워낙 예민해서 키우기가 힘들다는 사실을 알고 있었고 제대로 돌봐 주면 다시 꽃을 피울 수 있다고 들었다. 하지만 업무로 인한 출장이 잦아서 휴면기 동안 분갈이를 해 주지도 못했고 밝은 곳에서 어두운 곳으로 옮겨 주지도 못했을 뿐 아니라 온도를 바꿔 주지도 못했다. 고작해야 화분을 정원에 내다 놓고 다른 식물에 물을 줄 때 함께 물을 주었을 뿐이다.

6개월이 지나고 일 년이 지났지만 난은 여전히 꽃을 피우지 않았다. "아직 꽃이 피지 않았다면 영영 피기는 틀렸어." 한 친구가 말했다. "너무 덥거나 추운 곳에 있어서 상해 버렸을 거야." 나는 친구의 말이 옳다는 것을 알았지만 차마 난을 버릴 수는 없었다. 그래서 다른 집으로 이사하면서도 난을 건강한 다른 식물과 함께 새 정원에 갖다 놓았다.

다시 6개월이 지났다. 나는 난에서 꽃이 폈는지 더 이상 살피지도 않았고 그저 축 처진 푸른 식물일 뿐이라고 생각했다. 하지만 난의 과거 모습을 기억하면서 물만큼은 꾸준히 주었다.

그해 겨울에는 예년보다 비가 많이 내려 정원에 따로 물을 줄 필요가 없었다. 어느 화창한 날, 몇 주 만에 처음으로 바깥 테라스에 앉아 있는데 무엇인가 특이한 것이 눈길을 끌었다. 일어나 살펴보니 난이 화려한 꽃을 피우려고 아름다운 분홍색 꽃봉오리를 맺은 것이 아닌가! 대체 어떻게 된 거지? 나는 놀라움에 머리를 흔들었다. 난은 거의 3년이 걸렸지만 마침내 꽃을 피웠다.

나는 놀랐다. 깊숙한 곳, 내가 볼 수 없었던 자리 없는 자리에서 난은 자라고 있었고 다시 살아났다. 다시 피어날 자신만의 때를 기다리고 있었다. 난이 다시 살아나는 데 나도 한몫했다고 생각하니 흐뭇했다. 꽃이 다시 피리라는 기대를 모두 접었고 초조해하지도 않았고 결과물을 기다리는 일정표도 세워 놓지 않았다. 그저 내가 할 수 있는 선까지 꾸준히 난을 돌보았을 뿐이다. 그리고 준비가 되자 난은 꽃을 피웠다.

자리 없는 자리에 머무를 때에는, 어떤 일이 일어날지 모르는 채로 자신의 꿈과 비전, 자아를 돌보아야 하는 순간이 많다. 이 말은 당신을 훨씬 편안하게 해 주는 정해진 일정표를 포기한다는 뜻이다. 전혀 그래 보이지 않더라도 생명과 희망과 재생이 있음을 믿는다는 뜻이다. 아무 증거가 나타나지 않더라도 가능성을 포기하지 않는다는 뜻이다. 이해할 수 없지만 신비스럽게도 꽃이 피는 시간이 있음을, 하지만 이는 자리 없는 자리에 머무를 때에만 가능한 일임을 기억한다는 뜻이다.

몇 년 전 나는 컴퓨터 화면 가장자리에 작은 메모를 붙여 두었다. 인도의 위대한 시인 카비르가 쓴 시를 적은 메모였다.

나의 마음이여, 적절한 순간을 기다리라.
모든 일은 제 시간에 일어난다.
정원사가 물을 아무리 주어도
때가 되지 않으면 나무는 열매를 맺지 않는다.

은총의 바람을 타라

은총의 바람은 항상 분다.
돛을 올려야 할 사람은 당신이다.
_라빈드라나트 타고트(Rabindranath Tagore)

오늘 밤 나는 밖으로 나와 달이 뜨는 장면을 보고 있다. 달은 하늘의 옥좌에 모습을 드러내며 사랑의 춤을 춘다. 어떤 날 달은 아름다운 자태의 일부를 내보이며 우리를 유혹한다. 하지만 호의를 거두고 작아져서 거의 눈에 띄지 않을 만큼 인색하게 모습을 보여 우리 속을 태울 때도 있다. 때로는 모습을 완전히 감춰서 사라진 것처럼 보이기도 한다.

오늘 밤처럼 환하게 떠오른 보름달은 자기 모습을 그대로 드러낸다. 아무것도 감추지 않고 풍성한 광채를 온전히 쏟아 낸다. 빛을 흠뻑 주고 있는 것처럼 보이는 달을 올려다보며 감탄하기는 쉽다. 하지만 진실은, 달은 언제나 있고 태양에 반사되어 볼 수 없을 때도 똑같이 아름답다는 것이다.

이것이 은총의 본질이다. 생명을 부여하는 우주 의식의 힘은 선하고, 지혜와 자유를 더욱 많이 누리도록 우리를 신비스럽게 인도한다. 은총은 밖으로 드러나지 않더라도 우리 삶에 항상 존재한다. 은총은 부족해 보여도 늘 풍성하게 우리를 떠받친다. 보름달과 마찬가지로 은총의 힘은 때가 되면 온전히 모습을 드러내고 우리가 걷는 여정의 어두운 복도를 비추어 앞으로 나아갈 길을 찾도록 돕는다.

나는 날마다 달을 보며 은총의 신비를 알아 간다. 삶의 여정을 걸으며 명쾌한 시기뿐 아니라 어두운 시기에도 놓아 버리는 법을 배운다. 달이 결코 사라지지 않듯 은총은 내가 볼 수 없을 때도 매 순간 자리를 지키고 있음을 깨닫는다.

은총의 바람은 항상 불기에 타고르는 바람을 잡으려면 돛을 올려야 한다고 말한 것이다. 우리는 어떻게 할까? 우리는 기꺼이 진실을 보려는 마음으로 더 이상 유익하지 않은 대상을 놓아 버리고 오래되고 친숙한 항구를 떠남으로써 은총이 우리 안에 자리하게 하고, 설령 지도가 없다 하더라도 은총이 이끄는 새로운 방향으로 여행을 떠난다.

늘 그렇듯, 은총은 우리가 먼저 움직이기를 기다린다.

이 순간 우리의 미래는

발견되기를 기다리지 않고 만들어지기를 기다린다.
미래는 이미 창조되고 있다.
우리가 한 발 한 발 내디딜 때마다
우주의 힘과 예상하지 못한 기적이 삶에 찾아온다.

귀 기울이라, 미래가 그대에게 속삭인다.
그대 앞에서가 아니라
그대 안에서 속삭인다.

❀

우리가 짊어진 임무는 연민의 원을 넓혀 모든 살아 있는 생명과 아름다운 자연을 껴안아 자신을 감옥에서 해방시키는 것이다.
_앨버트 아인슈타인

우리는 힘겹고 괴로운 시대를 살고 있다. 21세기는 예상하지 못했던 공포와 상상할 수 없는 고난으로 얼룩져 있다. 이럴 때는 절망하고 뒤로 물러서기 쉽다. 관심을 끄고 등을 돌리고 싶은 마음이 굴뚝같다. 내가 살아가는 동안 이 세상에 전쟁과 증오, 불필요한 고통이 끊이지 않으리라 생각하면 마음이 아프다. 아이들과 그들의 아이들이 결코 평화로운 지구에서 살 수 없을지 모른다고 생각하면 마음이 아프다.

나는 인류의 비인도적 사고와 행동에 화가 나고 좌절할 때마다 칼 세이건(Carl Sagan, 미국 천문학자-옮긴이)이 주장한 괄목할 만한 우주

모델인 '우주 달력' 개념을 머리에 떠올린다. 오늘날 천문학과 과학 분야에서는 전 세계적으로 기초 과목에서 이 개념을 가르친다.

천체 물리학자들은 우주 나이를 대략 150억 년으로 추정한다. 우주 나이를 달력의 년 단위로 압축하면 우주 창조는 1월 1일에 시작했다. 은하수는 5월 1일에 형성되었고 태양계는 9월 9일이 돼서야 비로소 모습을 드러냈다. 지구 최초의 식물은 11월 28일에 등장했고 최초의 영장류는 12월 30일에 존재하기 시작했다. 호모 사피엔스는 12월 31일 자정이 되기 불과 몇 분 전에 나타났고, 우리가 알고 있는 인류의 역사는 12월 31일 밤 11시 59분 39초에 시작했다. 6초 후인 밤 11시 59분 45초에 문자가 발명되었고, 자정 1초 전에 콜럼버스가 미국 대륙을 발견했다. 우리가 최근 역사로 생각하는 사건들은 이 마지막 1초 안에 발생했다.

이러한 틀로 생각하면 인류는 이제 막 모습을 드러냈고, 우리는 아직 어려서 배울 점이 무궁무진하다. 이를 기억한다고 해서 고달픈 시대를 좀 더 수월하게 살 수 있는 것은 아니지만, 타인과 지구 그리고 자기 자신에게 연민을 베풀 기회를 포기하지 않을 수 있다.

달리 무엇을 해야 할지 모르고, 자신이 하는 일이 변화를 일으킬 수 없어 보여도, 우리는 주위에서 보이는 고통에 사랑과 연민을 베풀 수 있다.

예상하지 못했던 상황이 세상과 우리 삶에 계속 생길 것이다. 우리는 역경과 장애, 혼란과 상실을 뚫고 나아가야 한다. 달갑든

달갑지 않든 상황은 끊임없이 바뀔 것이다. 이러한 사실을 마음에 새기고 예상하면서 우리 내면에 있는 자리 없는 자리에 닻을 내리고 될 수 있는 대로 많은 선과 빛을 공유해야 한다.

내 친구이자 동료인 클라리사 핀콜라 에스테스(Clarissa Pinkola Estes, 미국 심리학자-옮긴이)는 이렇게 말했다.

우리가 맡은 임무는 세상 전체를 한꺼번에 바로잡는 것이 아니라, 우리 손이 닿는 세상 일부에 손을 뻗어 이를 개선하는 것이다.

성스러운 불 주위를 걸어라

모든 영혼에는 '신비의 심연'이 있다.
모두에게는 알지 못힐 뿐 이니라, 알 수 없는 심연이 있다.
숨겨진 것이 모습을 드러낼 때면
약속대로 상상할 수 없는 놀라운 일이 벌어질 것이다.
_레옹 블루아(Leon Bloy, 프랑스 작가-옮긴이)

원형의 길을 어떻게 여행해야 할까? 우리는 원형으로 걷고, 자기 앞을 의식하지 않고 마음 깊은 곳을 의식한다.

몇 년 전 여름, 나는 명상 수련을 하다가 인도 출신 브라만교 승려가 사흘에 걸쳐 성스러운 불 의식인 야그냐를 수행하는 장면을 지켜보는 특권을 누렸다. 야그냐는 자신을 정화하고 신과 합일을

이루는 수단으로 베다 문화에서 수천 년 동안 행해져 온 의식이
다. 야그냐는 산스크리트 어로 '제물'을 뜻한다. 브라만교 승려는
주문을 외우면서 특별하게 준비된 불에 제물을 던지며, 야그냐를
지켜보는 사람들에게 자신이 버리고 싶은 것을 불 속에 던지라고
말한다. 이때의 성스러운 불은 부분적이고 불완전한 만물을 변화
시켜 자기 내면에서 신성을 경험할 수 있게 한다고 전해진다.

며칠 동안 나는 수십 명의 구도자들과 함께 앉아서, 유명한 브
라만교 승려들이 작은 집만큼이나 커다랗게 원형으로 불을 사르
는 복잡한 의식을 외경심을 품고 지켜보았다. 승려들은 성스러운
베다 주문을 외우면서 투명하게 녹인 버터와 씨앗, 곡식 등의 제물
을 불에 던졌다. 불길이 공중에 높이 솟아오르고 주문을 외우는 리
듬이 머릿속에 꽉 차면서 가슴속 깊이 감동이 밀려왔다. 그리고 내
삶에서 불에 던지고 싶은 것은 무엇인지 생각해 보았다. "내 마음
에서 사랑이 아닌 것을 모두 없애 주세요." 나는 조용히 기도했다.

사흘째 되는 날 저녁 야그냐가 절정에 이르렀다. 구도자들은 여
전히 훨훨 타고 있는 거대한 불 주위를 원을 그리며 걸었다. 이처
럼 시계 방향으로 원을 그리며 걷는 의식은 프라닥쉬나로 불리며,
성스러운 의식을 행하면서 입은 은혜를 자기 내면에 끌어들이는
전통적인 수행 방법이다. 구도자들은 불 주위를 한 번만 돌아도 되
고 원하는 만큼 여러 번 돌아도 된다.

프라닥쉬나 수행을 시작하려는데 심장이 빠르게 뛰기 시작했
다. 나는 이 고대 수행 방법이 매우 강력하다는 것을 알았고, 열기
가득한 분위기에 도취된 채 사흘 동안 축적된 에너지가 요동치는

것을 느낄 수 있었다. 구도자들이 불 주위를 천천히 걷기 시작하자 불이 타오르며 탁탁 소리를 낼 뿐 사방이 온전한 침묵에 휩싸였다. 우리의 성스러운 걸음을 환영하듯 칠흑 같은 어둠 속에 빨간 불길만 높이 타올랐다.

나는 불 주위를 108바퀴 돌기로 마음먹었다. 108은 인도에서 완전함이나 전체를 뜻하는 성스러운 숫자로, 힌두교와 불교에서 사용하는 염주의 구슬도 108개이다. 불 주위를 그렇게 많이 돌려면 몇 시간이 걸리겠지만 심오한 현상이 일어나리라는 분위기를 느끼고 있었으므로 마음을 단단히 먹었다. 게다가 나는 삶에서 놓아보내야 할 것이 많았다.

불 주위를 걷기 시작하면서 나는 정신을 집중하고 호흡을 잔잔하게 유지하며 마음을 가라앉혔다. 시간이 조금 지나자 불에서 전해지는 온기와 정적에 마음이 진정되었다. 처음에 걷기 시작했을 때는 그저 시시각각 변하는 불길을 바라보며 몇 바퀴를 돌았는지만 신경 썼다. 하지만 조금 지나자 나의 과거, 한계, 걱정, 두려움 등 불길에 던지고 싶은 것이 떠올랐고, 이러한 것들을 마음에서 끄집어내는 불의 힘을 느낄 수 있었다.

어느 정도 시간이 지나자 불 한가운데서 나를 향해 퍼져 나오는 사랑스러운 에너지가 느껴졌다. 불길에서 나오는 열기가 나를 어루만지고 진정시키고 치유해 주었다. 걸으면서 나는 내가 철저하게 비참하고 외롭다고 느낄 때조차도 얼마나 풍성한 은혜를 입었는지, 얼마나 많은 축복을 받았는지 깨달았고 감사의 눈물을 흘리게 되었다. 불에서 나오는 성스러운 소리가 나를 무언의 지혜로 가득 채우는 것 같았다.

"이것이 '요가(yoga)'의 진정한 의미구나." 나는 속으로 생각했다. "재결합, 바로 그거야. 나는 내 자아의 본질과 다시 만나는 거야. 나 자신으로 돌아가고 있어."

이제 주위에는 불길과 나만 있었다. 강당도 없고 강당 밖의 세계도 없었다. 그저 요가의 원, 결합만이 존재했다. 나는 스스로 나선을 그리며 안으로 점점 깊이 들어가는 것을 느꼈고 이내 걷고 있다거나 육체를 지니고 있다는 생각도 들지 않았다.

내가 느낄 수 있었던 것은 불의 존재뿐이었다. 나는 불과 함께였고 불 속으로 사라졌다. 그러더니 불이 사라졌다. 나도 없었고, 불도 없었다. 행복한 의식만이 조용히 요동쳤다. 나는 자리 없는 자리에 도달했다.

⌘

성스러운 불 의식이 끝난 후, 진귀하고 깊은 감동을 안겨 주었던 그 경험을 며칠 동안 묵상하던 중에 루미의 시가 떠올랐다. 예전에도 여러 번 읽은 시였지만 신성한 불 주위를 걷는 수행을 하고 나서야 비로소 그 뜻을 제대로 이해할 수 있었다.

지구의 흙에서 인간에 이르기까지
천 개의 단계가 있다.
나는 이 단계를 거치는 내내 그대와 함께 있다.
나는 그대의 손을 잡고 그대 옆에서 걸었다.

내가 그대를 길 한편에

남겨 두었다고 생각할지 모른다.

불평하지 마라

화내지 마라

그리고 냄비의 뚜껑을 열지 마라.

행복하게 끓으며 인내하라.

무엇을 위해 준비되고 있는지 기억하라.

나 또한 이를 느꼈다. 불 옆에서 뜨거워지고, 불길로 끓어오르고, 모든 것이 정화되고, 깨달음을 위해 준비되는 듯했다. 성스러운 원을 따라 걸었던 길은 내가 평생 걸어온 여정을 나타냈다. 이제 나는 그동안 혼자가 아니었고 언제나 은혜를 입으며 걷고 있었다는 사실을 깨달았다.

우리 삶에 일어나는 모든 일을 나타내는 성스러운 불 주위를 걷는 것이 바로 우리의 여정이다. 이 여정은 즐거울 때도 힘들 때도 있다. 때로는 불길만 보며 걸을 수도 있다. 두 어깨로 짊어진 고난과 상처 때문에 버겁다고 느낄 수도 있다. 하지만 계속 걸으면서 자신이 가고 있는 곳뿐 아니라 마음 한가운데 있는 자리 없는 자리에 집중하면, 심오하고 흔들리지 않는 평화가 내면 깊은 곳에서 모습을 드러낼 것이다.

❀

눈물을 흘리며 글을 쓰지 않으면 읽는 이도 눈물을 흘리지 않는다.

경이로움을 느끼며 글을 쓰지 않으면 읽는 이도 경이로움을 느끼지 못한다. _로버트 프로스트(Robert Frost, 미국 시인-옮긴이)

이 책을 쓰려고 자료를 조사하다가 로버트 프로스트가 쓴 위의 구절을 발견했다. 흥미롭고 마음에 들었지만 다소 과장되었다고 생각해 처음에는 그냥 지나쳤다. 그때만 해도 이 책을 쓰면서 얼마나 많은 눈물을 흘리고 얼마나 많은 경이를 느낄지 전혀 몰랐다. 책의 집필을 거의 마칠 때가 된 지금, 이 구절은 비로소 제자리를 찾았다.

이제껏 당신에게 정말 많은 말을 했지만, 이 책을 쓰면서 수없이 눈물 흘리고 경이로움을 느꼈던 경험이 내게 얼마나 중요했고, 내 삶을 어떻게 바꾸었는지 제대로 전달할 길이 없다. 그 일부만이라도 당신이 이 책을 읽으며 알게 된다면 내가 말로는 못내 표현할 수 없었던 지혜를 내면으로부터 알게 될 것이다.

지금 당신과 나는 자리 없는 자리에서 만나고 있다. 우리는 서로 다른 자리, 서로 다른 시간에 있다. 나는 지금 이 글을 쓰고 있지만 당신은 나중에 이 글을 읽을 것이다. 하지만 어쨌거나 우리는 신비로운 현재 안에서 만나고 있으며 여기에 우리의 연금술이 작용한다.

신비주의 시인 하피즈는 이렇게 노래했다.

당신의 눈과 이 글 사이에 내가 서 있다.

나를 느낄 수 있는가?
나는 당신을 느낄 수 있다.

열반의 삶

하루 삶은 기뻐하기에 충분하다. _도겐(일본 선종 승려-옮긴이)

지난주 누군가가 유명한 영적 격언을 재미있게 변형해서 이메일로 보내왔다.

지금 여기 있어라.
나중에 다른 곳에 있어라.
이것이 그렇게 복잡한가?

이에 대한 대답은 당연히 "아뇨, 복잡하지 않아요. 하지만 그렇게 간단하지도 않아요."이다. 과거에 얽매이지 않고 미래를 걱정하지 않으면서 현재를 순간순간 온전하게 살기는 간단하지 않다. 하지만 우리는 정확히 그렇게 살아야 한다. 어떤 폭풍우가 몰아쳐도 꿈쩍하지 않도록 노력해야 한다. 지금 이 순간에민 빌견할 수 있는 자리 없는 자리를 살아야 한다.

'붓다(Buddha)'는 산스크리트 어로 '깨어 있는 자'라는 뜻이다. 붓다는 온전히 깨어 있었기에 깨달을 수 있었다. 이것이 현명하다는 의미에 대한 새로운 이해다. 현명하다는 것은 아는 것이 아니라 단순히 의식하는 것이고, 확신하는 것이 아니라 단순히 깨어 있는 것이다.

1960년대 들어 "지금 여기 있어라!(Be here now!)"라고 외쳤던 미국의 위대한 영적 스승 램 다스(Ram Dass)가 심각한 뇌졸중을 앓고 나서 인터뷰를 했다. 사회자가 삶의 목적이 무엇인지 묻자 그는 이렇게 대답했다.

"처음에 나는 내 평생의 과업이 심리학이라고 생각했어요. 다음에는 사이키델릭(psychedelics, 환각제를 복용한 뒤에 생기는 것과 같은 도취 상태를 재현한 사조-옮긴이)이라 생각했죠. 그 후에는 동양 철학을 서구에 소개하는 일이라 생각했습니다. … 무엇을 하든 지금 하고 있는 일이 내 평생의 과업이에요. 그저 창문 옆에 앉아 있더라도 말입니다."

아마도 삶을 제대로 살았음을 가장 확실하게 입증하려면 "나는 깨어 있었다!"라고 말할 수 있어야 할 것이다.

매일 열반을 경험하고 행복을 누리려면,
무엇이든 현재 하고 있는 일이 목적이 되게 하라.
그러기 위해 완벽한 삶을 살 필요는 없다.
그러기 위해 자신이 예상한 대로 또는 희망한 대로
상황이 돌아갈 필요도 없다.
그저 깨어 있으면 된다.

❀

그렇다. 열반은 있다.

열반은 그대의 양을 푸른 초원으로 인도할 때 있다.

그대의 아기를 잠재울 때 있다.

그대의 시에서 마지막 줄을 쓸 때 있다.

_칼릴 지브란(Kahlil Gibran)

나는 몇 년 전 죽음의 문턱까지 갔었다. 삶이 끝났다고 생각했을 때 밀려왔던 슬픔이 아직도 생생하게 기억난다. 직업에서 충분히 성공을 거두지 못했다거나, 멋진 장소를 좀 더 많이 여행하지 못했다거나, 내가 소유한 것을 맘껏 누리지 못했다는 후회가 아니었다. 그 슬픔은 내 강아지와 고양이를 더 이상 품에 안을 수 없다는 두려움이었고, 사랑하는 남자의 눈동자를 들여다볼 수 없고, 파도가 부딪치는 소리를 들을 수 없고, 피부에 닿은 햇살을 느낄 수 없다는 두려움이었다. 그 소중함을 항상 기억하지는 못했던 모든 것을 잃게 된다는 슬픔이었다.

매일 경험하는 열반은 화려하지 않다. 나는 살아가면서 놀라운 경험도 맛보았다. 하지만 진정한 평화와 깊은 만족을 느꼈던 시기는 단순하면서 기쁜 순간이었고, 미묘한 기적을 경험하는 조용한 순간이었다.

살아 있는 하루하루

우리는 특별한 선물과 귀중한 축복을 풍성하게 받고 있다.

이러한 사실을 잊을 때면

살날이 며칠 남지 않은 사람과 이야기를 나누어 보라.

우리가 살아 있는 매일이 기뻐하기에 충분한 이유라고 말해 줄

것이다.

이미 목적지에 도달했다

그 길이 목적지라는 사실을 깨달으면

목적지에 이르기 위해서가 아니라 아름다움과 지혜를 누리려고

그 길을 걸었다는 사실을 깨달으면

삶은 더 이상 임무가 아니라 자연스럽고 단순해지며

그 자체가 황홀해진다.

_스리 니사르가다타 마하라지(Sri Nisargadatta Maharaj, 20세기 인도가 배출한 진인-옮긴이)

그대가 사랑을 느끼는 자리는 어디인가?

그대의 꿈이 태어나는 자리는 어디인가?

그대가 고통받는 사람을 위해 기도하러 가는 자리는 어디인가?

그대가 신의 목소리를 듣는 자리는 어디인가?

그대가 이러한 말을 이해하는 자리는 어디인가?

그곳은 그대 내면에 있는 자리 없는 자리다.

물리적 영역의 온갖 한계를 뛰어넘는

시간과 거리, 논리와 이성을 뛰어넘는
오고 가는 모든 것을 뛰어넘는
변화를 뛰어넘는

그곳에서는 아무것도 그대를 해칠 수 없다.
그대는 아무것도 빼앗기지 않는다.
그곳에서 그대는 전체이다.
그곳에서 그대는 자유롭다.

그대 안에 있는 자리 없는 자리를 찾아라.
그곳에서 그대 자신을 만나라.
그대는 이미 목적지에 도착했다.
그대는 이미 고향에 와 있다.

이 글을 당신에게 바칠 수 있어 영광이다.
나의 책이 문을 열고 불을 붙이고 다정하게 당신의 길을 인도하기를 바란다. 당신이 혼자가 아니라는 사실을 알고 사랑과 은총을 영원한 친구 삼아 여행하기를 바란다. 풍성한 축복이 항상 당신을 둘러싸고 당신 마음을 평화로 가득 채우기를 바란다.

용감해지기를. 즐거워지기를. 자유로워지기를.

살아오면서 크고 작은 전환점을 맞았지만 그중에서도 지나온 삶을 전반적으로 돌아볼 수밖에 없었던 때가 있었습니다. 그때까지 지켜 왔던 원칙과 가치관이 송두리째 흔들렸습니다. 잔인하도록 부당해 보이는 상황이 믿기지 않았고 결과적으로 제 판단이 옳다는 믿음이 깨졌습니다. 제 의도와는 전혀 다른 방향으로 뻗어 나가는 상황이 당황스러웠습니다. 사랑과 믿음으로 대했다고 생각했는데 실리를 앞세우는 듯 보이는 사람들의 모습에 실망이 앞섰습니다.

이 책에서 던진 '내가 어쩌다 여기에 이르렀을까?'라는 의문을 읽자 가슴이 울렸습니다. '바로 이 말이었어. 그때 무겁게 짓눌렸던 내 심정을 표현한 말은.'

그래서 제가 해답을 찾았느냐고요? 편안해졌느냐고요?

아뇨. 정말 멀리 돌고 돌아 사람은 틀린 것이 아니라 다르고, 각자 이익에 따라 생각하고 행동할 뿐이라는 사실을 깨달아 가고 있지만 여전히 혼란스럽기만 합니다. 지금은 그저 갈등을 피하면서 현실에 적응하려 애쓰고 있을 뿐이라는 생각이 듭니다. 풀리지 않는 응어리를 마음속 깊이 묻어 두었기에 상처가 헤집어질 때마다 아픕니다. 칼 융은 그 응어리를 "자아의 그림자"라고 불렀습니다. 타인에게 받아들여지도록 포장한 겉모습에 묻힌 무의식적으로 억눌린 감정입니다. 하지만 이 책은 내면의 바닥까지 내려가 그 감정을 끌어내 보듬으라고 말합니다. 저의 현재 모습, 제가 원하는 모습, 타인이 저에게 원하는 모습은 아니지만 그 또한 제 모습이기 때문입니다.

스스로 선하다고 생각하지만 이따금씩 악한 저를 발견하고 소스라치게 놀랍니다. 너그럽다고 생각하지만 사실 끊임없이 비교하고 시기합니다. 겸손하다고 생각하지만 마음 한편에 오만함이 도사리고 있습니다. 남을 배려한다고 생각하지만 귀찮으면 슬쩍 등을 돌립니다. 어두운 곳에 숨겨진 제 모습이 싫습니다. 남이 눈치 채면 어쩌나 겁도 납니다. 하지만 저자는 이 또한 제 모습이라고 말합니다. 그래서 내면에 묻어 둔 감정을 아프더라도, 수치를 느끼더라도 기어이 캐내서 환한 곳에 드러내 놓고 보듬어야 소중한 교훈을 얻고 스스로 변화할 수 있습니다.

과거에 제가 했던 어리석은 행동과 말이 떠올라 얼굴이 화끈거릴 때가 있습니다. 하지만 저자는 우리가 수십 년 동안 바뀌지 않으리라 생각하는 것 자체가 비현실적이고, 계속 변화하고 성장하는 것이 당연하다고 말합니다. 그러니 자신의 과거 모습도 사랑하고, 과거를 부끄러워했던 감정에서 그만 해방될 때가 되었다는 생각이 들었습니다. 이제 과거의 제 모습과 변화한 제 모습에 좀 더 편안해질 수 있을 것 같습니다.

이 책에 인용된 알프레드 디 수자의 말이 마음에 와 닿습니다. "진정한 삶이 곧 펼쳐지리라 생각하며 오랜 세월을 보냈다. 하지만 어김없이 방해물이 나타났다. 먼저 처리해야 할 일이 생겼고, 마무리하지 않은 문제가 곪아 터졌고, 시간을 더 들여야 할 문제가 일어났고, 빚을 갚아야 했다. 결국 이러한 방해물이 내 삶이라는 생각이 들었다." 이따금씩 세상살이에 심드렁하고 삶의 무게가 어깨를 무겁게 짓누르지만 그 또한 우리 삶입니다. 살다가 막다른 길에 다다랐을 때 어두워서 방향을 알지 못해도 더듬더듬 앞으로 나아가고 장애물을 만났을 때 두려워도 헤쳐 나가면서 환경에 맞춰 스스로 변화해야 합니다. 갈림길을 만났을 때 자신에게 솔직할지 말지를 확실히 정하고 무작정 피하려던 현실을 직시하면 삶이 바뀔 수 있다고 저자는 말합니다.

이제 앞으로 보낼 세월에 스스로 책임질 수 있어야 한다는 생각이 듭니다. 품위 있게 나이 들고 싶다는 소망을 품어 봅니다. 지금까지 살아오며 길잡이를 삼았던 지도가 완벽하다고 생각하면 새로운 견해를 받아들이지 않고 다른 사람을 포용하지 않는 고집 세고 편협한 사람이 되기 쉽습니다. 그래서 삶의 여정을 걸으며 계속 지도를 고쳐 그려야 합니다. 제게 주어진 역할도 그러합니다. 저는 계속 성장하고 변화하므로 과거의 역할을 벗어 버리고 새 역할을 찾아야 합니다. 새로운 역할을 다른 사람이 인정하지 않을까 봐 두려워하지 않고 말입니다.

이 책을 번역하면서 이렇듯 제 과거를 돌아보았고 현재를 둘러보면서 무엇보다 마음의 위로를 받을 수 있었습니다. 삶을 바꿀 수 있는 힘이 제게 있다는 긍정적 메시지가 오래 기억에 남습니다. 여태껏 이런저런 고비를 맞아 실패하고 넘어졌어도 우리는 다시 일어났고 두려워도 두 눈 질끈 감고 불길에 뛰어들었듯 내면 깊숙이 묻어 둔 열정이 다시 불타오르리라고 말입니다. 또한 길 전체를 미리 볼 수 없어도 한 번에 한 걸음씩 내딛다 보면 목적지에 도달할 수 있다는 격려를 받았습니다. 과거와 미래에 얽매이다가 현재를 잃고 마는 어리석은 사람이 되지 말아야겠다고 다짐해 봅니다. 과거에 대한 감정의 찌꺼기를 놓아 버리고 미래에 대한 불안도 달래면서 한 발짝씩 내디디며 현실에 충실해야겠다고 되뇌어 봅니다.

무엇보다 평범한 일상의 기적을 깨달으라는 저자의 말이 마음을 울립니다. 저자가 표현했듯 나뭇가지가 바람에 춤추는 소리, 구름이 빚어내는 정교한 모양, 어린아이의 보드라운 입맞춤, 집에 들어갔을 때 애완동물이 보이는 열렬한 환영 인사, 농익은 과일에서 나는 달콤하고 촉촉한 맛, 목욕할 때 몸의 피로를 풀어 주는 따뜻한 물, 동틀 녘 울려 퍼지는 새들의 노랫소리에 관심을 기울이며 살아가야겠습니다.

안기순

안기순

이화여자대학교 영어영문학과를 졸업하고 동 대학 교육대학원에서 영어교육을 전공했으며 미국 워싱턴대학교 사회사업대학원에서 사회사업학 석사학위를 받았다. 시애틀 소재 아시안 카운슬링 & 리퍼럴 서비스(The Asian Counseling & Referral Services)에서 카운슬러로 근무하였고 현재 전문 번역가로 활동 중이다. 《침묵의 추구》, 《실버 스트리트의 하숙인 셰익스피어》, 《레오나르도 다 빈치 평전》, 《마크 트웨인 자서전》, 《나는 당신의 심장으로 살고 싶습니다》, 《너는 무엇을 위해 살래?》 등 다수의 책을 우리말로 옮겼다.

고즈윈은 좋은책을 읽는 독자를 섬깁니다.
당신을 닮은 좋은책—고즈윈

지금의 고난은 내게 어떤 의미인가

바바라 디 앤젤리스
안기순 옮김

1판 1쇄 발행 | 2012. 07. 05.

발행처 | 고즈윈
발행인 | 고세규
신고번호 | 제313-2004-00095호
신고일자 | 2004. 4. 21
(121-896) 서울특별시 마포구 동교로 13길 34(서교동 474-13)
전화 02)325-5676 | 팩시밀리 02)333-5980

값은 표지에 있습니다.
ISBN 978-89-92975-66-7 13320

고즈윈은 항상 책을 읽는 독자의 기쁨을 생각합니다.
고즈윈은 좋은책이 독자에게 행복을 전한다고 믿습니다.